미래 시나리오 2021

미래 시나리오 2021

Future Scenario 2021

초판 발행 · 2020년 5월 7일
초판 2쇄 발행 · 2020년 6월 1일

지은이 · 김광석, 김상윤, 박정호, 이재호
발행인 · 이종원
발행처 · (주)도서출판 길벗
브랜드 · 더퀘스트
출판사 등록일 · 1990년 12월 24일
주소 · 서울시 마포구 월드컵로10길 56(서교동)
대표전화 · 02)332–0931 | **팩스** · 02)323–0586
홈페이지 · www.gilbut.co.kr | **이메일** · gilbut@gilbut.co.kr

기획 및 편집 · 유예진(jasmine@gilbut.co.kr), 김세원, 송은경, 조진희 | **제작** · 이준호, 손일순, 이진혁
영업마케팅 · 정경원, 최명주 | **웹마케팅** · 이정, 김선영 | **영업관리** · 김명자 | **독자지원** · 송혜란

디자인 · 유어텍스트 | **교정** · 이새별 | **CTP 출력 및 인쇄** · 북토리 | **제본** · 신정문화사

ISBN 979-11-6521-124-0 (03320)
(길벗 도서번호 090169)

정가 18,000원

독자의 1초를 아껴주는 정성 길벗출판사

길벗 | IT실용, IT/일반 수험서, IT전문서, 경제실용서, 취미실용서, 건강실용서, 자녀교육서
더퀘스트 | 인문교양서, 비즈니스서
길벗이지톡 | 어학단행본, 어학수험서
길벗스쿨 | 국어학습서, 수학학습서, 유아학습서, 어학학습서, 어린이교양서, 교과서

페이스북 | www.facebook.com/market4.0   **네이버 포스트** | post.naver.com/thequestbook

미래 시나리오 2021

IMF, OECD, 세계은행, UN 등 세계 국제기구가 예측한 한국 대전망

포스트 코로나 시대, 미래를 읽는 자만이 기회를 포착한다

김광석, 김상윤, 박정호, 이재호 지음

더퀘스트

혼돈의 시기다. 코로나19는 2020년 한해를 혼란스럽게 만들었고, 미래에 대한 불확실성은 한없이 고조되고 있다. 팬데믹pandemic(세계보건기구가 선포하는 감염병 최고 경고등급)은 세계 경제를 공포에 빠지게 하고, 공포감이 반영된 일상에는 사재기가 나타나며, 불안정한 금융시장은 연일 주가가 급등락하는 등 방향성을 가늠하기조차 힘들다.

누구는 바닥이라며 이때 투자해야 한다고 말하고, 누구는 이제 시작이라며 투자를 미뤄야 한다고 말한다. 전문가라 일컬어지는 사람들은 유튜브와 SNS 등을 통해 저마다의 주장을 하고 있지만 누구의 말을 믿어야 할지 혼란스럽기만 하다.

객관적으로 미래를 읽기 위하여

어떻게 해야 미래를 객관적으로 볼 수 있을까? 이는 많은 독자의 바람이다. 이 책《미래 시나리오 2021》은 그러한 바람에서 기획되었다. IMF International Monetary Fund(국제통화기금), OECD Organization for Economic Cooperation and Development(경제협력개발기구), 세계은행 World Bank, UN United Nations(국제연합) 등과 같은 세계 국제기구의 보고서들은 다양한 분야에 종사하는 수많은 전문가들이 심층적인 분석과 논의를 거쳐 발표하는 것이다. 특히 국책 연구기관의 보고서처럼 정부나 정치에, 민간 경제 연구기관처럼 특정 산업에, 그리고 증권사 리서치센터처럼 특정 기업이나 투자자에 편향되어 있지 않다.

우리가 왜 세계 국제기구의 보고서를 봐야 하는가? IMF의 경제전망은 국내외 유수 연구기관이 경제전망을 발표할 때 전제 역할을 한다. OECD는 주요 선진국들의 정책 및 계획들을 제공하고, 한국의 현재를 주요국들과 비교해볼 수 있는 통계를 산출한다. 세계은행은 한국은행 Bank of Korea, BOK, 미국 연방준비제도 Federal Reserve System, Fed, 유럽중앙은행 European Central Bank, ECB, 일본은행 Bank of Japan, BOJ과 같은 '중앙은행들의 중앙은행'이다. G7, G20 통화정책 및 재정정책 회의가 진행될 때 각국의 의사결정을 조율하고 공조체제를 만든다. UN은 세계 200여 개국의 평화를 유지하고, 정치·경제·사회·문화 등 모든 분야의 국제협력을 증진하는 기구다. 예를 들어, UN의 주요 기구 중 하나인 국제사법재판소는 '세계의 법원'이다. 이처럼 세계 주요 기구들의 논의와 그들이 만드는 보고서는 우리가 객관적으로 현상을 이해하고 미래를 들여다보는 지침이 된다.

이 책의 의미와 집필과정

현재를 사는, 경제생활을 하는 사람이라면 누구나 국제기구의 보고서를 봐야 한다고 생각하지만 이를 실행에 옮기기는 쉽지 않다. 많은 사람들이 수백 쪽에 달하는 수많은 영문보고서를 숙독하기에는 여러 제약이 많기 때문이다. 이 책은 바로 그 부분을 해결하기 위해 만들어졌다. 《미래 시나리오 2021》을 집필한 4명의 연구자들은 수년간 국제기구의 많은 보고서를 읽고 거기서 제공하는 통계들을 전문적으로 분석해왔다. 이를 활용해 오랫동안 국내 연구기관에서 보고서를 써왔고, 또 다양한 국제기구의 회의에 참석해 의견을 피력하기도 했다.

이 책은 경제, 인구, 고용, 산업, 기술, 에너지, 창업, 사회복지, 교육, 식량자원, 공공 거버넌스까지 총 11개 영역으로 구성되어 있다. 각 챕터는 크게 두 개의 파트로 구성되어 있다. 첫 번째 파트는 각 영역의 전문가가 주요 국제기구들이 주목하고 있는 이슈를 선정해 보고서를 브리핑하듯 제공한다. 여기에서는 각각의 정보를 있는 그대로, 객관적으로 전달하는 데 초점을 맞췄다. 두 번째 파트는 각각의 내용을 4명의 저자들이 심층적으로 토론한 후 그 내용을 모아 질의응답식으로 정리했다. 하나의 주제에 대해 각 분야 전문가들이 다양한 시각으로 논의하는 과정을 지켜보는 것만으로도 2021년을 그리는데 상당한 도움이 될 것이라 확신한다.

2021년의 미래를 가늠해보자

세계 국제기구들의 보고서를 통해 2021년의 미래를 객관적으로 들여다보자. 이 책을 통해 우리는 세계 속에서의 내 위치를 확인할 수 있다. 세계는 어떻게 흘러가고, 그 속에서 한국은 어떠하며, 나는 어디에 있는지 보게 된다. 세계 국제기구들의 관점은 정책 의사결정에도 반영되어야 한다. 주요국들의 움직임 속에서 한국의 올바른 방향성을 이해해야 한다. 또 기업의 경영 의사결정에도 반영되어야 한다. 2021년의 급변하는 경영 환경을 살피고, 이에 걸맞은 전략을 도출할 필요가 있다. 가계의 투자 의사결정에도 물론 반영되어야 한다. 이 책은 경제·사회·기술·정책 등 다방면의 트렌드를 그림 그리듯 보여줄 것이다. 이러한 거시적 트렌드는 중장기적 투자 의사결정에 지침이 될 것이다.

2020년 혼돈의 시기를 살아가는 우리에게 2021년에 관한 물음표가 크게 드리워졌다. 이러한 물음에 이 책이 객관적 답변이 되기를 고대한다. 5월에 발간하는 이 책은 2021년의 미래를 그리는 첫 책이다. 2020년 하반기와 2021년에 대한 그림을 가장 먼저 그려 보자. 매년 《미래 시나리오》는 다음 해를 그리는 첫 책으로 독자들께 다가가겠다.

차
—
례

서문 004

PART4
Policy
정책

PART 1

Future Scenario 2021

경제

Economy

미 래
시 나 리 오
2 0 2 1

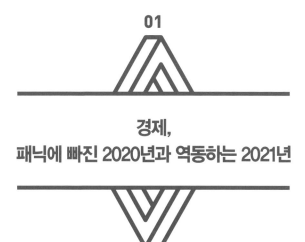

경제,
패닉에 빠진 2020년과 역동하는 2021년

| 김광석 |

2020년 초 세계 경제는 회복세를 보이기 시작했다. IMF는 세계 경제 성장률이 2019년 2.9%에서 2020년 3.3% 수준으로 반등할 것으로 전망했다. 세계은행, OECD 등의 주요 국제기구도 2020년 경제를 같은 기조로 바라보았다. 무엇보다 미국의 1월 ISM(공급관리협회) 제조업지수를 비롯해 유로존과 영국의 지표가 뚜렷이 개선되면서 제조업 경기가 회복 신호를 보였다. 〈월스트리트저널〉은 "전 세계 공장 부활 Global Factory Revival"이라는 표현을 쓰기도 했다. 한마디로 2019년에 위축되었던 기업 투자가 회복되면서 기업 활동이 기지개를 켜는 모습이었다.

그런데 2020년 경제에 누구도 예상치 못한 일이 발생했다. 세계보건기구WHO가 팬데믹을 선언할 정도로 전 세계를 휩쓴 코로나19라는 변수가 등장한 것이다. 1948년 설립된 WHO가 팬데믹을 선언한 것은 1968년 홍콩독감, 2009년 신종플루에 이어 코로나19가 세 번째다. 2003년 사스와 2015년 메르스 사태보다 더 강력한 이례적인 일이 벌어진 셈이다. 이것은 전 세계인에게 타국 혹은 타인의 일이 아니라 바로 내 나라, 내 일이 되었다.

코로나19 사태 시작과 장기화

자료: 〈이코노미스트〉, 2020. 2. 1.

자료: 〈이코노미스트〉, 2020. 3. 21.

코로나19 사태는 회복될 것처럼 보이던 2020년 경제를 혼돈에 빠뜨려 더블 딥double-dip을 현실로 만들었다. 더블 딥이란 경기침체 후 회복기에 접어들다가 다시 침체에 빠지는 이중침체 현상을 말한다. 2019년 저점을 기록한 경제는 잠시 회복 흐름을 보이다 다시 곤두박질치고 있다. 2019년에도 어려웠는데 2020년에는 더 어려워지고 있는 것이다.

IMF는 2020년 2월 G20 재무장관 회의에서 2020년 중국 경제성장률을 0.4%p, 세계 경제성장률을 0.1%p 하향조정했다. 하지만 IMF 총재는 3월 긴급 기자회견을 열었고 코로나19 확산에 따른 영향이 커져 2020년 세계 경제성장률이 2019년의 2.9% 수준보다 낮아질 것이라고 밝혔다. 3월 말 IMF는 다시 2020년 경제가 2008년 금융위기 때보다 심각하다고 판단했다. 이는 그동안 경제성장률을 수정해 보고서로 발표하던 모습과 달리 매우 이례적인 '긴급 조정'이다.

코로나19 사태가 어디까지 확산되고 얼마나 더 악화할지 모르는 상황이라 향후 세계 경제성장률을 얼마나 더 추가로 하향조정할지 가늠하기는 어렵다. 한 가지 확실한 것은 코로나19 사태가 이미 장기전에 돌입했고 이는 세계가 한 번도 경험해보지 못한 이례적인 상황이라는 점이다. 여하튼 모든 위기상황을 코로나19가 초래하고 있기 때문에 그것을 전제로 경제를 전망하는 수밖에 없다.

■ 세계 경제전망 ■

2019년에는 다양한 악재가 발생하면서 세계 경제가 상당히 불확실했다. 무엇보다 미중 무역분쟁 격화가 세계 경제를 위협했고 일본의 대對한국 수출규제라는 새로운 악재도 등장해 한일 간에 무역전쟁이 벌어졌다. 여기에다 홍콩의 우산시위가 긴장감을 고조하는 한편 영국의 신임 총리 보리스 존슨이 2019년 10월 말 브렉시트를 강행해 많은 기업이 영국에서 이탈하는 현상이 두드러졌다.

그리고 2020년 초 완만한 회복세를 보이던 세계 경제에 팬데믹 충격이 가해지기 시작했다. OECD는 코로나19 사태가 세계 경제에 상당한 충격을 안겨줄 것이라고 전망했다. 중국 경제를 중심으로 한 경제 충격에 집중하던 코로나19 사태 초기에도 만약 코로나가 세계 전역으로 확산될 경우 경제위기가 온다고 경고했다. 특히 세계 경제에 약 -1.5%p 수준의 수정 전망이 필요하다고 밝혔다. 국제결제은행Bank for International Settlements, BIS 1 역시 미국과 유럽을 비롯한 주요 지역별 경제 충격을 분석한 결과 주요국의 마이너스 성장이 불가피하다고 예측했다.

코로나19에 따른 2020년 경제 충격

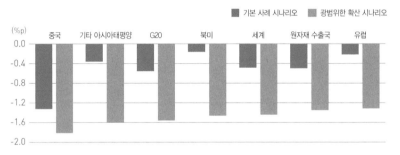

자료: OECD(2020.3.2.), 〈Coronavirus: The world economy at risk〉

그런데 OECD는 2020년 경제성장률을 큰 폭으로 하향조정한 반면 2021년 전망은 대폭 상향조정했다. 이것은 코로나19가 2020년 세계 경제에 충격을 주지만 2021년에는 뚜렷한 반등이 있을 것이라는 의미다. 실제로 2020년 위축된 소비, 투자, 수출의 기저효과base effect만 반영

해도 2021년에는 극적으로 상승할 가능성이 크다. 산업 일선에서 2020
년에 미뤄둔 연구개발, 제품 출시, 해외 전시, 홍보, 수출 계약 등이 본
격화되면서 2021년에는 역동하는 경제 상황이 펼쳐진다는 얘기다.

OECD 2020년, 2021년 수정 경제전망

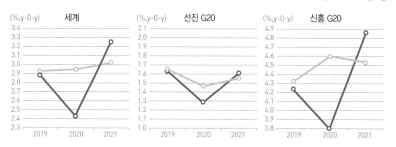

주: 2019년 11월 기준 전망과 2020년 3월 기준 전망 비교
자료: OECD(2020.3.2.), ⟨Coronavirus: The world economy at risk⟩

세계은행, OECD, BIS 등 세계 주요 경제기구는 2020년과 2021년을
전망하면서 '2020년 저점을 형성하고 2021년 반등한다'는 기조를 동일
하게 유지하고 있다. 한데 재밌게도 이들은 세계 경제성장률은 반등하
지만 선진국과 신흥국이 다른 기조를 보일 것으로 예측하고 있다. 즉,
선진국은 2021년에 회복세가 상대적으로 미진해 2019년의 수준으로
회귀하지 못하는 반면 신흥국은 2021년에 뚜렷한 성장세를 보일 것이
라고 전망한다.

IMF도 2021년 세계 경제가 뚜렷하게 회복세를 보일 것으로 예측하

고 있다. 2020년 1월 IMF는 〈세계 경제전망World Economic Outlook〉 보고서에서 2019년의 경제성장률 2.9%를 근래 가장 저점으로 보고 2020년 3.3%, 2021년 3.4%로 반등할 것으로 내다봤다. 그러나 코로나19 사태가 발생하자 IMF는 4월 〈세계 경제전망〉에서 2020년 -3.0% 수준의 경제위기가 도래하고, 2021년 5.8%로 반등할 것으로 전망했다. 2020년 경제성장률은 1930년대 대공황 이후 가장 충격적인 숫자이고, 1980년대 이래 마이너스 성장을 한 것은 2009년 글로벌 금융위기 충격으로 -0.08%를 기록한 이후 처음이다.

팬데믹이 세계 경제에 주는 충격은 약 9조 달러(약 1경 966조 원)에 달하는 것으로 추산했고, 이는 세계 3, 4위 경제대국인 일본과 독일의 한

IMF의 2021년 세계 경제전망

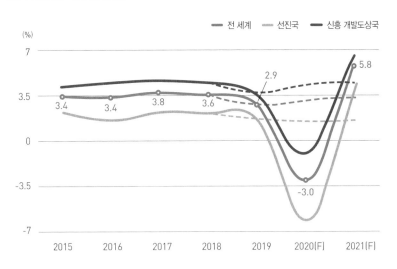

주: 2020년 1월 기준 전망은 점선, 2020년 4월 전망은 실선으로 표시함
자료: IMF(2020.4), 〈World Economic Outlook〉

해 경제규모를 합산한 것을 초과하는 수준이다. 단, IMF의 전망은 코로나19 사태가 2020년 하반기에 사라지면서 세계 각국이 점진적으로 방역조치를 해제해나갈 것으로 가정^{baseline assumption}한 것이다. 만일, 코로나19 사태가 2020년 하반기까지 지속되거나 2021년에 재발할 경우 추가적인 경제충격이 있을 것으로 판단했다.

IMF는 세계 경제가 2021년 반등을 시작해 2022년까지 완만한 회복세를 지속하리라고 예측한다. 그런데 2021년 세계 경제의 두드러진 특징 중 하나는 신흥국과 선진국이 상반된 양상을 보일 거라는 점이다. 미국, 유럽, 일본 같은 주요 선진국 경제는 2020년 경제위기를 경험한 뒤 2021년 뚜렷이 회복하기 어렵지만 신흥국은 2020년 저점을 기록한 후 2021년 상당 수준 반등할 거라는 말이다. 즉, 신흥국은 2020년의 위기상황에서 벗어나는 국면을 보이고 선진국은 보호무역 조치와 브렉시트 등의 영향으로 부진한 흐름을 나타낼 전망이다.

■ 세계 주요국의 경제전망 ■

코로나19 사태가 발생하기 이전에도 이미 IMF, 세계은행, OECD는 주요 선진국인 미국, 유럽, 일본 경제가 2020년에 이어 2021년에도 흐름이 좋지 않을 것으로 전망했다. 2019년 10월 '4대 그룹^{Group of Four}'이라는 표현을 처음 사용한 IMF는 선진국 그룹(미국, 유로존, 일본)과 중국을 묶어 이들이 2020년 이후 뚜렷한 하강 국면에 놓일 것이라고 전망했다. 강대국들이 슬럼프에 처한다는 이야기다.

2020년 선진국들은 신흥개도국들에 비해 상대적으로 코로나19의 경제충격이 강하게 나타나고 있다. 선진국들은 2020년에 -6.1%라는 최악의 경제성장률을 기록하고, 2021년에는 4.5%로 반등할 것으로 전망된다. 다만, 2021년의 경제성장률은 기저효과에 따른 것이지 실물경제가 견실해지는 것을 의미하지는 않는다.

IMF는 팬데믹으로 선진국들이 대규모 봉쇄The Great Lockdown에 들어갔고, 이는 수요(생산수요, 소비수요, 투자수요 등)를 크게 위축시켜 원자재 가격을 크게 하락시킬 것을 우려했다. 원자재에는 원유, 가스, 석탄 등

IMF의 2021년 주요국별 경제전망

(%)

	2018년	2019년	2020년(F)	2021년(F)
세계 경제성장률	3.6	2.9	−3.0	5.8
선진국	2.2	1.7	−6.1	4.5
미국	2.9	2.3	−5.9	4.7
유로 지역	1.9	1.2	−7.5	4.7
일본	0.3	1.0	−5.2	3.0
신흥 개발도상국	4.5	3.7	−1.0	6.6
중국	6.6	6.1	1.2	9.2
인도	6.8	4.8	1.9	7.4
브라질	1.3	1.2	−5.3	2.9
러시아	2.3	1.1	−5.5	3.5
ASEAN−5	5.2	4.7	−0.6	7.8
세계 교역증가율	3.7	1.0	−11.0	8.4

자료: IMF(2020.4.), 〈World Economic Outlook〉

과 같은 에너지부문뿐만 아니라 금속, 광물, 식자재들이 포함된다. 공장 가동이 줄고, 운송수단의 이용도 감소하면 전반적인 경제활동이 위축되기에 브렌트유 가격은 60% 가량 하락할 것으로 보고 있다. 이러한 충격은 선진국 경제를 디플레이션 상황에 가깝게 놓이게 해 경제회복마저 지연시킬 것으로 보인다.

미국은 2019년까지 양호한 고용시장 덕분에 견실한 성장세를 지속했으나 2020년 코로나19의 충격으로 경제가 크게 하락할 것으로 전망한다. 2020년 -5.9%라는 최악의 경제성장률을 기록한 후, 2021년에는 4.5% 수준으로 반등할 것으로 보고 있다. 물론 숫자적인 반등이지, 내막은 그렇지 못하다. 미국의 실업률은 3.5% 수준의 완전고용 수준을 기록한 이후 최악의 상황으로 치달아 2020년 10.4%를 기록할 것으로 보인다, 2021년에도 미국의 실업률은 9.1% 수준으로 경제가 충분히 회복되지 못하는 흐름이 이어질 것으로 예측된다.

유로존은 2019년에 이미 최악의 수준을 경험했는데, 이어 2020년 더 큰 충격이 이어져 더블 딥 상태에 놓였다. 2020년 -7.5% 수준으로 고통스러운 경제를 체감하게 될 것이고 2021년에도 뚜렷한 회복세를 기대하기 어렵다. 일본은 '잃어버린 20년'을 넘어 '잃어버린 30년'으로 장기 저성장세를 지속하리라고 본다. 더구나 일본이 단행한 한국에 대한 수출규제는 오히려 자국 경제와 산업 회복에 걸림돌로 작용해 경제 여건이 더욱 어려워질 전망이다. 또한 코로나19의 충격은 어려웠던 일본 경제에 더 큰 충격으로 작용할 것이다.

반면 신흥국의 경제성장률은 선진국들에 비해 '선방'할 것으로 보인다. 코로나19 사태 이전에도 이미 신흥국들은 2019년 이후 뚜렷한 반등세를 보이리라 예측됐다. 2020~2021년 선진국 경제는 침체 국면에 있지만 신흥국은 회복 국면에 있는 구조다. 신흥개도국의 2020년 경제 성장률은 -1.0%로 상대적으로 충격이 덜하고, 2021년 성장률은 6.6%로 회복 속도는 강하다. 특히, 중국과 인도는 코로나19의 충격에도 불구하고 2020년 각각 1.2%, 1.9%의 플러스를 유지하는 것으로 전망된다. 2021년 중국은 9.2%로, 인도는 7.4%로 크게 반등하는 것은 대규모 경기부양책들이 집행된 결과물이라 판단된다.

■ 2021년 세계 경제 트렌드 ■

2021년 세계 경제는 어떻게 바뀔까? 크게 다섯 가지 트렌드로 생각해 볼 수 있다. 첫 번째는 세계 각국의 소프트 긴축soft contraction이다. 2020년 세계 각국은 경제 충격에서 벗어나기 위해 재정정책과 통화정책을 적극 이행하고 있다. 예를 들어 미국 연방준비제도Fed는 2020년 3월 4일 기준금리를 0.5%p 인하했다. 이는 0.25%p씩 금리를 조정하는 일명 '그린스펀의 베이비스텝' 원칙에서 벗어난 빅 컷big cut으로 2008년 글로벌 금융위기 이후 처음 있는 일이다. 여기에 더해 3월 16일에는 기준금리를 1.0%p 추가 인하했다. 2주도 되지 않는 짧은 기간 내에 역사에 남을 일이 벌어진 셈이다. 이처럼 신속하게 강력한 기준금리 인하 카드를 꺼냈어도 시장의 반응이 미온적이자 연방준비제도는 무제한 양적 완화를 발표했다. 구체적으로 이들은 국채와 주택저당증권MBS을 여건에 따라 무제한으로 매입하되 그 매입 대상에 회사채까지 포함하기로 했다.

한편 한국은행은 2020년 3월 16일 임시 금융통화위원회를 개최해 기준금리를 1.25%에서 0.75%로 0.5%p 인하했다. 이로써 한국은 역사상 가장 낮은 기준금리 시대에 들어갔다. 한국이 한 번도 경험한 적 없는 저금리 시대를 맞이한 것이다. 이전까지 한국은행이 임시 통화정책 결정회의를 연 것은 9.11 테러 직후인 2001년 9월과 2008년 10월 글로벌 금융위기 이후뿐이었다. 더구나 한국은행은 사상 처음 금융회사에 유동성(자금)을 무제한 공급하기로 결정했다. 실제로 한국은행은 매주 화요일 정례적으로 91일 만기 환매조건부채권RP을 일정 금리 수준에서

한국과 미국의 기준금리 추이

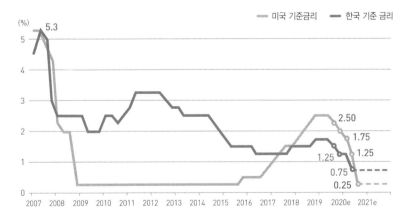

자료: Fed, 한국은행

매입한다. 이때 매입 한도를 사전에 정하지 않고 시장 수요에 맞춰 금융기관의 신청액을 전액 공급한다.

두 번째는 미중 무역분쟁의 불확실성 재고조다. 2018년 본격화해 마치 핵폭탄처럼 세계 경제를 불안에 떨게 만든 미중 무역분쟁은 2019년에 이어 2020년까지 장기화하면서 불확실성이 점차 완화되고 있다. 이 분쟁의 장기화가 뚜렷해지면서 변수가 아닌 상수가 되었기 때문이다. 더구나 미국은 2020년 11월 제46대 대선을 치른다. 이에 따라 트럼프 대통령이 중국을 압박하는 모습을 취하긴 해도 미국 경제 역시 챙겨야 하므로 2020년 미중 무역갈등은 종전보다 격화되지 않는 흐름을 보이고 있다. 2020년 1월 미중 1차 무역협상 성사가 그러한 흐름을 방증한다. 한데 주요 국제기구가 대체로 미중 무역분쟁을 양국 간의 패권전쟁으로 여기는 만큼 장기전으로 갈 가능성이 높아 2021년 이 분쟁이 재고조될 전망이다. 이것은 세계 경제의 중요한 관심사로 주요 변수는 미국 대선 결과와 중국의 대응이다.

세 번째는 보호무역주의와 자유무역주의가 격돌하는 모습이다. 세계 각국이 자국 산업을 보호하기 위해 관세·비관세 장벽을 높이 세운 2010년대와 달리 2020년대는 거대 자유무역협정Free Trade Agreement, FTA으로 보호무역 조치에 도전하는 모습이 펼쳐질 가능성이 크다. 일본-EU 경제동반자협정Economic Partnership Agreement, EPA은 2019년 2월 발효됐고, 미일 무역협정은 2019년 10월 타결했다. 미국-멕시코-캐나다 무역협정US-Mexico-Canada Agreement, USMCA도 세계 경제의 주목을 받는 영역이다. 2020년부터는 이미 발효됐거나 타결할 메가 FTA가 세계 경제에 상당한 영향을 미칠 것으로 보인다.

특히 역내포괄적경제동반자협정 Regional Comprehensive Economic Partnership, RCEP은 2012년 11월 개시 선언 이후 7년 만인 2019년 11월 4일 협정문 타결을 선언했다. 이것은 인도를 제외한 15개국이 2020년 최종 타결과 서명을 목표로 추진하고 있다. RCEP는 대한민국 최초이자 세계 최대 메가 FTA로 전 세계 GDP의 약 32%를 차지하는 거대 경제블록이다.

역내포괄적경제동반자협정RCEP

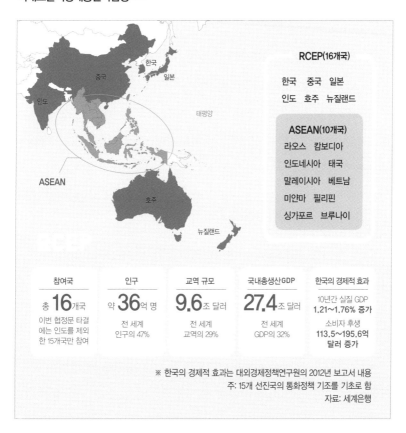

RCEP(16개국)

한국　중국　일본
인도　호주　뉴질랜드

ASEAN(10개국)
라오스　캄보디아
인도네시아　태국
말레이시아　베트남
미얀마　필리핀
싱가포르　브루나이

참여국	인구	교역 규모	국내총생산GDP	한국의 경제적 효과
총 **16**개국	약 **36**억 명	**9.6**조 달러	**27.4**조 달러	10년간 실질 GDP 1.21~1.76% 증가
이번 협정문 타결에는 인도를 제외한 15개국만 참여	전 세계 인구의 47%	전 세계 교역의 29%	전 세계 GDP의 32%	소비자 후생 113.5~195.6억 달러 증가

※ 한국의 경제적 효과는 대외경제정책연구원의 2012년 보고서 내용
주: 15개 선진국의 통화정책 기조를 기초로 함
자료: 세계은행

RCEP 협상 타결로 역내 각국과 양자 간 FTA 협상이 본격화할 전망이다. 무엇보다 인도네시아, 필리핀, 말레이시아 정부의 신남방정책에서 상당한 가시적 성과를 기대해볼 만하다.

한중일 FTA도 눈에 띄는 성과를 낼 것으로 보인다. 2019년 11월 '제16차 한중일 FTA 공식 협상'을 개최한 한중일 3국은 RCEP보다 높은 자유화를 목표로 상품·서비스 시장 개방을 비롯해 다양한 영역에서 논의를 진행했다. 산업구조가 서로 달라 그동안 모두가 만족하는 방안을 만드는 데 합의점을 찾기 어려웠던 3국은 RCEP 참여로 협상 타결 가능성이 매우 높아졌다.

네 번째는 중국발 경제위기 가능성이다. 중국발 경제위기는 '정말' 올까? 만약 중국 경제가 위기에 처한다면 그 영향은 '회색코뿔소grey rhino'라 불릴 만큼 어마어마할 것이다. 사실 중국의 실물지표는 부진한 모습을 보이고 있다. 우선 미중 무역분쟁이 이어지면서 많은 기업이 중국을 이탈해 주변 신흥국으로 옮겨가고 있다. 그러나 회색코뿔소 얘기는 이미 오래전부터 있었고 중국 부동산시장 버블과 기업, 정부 부채 문제가 해마다 끊이지 않았다는 점도 주목해야 한다.

중국 경제는 사실상 급격한 추락이나 위기에 비유할 것이 아니라 '구조적 성장률 둔화'로 판단해야 한다. 실제로 중국은 2007년 이후 지속적으로 완만하게 경제성장률이 둔화되어왔다. 중국 경제가 단기간 내에 급락할 가능성은 낮다. 코로나19 사태가 발생한 뒤 WHO가 팬데믹을 선언하기 전까지만 해도 가장 큰 현안은 '중국발 경제위기'였다. 하지만 팬데믹 선언 이후 미국과 유럽을 중심으로 코로나19 확진자가 가파르게 증가하면서 중국 경제에 보이는 관심은 크게 줄어들었다. 세계 각국에 걸쳐 코로나19의 충격이 발생하고 있고, 중국도 그 중의 하나가 되었다. 다만, 중국의 경기하방 압력은 세계 경제의 회복세를 제약하는 요인으로 작용할 확률이 높다. IMF는 세계 경제가 마이너스 성장을 보이는 2020년에도 중국 경제는 1.2% 수준의 '상대적으로 양호한' 흐름을 보일 것으로 예측하고 있고, 2021년에는 기저효과 등의 영향으로 9.2% 수준으로 크게 반등할 것으로 전망했다(IMF, 2020.4).

다섯 번째는 신흥국의 견실한 성장세다. 이는 2020년의 주요 경제 이슈로 꼽은 '반등신흥국Rebounding Emerging'의 연장선상에 있는 내용이다. IMF는 세계 경제성장률이 2019년 2.9% 수준에서 2020년 -3.0%로 크게 위축된 후, 2021년 5.8%로 회복된다고 전망하고 있다. IMF, 세

중국 경제성장률과 수출증감률 추이 및 전망

주 : 2019년 이후는 IMF(2020.4)의 전망치임.
자료: IMF, CEIC

계은행, OECD 같은 주요 국제기구는 하나같이 2020년 코로나19 충격이 선진국들을 중심으로 반영되고, 신흥국들의 충격은 상대적으로 미약하다고 판단했다. 특히, 2021년 들어 신흥국의 반등이 6.6% 수준으로 뚜렷해 세계 경제 회복을 이끌 것이라고 내다본다. 2018년까지 미국을 중심으로 한 선진국이 기준금리를 가파르게 인상하면서 신흥국은 외국인 투자자금이 급격히 이탈해 위기 상황을 맞았다. 하지만 이제 세계가 통화정책 완화를 이행하면서 경기회복 국면에 들어선 양상이다. 더욱이 해외 직접투자가 아시아 신흥국에 집중되고 중국을 상징하던 '세계의 공장'이 중국 이외의 신흥국으로 이동하면서 회복세가 뚜렷해지고 있다.

■ 2021년 한국 경제전망 ■

전 세계가 코로나19라는 예상치 못한 변수의 영향을 크게 받는 상황이라 그 확산세를 가정한 자료를 토대로 경제를 전망하는 수밖에 없다.

'시나리오 1'은 현재 기준에서 가장 낙관적인 전제로 코로나19 확진자가 5월 이후 안정될 것으로 본다. 2019년 한국 경제성장률은 2.0%로 근래 들어 최저점을 기록했고 2020년에는 0.4%로 전망된다. 필자는 《더블 딥 시나리오: 긴급 수정 경제 전망》에서 2020년 경제를 더블 딥으로 표현했는데 어려웠던 2019년을 지나 반등하는가 싶던 경제는 2020년 들어 코로나 탓에 더 어려워졌다. 물론 코로나19 외의 잠재 위험이 사라지면 2021년에는 잠재성장률 수준으로 회귀할 전망이다.

'시나리오 2'는 코로나19 사태가 하반기 내에 안정을 찾는 것을 전제한다. IMF도 팬데믹에 대한 기본 전제를 이렇게 하고 있다. 이 경우 글로벌 소비와 투자의 침체기조가 지속되면서 기업 실적에 상당한 조정이 가해진다. 2020년 한국 경제성장률은 -1.1% 수준에 그칠 전망이며 경기부양책 효과가 하반기에 집중되어 이른바 '보복적 투자'와 '보복적 소비'가 나타나리라고 본다. 예를 들면 신제품 출시가 하반기에 쏟아지거나 소비자가 미뤘던 내구재 소비를 단행한다. 하반기 반등은 상반기 하락폭을 어느 정도 상쇄하지만 그 효과가 충분하진 않다. 그래도 2020년에 겪은 경제적 충격만큼 기저효과가 나타나면서 2021년에는 잠재성장률을 상회하는 수준으로 회복될 것으로 보인다.

'시나리오 3'은 코로나19가 2020년 하반기 내에 종식되지 않을 것으로 가정한다. 이때 글로벌 분업구조Global Value Chain, GVC상 여러 부문에 걸쳐 병목현상이 일어난다. 중국과 유럽뿐 아니라 세계 전역에서 경제활동이 위축되고 기업은 고용을 유지하지 못해 대규모 구조조정에 들어간다. 나아가 신산업 진출과 연구개발 투자가 급격히 줄어든다. 특히 국가 간 인적·물적 교류가 거의 차단되면서 한국의 대외거래와 내수경기 역시 동반 침체된다. 이 경우 2020년 한국 경제는 1998년 외환위기(-5.1%), 2008년 글로벌 금융위기(0.8%) 수준의 위기상황에 부딪친다. 2021년에는 경제주체들이 평년 수준의 경제활동과 경제규모로 돌아오면서 2020년 대비 GDP가 크게 증가한다. 그러나 이것은 구조적 회복세라기보다 숫자적 반등으로 위기에서 벗어나는 수준에 불과하며 경제가 상당한 속도로 성장한다고 체감하기는 어려울 것으로 본다.

2021년 한국 경제전망

주: 2020년과 2021년 수치는 2020년 4월 기준 필자의 전망치임.
자료: 한국은행, 한국무역협회

■ 대응 방향 ■

2021년 세계 경제 흐름은 '나'와 상관없는 게 아니라 내 삶을 결정할 것이다. 세계 경제 기조와 정부의 재정정책 방향을 비롯해 통화 당국의 통화정책이 모두 '내'가 속한 지역사회, 경제, 산업, 문화 등과 긴밀히 연결되어 있어서다. 그러니 변화의 흐름을 적극 관찰하고 적절한 대응 전략을 구사할 필요가 있다.

기업은 다양한 환경 변화에 주목해 기회 요인을 포착하고 위협 요인에 대비해 이를 극복해가야 한다. 개인은 경제 환경 변화를 직시하고 트렌드 변화 속에서 투자 기회를 찾는 일이 필수다. 그리고 가계와 기업이 최적의 의사결정을 하도록 여건을 조성해줄 책임이 있는 정부는 2021년을 선제적으로 살펴 그에 걸맞은 정책을 제시해야 한다.

2021년에는 우리가 대응해야 할 다양한 이슈가 펼쳐진다.

첫째, 세계 각국의 경기부양책이 소비재 기업에 기회로 작용할 전망이므로 우수 제품을 생산하는 국내 중소기업들이 수출 활로를 개척하도록 정책 지원이 필요하다. 둘째, 미중 무역분쟁이 재고조될 가능성이 높으므로 중국을 벗어나 생산기지 이전 같은 계획을 마련해야 한다. 셋째, 아시아 신흥국들을 중심으로 FTA가 확산되면서 국내의 경쟁력 강한 산업은 시장 확대 기회를 얻는 반면 경쟁력 약한 산업은 상당한 위협을 받게 되므로 이를 상쇄할 시스템을 구축해야 한다. 특히 아시아 신흥국에서 밀려올 값싼 농산물이 우리 농산물을 위협할 가능성이 큰데 FTA로 이익을 얻는 주력 산업을 중심으로 그 이익을 취약 산업과 공유하는 시스템을 갖춰가야 한다. 넷째, 중국의 구조적 경기 둔화 흐름에 따라 공급사슬과 시장 개척 측면에서 기업들이 새판을 짜야 한다. 다섯째, 반등신흥국의 수출 의존도를 높여간다. 어차피 대외 의존도가 높을 수밖에 없다면 침체되고 갈등이 많은 국가가 아닌 부상하는 신흥국에 제조와 시장을 의존하는 것이 낫지 않을까?

2020년 들어 전염력이 상당히 강력한 코로나19 때문에 전 세계가 큰 곤혹을 치르고 있습니다. 각국이 전례 없는 봉쇄 조치까지 취하고 있는데 코로나19의 충격으로 2021년 세계와 국내 경제에 어떠한 구조적 변화가 나타나게 될까요?

비 온 뒤에 땅이 굳는다는 말이 있지요. 강력한 더위가 닥치면 에어컨 보급률이 늘어나고 전쟁을 치르고 나면 군사력이 강해지게 마련입니다. 소 잃고 외양간을 고친다고 비판하기도 하지만 소를 잃는 바람에 외양간을 고칠 필요를 느끼는 것입니다. 한국은 IMF 외환위기를 겪은 뒤 외환 건전성을 확보하고 금융시장 감독 기능을 강화해왔습니다. 또 일본의 대한국 수출규제라는 뼈아픈 경험을 하고 나서 소재·부품·장비의 국산화를 정책적으로 추진하기 시작했습니다.

같은 맥락에서 전염력이 강한 코로나19가 휩쓸고 지나간 뒤에는 감염병에 잘 대응한 나라가 두각을 나타낼 가능성이 큽니다. 분명 급증한 보건과 방역 시스템 수요가 예전으로 되돌아가지 않고 수요 레벨이 한층 올라간 채 계속 수요가 이어질 겁니다. 한마디로 구조적 변화가 일어나는 것이지요.

그 밖에 코로나19의 영향으로 수요가 폭발적으로 증가한 비대면 서비스와 디지털 플랫폼 수요 역시 이전보다 높은 수준을 보일 전망입니다. 즉, 코로나19는 일시적 변화는 물론 구조적 변화까지 이끌어낼 가능성이 큽니다. 이를 그래프로 나타내면 다음과 같습니다.

코로나19가 불러일으킨 구조적 변화(콘셉트)

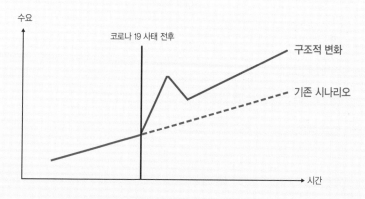

구조적 변화는 크게 다섯 가지로 나타납니다.

첫째, 보건정부가 등장합니다. 코로나19 확산으로 음압 병상, 음압 구급차, 체온계, 마스크를 비롯한 보건과 방역 시스템 수요가 급증했는데 코로나19가 사라져도 그 수요는 이전 수준으로 돌아가지 않을 전망입니다. 코로나19가 안겨준 충격이 상당히 크고 향후 바이러스로부터 안전하리라는 보장이 없기 때문에 오히려 전염병 방역 시스템이 공고해질 것입니다. 정부의 연구개발 예산도 보건과 방역 시스템 고도화, 인공지능과 빅데이터를 활용한 치료제 혹은 백신 개발에 집중될 것으로 보입니다. 실제로 2020년 4월 정세균 국무총리는 질병관리본부를 보건복지부의 외청(중앙행정기관의 일종으로 각 부처에 소속돼 있으면서도 해당 부처와 독립적인 행정업무를 하는 '청급' 기관을 일컬음)으로 승격하는 방안이 바람직하다는 입장을 밝혔고 여당은 이를 총선 공약으로 내세웠습니다. 질병관리본부가 독립하거나 승격할 가능성이 커진 셈입니다.

둘째, 글로벌 분업구조상의 변화가 가속화됩니다. 코로나19 이전부터 미국을 비롯한 주요국이 리쇼어링(유턴기업 지원) 정책을 추진하면서 제조업 회귀 현상이 강해지고 보호무역주의가 팽배했습니다. 세계적으로 해외직접투자 유입액Foreign Direct Investment Inflow은 2015년 2만 338억 달러 규모를 기록한 이후 급속도로 감소해 2018년 1만 2,972억 달러로 나타났습니다. 코로나19 사태가 발생한 2020년 국내 주력 산업은 중

세계 해외직접투자의 추이

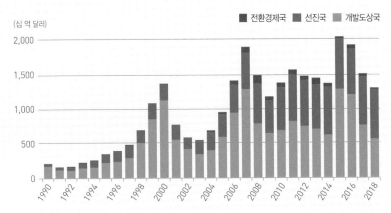

주: 전환경제국Transition economies은 UN의 분류 기준으로 선진국과 개발도상국을 제외한 나라들이자 근본 경제 시스템이 상이한 시스템으로 이행하는 과정에 있는 경제권을 뜻함. 보통 사회주의 경제체제에서 시장경제로 이행하는 동유럽과 CIS(독립국가연합) 지역을 의미함.
자료: UNCTAD(2019), 〈World Investment Report 2019〉

국, 미국, 유럽 등에서 들어오는 주요 부품 공급에 차질을 빚기도 했습니다. 결국 코로나19 사태는 분업구조상의 일부 부문을 해외에 의존하기보다 자국에 집중하는 현상을 강화할 것으로 보입니다. 한국 정부의 주요 정책 중 하나도 리쇼어링 정책으로 이는 구조적 변화에 따라 분업구조가 약화하는 모습입니다.

셋째, 비대면 서비스Untact service 의존도가 높아집니다. 코로나19의 영향으로 '사회적 거리두기'가 보편화되면서 특히 온라인 쇼핑과 게임 서비스의 수요가 급증했습니다. 과거 젊은 층의 전유물로 여겨지던 비대면 서비스가 거의 반강제적으로 소비자 전체에 확산된 것입니다. 온라인 쇼핑이 급증하자 지급결제 서비스가 고도화했고 온라인 교육과 화상회의 도입으로 ZOOM 같은 플랫폼 사용자도 대폭 늘어났습니다. 공적 마스크 재고를 실시간으로 확인할 수 있는 굿닥 같은 플랫폼 사용자

2020년 주요 비대면 플랫폼 사용자 추이

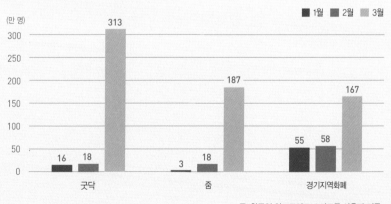

주: 한국인 안드로이드 스마트폰 사용자 기준
자료: 와이즈앱/와이즈리테일

역시 크게 늘었지요. 이렇게 플랫폼을 경험하면서 그 편리성과 유용성을 인식한 사용자는 코로나19 사태 이후에도 계속 사용할 가능성이 큽니다.

넷째, 사회문화가 상당 부분 바뀝니다. 테니스 동호회의 풍경을 예를 들어 볼까요? 테니스 경기는 통상 네트 앞에서 상대편과 악수한 뒤 시작하고 경기 중에는 파트너와 손바닥을 마주치며 응원합니다. 그런데 코로나19는 접촉을 최소화하기 위해 라켓을 부딪치며 인사하고 응원하는 방식으로 사람들의 행동을 바꿨습니다.

또 승강기 안에서 대화하지 않는 것이 예절로 자리를 잡고, 기침할 때 팔꿈치를 이용하는 교육도 확대되었지요. 앞으로 한국을 상징하던 집단주의 문화가 쇠퇴하고 개인주의로 가파르게 전환될 것으로 보입니다.

다섯째, 조직문화에 변화가 일어납니다. 우선 기존과 달리 대면보고와 대면회의가 최소화될 전망입니다. 재택근무 역시 효율성을 잃지 않는 범위 내에서 적극 활용할 가능성이 큽니다. 이에 따라 비대면 보고와 재택근무가 원활히 이뤄지도록 전사적자원관리Enterprise Resource Planning, ERP 시스템이 개편되고 고도화될 것입니다. 특히 비대면 회의의 편리성을 경험한 기업은 이들 환경에 적합한 시스템과 소프트웨어를 구축해 폭넓게 활용할 전망입니다. 이와 함께 회식문화 비중이 큰 폭으로 줄어들고 유연근무 제도가 안착할 것으로 보입니다.

2021년 미중 무역분쟁은 어떤 양상을 보일까요? 전문가들도 의견이 다양할 텐데 구체적으로 어떤 모습을 예상하고 있습니까? 그리고 미국이 특히 중국을 상대로 무역분쟁을 일으키는 이유는 무엇입니까?

미중 무역분쟁은 2018~2019년 세계 경제의 가장 큰 불확실성 요인이었습니다. 2020년에는 휴전 분위기지만 세계의 모든 경제주체가 '2021년에는 미중 무역분쟁이 어떻게 전개될지'에 촉각을 곤두세우고 있습니다.

많은 전문가가 미중 무역분쟁이 장기전으로 갈 거라고 예상합니다. 이 분쟁의 기본 전제를 '패권경쟁'으로 규정하기 때문이죠. 어찌 보면 패권경쟁은 해와 달에 비유할 수 있는데 해와 달은 함께 있을 수 없으므로 그 종결이 쉽지 않습니다. 2010년대 세계 수출국 1위로 도약한

세계 Top 10 수출국 순위

	1990년	2000년	2010년	2019년
1	독일	미국	중국	중국
2	미국	독일	미국	미국
3	일본	일본	독일	독일
4	프랑스	프랑스	일본	네덜란드
5	영국	영국	네덜란드	일본
6	이탈리아	캐나다	프랑스	프랑스
7	네덜란드	중국	한국	한국
8	캐나다	이탈리아	이탈리아	이탈리아
9	벨기에	네덜란드	영국	홍콩
10	USSR	홍콩	벨기에	영국

주: 1990년 중국 15위. 2019년은 10월까지의 누적값을 기준으로 함.
자료: WTO Statistical Program

중국은 지금까지 1위 자리를 내주지 않았습니다. 이런 모습은 다른 영역에서도 빈번히 나타나고 있지요.

2021년 미중 무역분쟁 시나리오는 전문가들 사이에 크게 두가지로 나뉩니다. 먼저 '시나리오 1'은 2021년에 미중 무역분쟁이 재고조된다는 것입니다. 2020년은 1월에 진행된 1차 무역협상 성사로 완화 분위기입니다. 만약 2021년에 무역분쟁이 재고조되더라도 미국 대선 결과와 중국의 대응을 비롯해 다른 여러 가지 요인에 따라 그 정도에 차이가 있을 것입니다. 미래 산업에서 가장 중요한 것은 지식재산권 흐름입니다. 특허출원 건수 추이를 보면 2000년대 초반만 해도 미국이 압도했으나 이제 중국이 미국보다 2배 이상 더 많습니다. 미국 입장에서는 미래 산업을 중국에 빼앗길까 봐 두려울 수밖에 없는 상황이죠.

트럼프 대통령은 대선 전에 싸움을 걸어 유권자들에게 불확실성이

중국, 미국, 일본의 특허출원 건수 추이

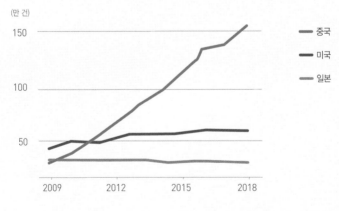

자료: 세계지식재산권기구

있는 지도자로 비칠 우려를 피하고자 1단계 무역합의를 대충 해치웠습니다. 실제로 빨리 합의할 수 있는 것만 논의했을 뿐 지식재산권이나 산업보조금 같은 중점 현안은 합의 대상에서 빠졌지요. 2차 합의도 2020년 내에 크게 줄다리기를 하지 않고 소강 상태를 유지하다가 대선이 끝나고 2021년에 다시 분쟁이 격화될 전망입니다.

미국 공화당과 민주당은 서로 으르렁대지만 '중국을 잡아야 한다'는 점에서는 한목소리를 냅니다. 결국 2021년부터 미국이 전열을 가다듬어 통상 압박을 가할 가능성이 큽니다. 만약 트럼프가 재선에 성공하면 압박 수위는 기존보다 훨씬 더 강할 것입니다. 미국 대통령은 재선에 성공할 경우 뒤를 돌아볼 필요가 없기 때문에 대체로 일처리 스타일이 강해집니다.

그다음으로 '시나리오 2'의 가능성도 무시할 수 없습니다. 이것은 2021년에 무역분쟁이 격화하기보다 그 성격이 정치 전쟁에서 산업과 기술 전쟁으로 바뀔 거라고 보는 입장입니다. 2020년의 완화 분위기가 2021년에도 큰 변화 없이 이어질 것이라는 말이지요. 현재 세계 경제가 동남아 신흥국을 중심으로 반등할 뿐 미국과 중국은 하락세라 둘 다 실리를 추구할 가능성이 높다고 판단하는 겁니다.

실제로 양국의 경제상황은 그리 좋지 않습니다. 미국과 중국 모두 2020년, 2021년, 2022년 경제성장률이 부진한 흐름을 보일 전망이죠. IMF는 2020년 경제전망 보고서에서 2019년 10월에는 중국의 2020년 경제성장률을 5.8%로 전망했으나 미중 무역분쟁 완화를 예측한 뒤 2020년 1월에는 다시 6.0%로 상향 조정했습니다. 그만큼 미중 무역분쟁의 영향이 크다는 의미입니다. 미중 무역분쟁이 더 격화하면 서로 자국 경제에 주는 압박이 커지므로 빅테크Big Tech 산업 몇 개를 공격하는 제스처를 취하면서 산업 간 주도권 싸움으로 전개될 가능성도 있습니다.

더구나 중국 경제가 저성장 기조로 가고 있는데 굳이 미국이 중국을 크게 압박할지는 의문입니다. 글로벌 분업구조상 중국이 어려워지면 미국도 어려움을 겪으니까요.

여기에다 관세 적용 기준을 25%에서 10%로 하향 조정한 효과가 나타날 수 있습니다. 미국은 화웨이가 기술, 서비스, 부품을 공급하지 못하도록 제재를 가했는데 그 영향이 2020년 중반 이후 나타날 것입니다. 따라서 2021년에는 미중 무역분쟁이 소강 국면에 들어설지라도 내용상 산업분쟁이 지속될 겁니다. 즉, 산업 내에서 플랫폼이나 기술 간 경쟁이 치열하게 벌어질 수 있습니다.

세계 주요 IT기업에서도 그런 모습이 분명하게 나타납니다. 소위 빅테크 기업 1~5위를 구글, 마이크로소프트, 애플 같은 미국 기업이 차지하고 있는데 그다음 순위가 중국 기업인 알리바바·텐센트·바이두입니다. 그러니 미국 입장에서는 '이걸 놔두면 미래 산업이 역전될 수도 있겠구나' 하는 생각이 들 수밖에 없지요.

중국이 비록 저성장으로 가도 빅테크 중심으로 세계 시장을 장악해가면 미국이 긴장하는 것은 당연합니다. 트럼프의 수석 전략 고문으로 알려진 스티브 배넌Steve Bannon이 이런 말을 한 적이 있습니다.

"화웨이를 죽이는 것은 미중 무역협상보다 10배는 더 중요한 일이다."

결국 무역분쟁 이면에 작용하는 것은 산업 주도권 싸움입니다. 예를

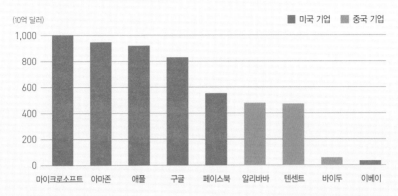

미국과 중국 빅테크 기업의 시가총액

(10억 달러)   ■ 미국 기업   ■ 중국 기업

자료: FSB Financial Stability Board, 〈BigTech in finance: Market developments and potential financial stability implications〉, 2019.

들어 인공지능AI 분야를 살펴봅시다. 세계지식재산권기구가 발표하는 특허 순위를 보면 2015년까지 AI 분야 특허출원 1위는 압도적으로 미국이었어요. 한데 2016년부터 중국이 역전하기 시작했지요. AI 관련 특허를 내는 상위 50개 기업 중에서 중국이 19개를 차지하고 미국은 12개입니다. 더구나 미국은 1위 IBM, 2위 MS, 3위 구글이라는 소수 대표 기업에 집중되어 있을 뿐이고 전체 규모 측면에서는 중국이 미국을 압도했습니다.

중국이 특히 집중하는 분야가 얼굴인식 기술이라고 하는 컴퓨터 비전입니다. 인구가 많아서 사람 식별 기술이 많이 필요하고 빅데이터를 활용할 소스가 많은 중국에서 그 분야 특허가 쏟아져 나오고 있는 것이지요. 얼굴인식 분야의 특허는 중국이 세계에서 60~70%를 차지합니다. 딥러닝 기술에서 얼굴인식은 상당히 중요한데 이 분야가 발전할수록 중국이 전 세계 산업을 주도하고 세계 각국에서 받는 특허기술료 수입도 늘어날 가능성이 큽니다.

우수 AI 논문 점유율도 향후 중국이 미국을 압도할 전망입니다. 인용 기준 상위 10% 논문 점유율을 보면 현재 미국이 32%, 중국이 27%입니다. 그러나 미국의 우수 AI 논문 점유율은 줄어들고 중국은 가파르게 늘어나는 추세입니다.

그 밖에 핀테크, 드론을 비롯해 중국이 주도권 다툼에서 먼저 치고 나간 디지털 기술 영역이 많습니다. 결국 미중 무역분쟁은 정치 전쟁을 넘어 산업과 기술 주도권 전쟁으로 흘러갈 가능성이 큽니다. 여기에는 디지털 혁명을 주도하려는 의도가 깔려 있지요.

우수 AI 논문 점유율

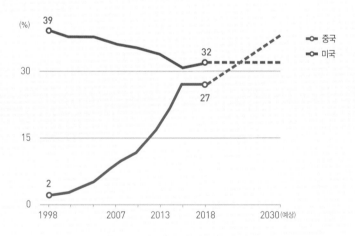

자료: 미국 옐런인공지능연구소

요즘 아세안 국가에서 한류 열풍이 강하고 또 아세안 지역이 한국인에게 여행지로 각광을 받으면서 그곳에 우호적인 사람들이 늘어나고 있는데 과연 RCEP는 2021년 체결될까요? 그리고 RCEP는 한국 경제에 어떤 영향을 줄까요?

RCEP에는 본류와 세부 협정이 있는데 2019년에는 양식을 갖추기 위해 전반적인 안건에만 동의한 상태입니다. 세부 협정안은 아직 모두가 동의하지 않은 상황이라 발효하는 데 상당한 시간이 걸릴 전망입니다. 물론 큰 틀만이라도 합의에 이른 것은 대단한 성과죠.

RCEP 같은 다자 간 협상은 보통 양자 간 협상보다 타결에 시간이 많이 걸립니다. 가령 한중일 FTA는 논의를 시작한 지 16년이 지났어요. 실제로 무역협상을 진행하면 이쑤시개부터 포클레인까지 모든 걸 계산합니다. 관세를 단계적으로 철폐할 경우 수출입에 어떤 영향을 줄지 수십만 개 품목에 걸쳐 논의하지요. 통상 주무관들이 담당하는 품목이 한 사람당 3,000~4,000개에 이릅니다.

과거에 한국이 실수한 사례가 하나 있는데 그것은 베트남과 FTA를 체결할 때 양봉업을 포함하지 않은 겁니다. 베트남 꿀은 한국 꿀에 비해 가격이 20분의 1 정도라 한국 양봉업의 가격경쟁력이 현저히 떨어집니다. 이때 양봉업자들이 세종시 농림축산식품부 앞에서 6개월 동안 시위를 하는 바람에 공무원들이 꽤 곤혹스러웠지요. 이렇게 하나하나 고려해야 하니 시간이 많이 걸릴 수밖에 없습니다.

같은 맥락에서 인도가 RCEP에 부정적 입장을 보이는 것이 이해가 갑니다. 인도는 인구 대국이라 다른 나라에서는 상품시장으로써 매력적으로 여기지만 사실 인도 입장에서는 다른 나라에 내다 팔 만한 것이 딱히 없습니다. 공산품도 농산품도 없어서 무역적자가 빤한 인도는 RCEP를 놓고 '우리가 일방적으로 불리하다'는 입장입니다.

인도가 RCEP 안에 들어오느냐 마느냐에 따라 협의체의 격이 달라지기 때문에 다른 주변국들이 인도가 처한 상황을 특별히 감안해줄 수도 있습니다. 원래 인도가 협정을 체결하려다 잠깐 발을 뺀 것은 자국에 유리한 조건을 제시해달라는 표현으로 볼 수 있지요. 이것을 주변국들이 인정하면서 협정을 하면 2020년이든 2021년이든 긍정적인 진전이 있으리라고 봅니다. 설령 2021년에 체결이 어려울지라도 2~3년이 흐르면서 상당한 기회가 있을 것입니다.

한국 경제를 연구하는 다양한 전문가들은 하나같이 "지금 대한민국이 살 방법은 아세안밖에 없어요"라고 말합니다. 이것은 주요국의 외교통상 로드맵, 즉 한국의 신남방정책이나 중국의 실크로드정책과 딱맞아떨어집니다. 주목할 만한 것은 RCEP라는 큰 틀에서 협정을 이뤄가는 과정에 몇몇 국가가 빠른 속도로 FTA를 체결할 가능성이 높다는 사실입니다.

그러므로 빠른 시일 내에 RCEP를 체결하거나 신남방정책의 효과가 나타날 경우 이것이 '한국 경제에 어떤 영향을 줄지' 논의해야 합니다. 우선 한국의 주력 산업에 큰 이익을 주리라고 봅니다. 과거 한국의 수출국 1, 2, 3위가 중국·미국·일본이었는데 이미 뒤집어졌습니다. 3위는 베트남, 4위는 홍콩입니다. 베트남뿐 아니라 아시아 주요 신흥국에 대한 수출 의존도가 크게 늘어나고 있지요.

한국의 5대 수출 대상국별 수출 비중 추이

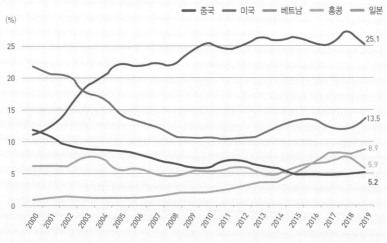

자료 : 한국무역협회

  아세안 신흥국들을 중심으로 경제 반등이 일어나는 2020년, 2021년 트렌드 속에서 RCEP는 한국 경제에 많은 기회를 안겨줄 것입니다. 한국은 미국과 중국에 기대면 더 어려워지고 RCEP에 기대면 기회가 더 늘어나리라고 판단합니다. 특히 자동차 산업을 비롯한 주력 산업에 상당한 이익이 있을 겁니다.

  다만 염려스러운 영역은 농업입니다. 값싼 과일, 채소류가 동남아 신흥국에서 많이 들어올 가능성이 크니까요. 그동안 한국은 높은 관세를 부과해 국내 농업을 보호해왔습니다. 미중 무역분쟁이 진행되던 중에 개발도상국 지위를 포기한 한국은 농산품 관세를 점차 조정해야 하는 상황입니다. 엎친 데 덮친 격이지요.

  쌀은 현재의 관세 513%에서 400%, 300%로 점점 낮춰갈 확률이 높

주요 농산품 수입관세율 현행

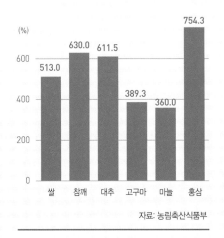

자료: 농림축산식품부

연간 농업보조금 현행과 전망

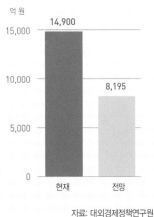

자료: 대외경제정책연구원

고 농업보조금도 줄어듭니다. 이에 따라 아시아 신흥국들과 경제교류를 확대하면서 농산업에 큰 충격이 있으리라고 봅니다. 물론 농식품을 활용하는 식료품 제조기업에는 기회일 수 있습니다. 아무튼 FTA는 이익과 손해가 공존하므로 주력 산업에서 오는 이점을 이익이 감소하는 영역의 산업과 공유하는 시스템을 고민해야 합니다.

특히 농산업에도 수입 대체가 불가능한 품목이 있습니다. 대표적인 것이 딸기인데 2020년부터 딸기를 수출하면서 국내에서는 가격이 2배 더 비싸졌어요. 공급량이 늘어났어도 수출로 빠져나가면서 내수용 물건이 줄어들어 가격이 오른 것입니다. 이처럼 농가에서도 수입 대체가 불가능한 품목이나 고부가가치 산업인 유기농 농산품에 관심을 기울일 필요가 있습니다.

또한 앞으로 아시아 신흥국을 중심으로 인적 교류가 더 확대될 텐데 그 과정에서 노동력 부족을 상쇄하기 위해 인구유입 정책에 관심이 집중될 것입니다.

아세안 국가들은 한국과의 RCEP 체결을 상당히 반기는 분위기입니다. 중국이 부상하면서 엄청난 위압감을 느끼는 아세안 신흥개도국들은 독자 생존할 채널과 생태계를 만들고 싶어 합니다. 그런 입장이다 보니 상대적으로 작은 국가고 우호적인 한국이 참여하는 것을 좋아하는 것이지요.

많은 한국인이 일본과 중국 편중에서 벗어나 아세안에 부쩍 관심이 높아졌어요. 각자 그 나름대로 목적이 있겠지만 만약 2021년 아세안 신흥국에 투자를 한다면 어느 나라가 좋을까요? 추천하고 싶은 나라가 있으면 간략하게나마 소개해주세요.

지금 아세안 국가들 중에서도 베트남이 급부상하고 있습니다. 특히 아세안 국가들은 한류 콘텐츠에 매우 우호적이라 관련 소비재와 캐릭터 수출이 매력적입니다. 여기에다 플랫폼기업과 서비스기업의 진출을 위한 활로가 크게 열릴 것으로 보고 있습니다. 아세안 국가들 중 어느 나라에서 투자 기회를 잡아야 할지 논하는 것은 굉장히 중요한 일입니다. 여기서는 제각각 장점을 지니고 있는 4개 나라를 살펴보겠습니다.

첫째, 베트남입니다. 기본적으로 한국에서 투자하는 대표적인 산업은 인적자원을 중요하게 고려합니다. 인구가 약 9,734만 명인 베트남은 인적자원 특성 측면에서 아세안 국가들 중 한국과 가장 유사합니다. 또 공학적 베이스도 비슷하고 불교문화권과 유교문화권을 같이 접하고 있는 곳이라 수직적 조직문화에도 잘 적응하는 편입니다. 원래 통치철학을 강제로 주입하는 공산국가에서는 교육에 신경을 많이 씁니다. 그래서 그런지 베트남 사람들은 회사에서 정해준 룰을 지키는 것이 중요하다는 점을 이해하고 따를 마음의 준비를 갖추고 있습니다.

또한 신흥국 경영 환경에서 중요한 것이 바로 전력입니다. 전력은 댐을 건설하는 것처럼 많은 시간이 걸리는 일이라 단기간에 해결하기 어려운데 베트남은 현재 전력 공급이 매우 원활합니다. 베트남을 제외한 여러 아세안 국가의 전력 수준은 아직 열악해서 전압이 불안정하고 전자기기가 멈추는 일이 자주 발생합니다. 다만 베트남에는 다른 나라들도 이미 들어와 있어서 경쟁이 치열하다는 단점이 있습니다.

둘째, 미얀마입니다. 인구가 약 5,441만 명인 미얀마는 아시아 국가 중 경제발전이 가장 더딘 나라지만 성장성이 뚜렷합니다. 특히 인프라 건설 기회가 상당하며 자원이 풍부해 자원개발 산업이 유망합니다. 이미 2000년부터 미얀마 가스전 탐사를 시작한 포스코인터내셔널은 2013년부터 상업 생산에 들어갔습니다. 2020년 2월에는 미얀마 광구에서 추가 가스층을 발견했으며 약 3,800만 입방피트의 생산성도 확인했습니다. 포스코인터내셔널은 2021년부터 평가시추에 들어갈 계획입니다.

셋째, 인도네시아입니다. 인구가 약 2억 7,352만 명에 달하는 인도네시아는 세계 4위 인구 규모의 거대한 시장입니다. 인도네시아는 1527년 6월 자카르타를 수도로 정한 지 500여 년 만에 수도를 옮길 계획입니다. 조코 위도도(일명 조코위) 인도네시아 대통령은 2019년 8월 수도를 자바섬 자카르타에서 보르네오섬 동칼리만탄으로 옮기겠다고 발표한 이후 계속 이 작업을 추진하고 있습니다. 수도 이전에는 약 10년이 걸릴 전망인데 흥미롭게도 이들이 수도 이전 성공 사례로 꼽은 곳이 바로 대한민국의 세종시입니다. 자카르타는 서울처럼 경제중심지로 남기고 행정 기능만 새 수도로 이전한다는 구상이지요. 이에 따라 상하수도와 전기, 도로 등의 인프라를 포함해 대규모 도시건설 프로젝트가 기대를 받고 있습니다.

넷째, 필리핀입니다. 인구가 약 1억 958만 명인 필리핀은 7,000여 개 섬으로 이뤄진 나라입니다. 그래서 중앙집중식 발전이 적합한 한국과 달리 분산발전형 전력 공급 방식이 필요하기 때문에 소수력발전, 풍력발전 같은 재생에너지 산업 수출이 매우 유력합니다. 특히 ESS Energy Storage System (과잉 생산한 전력을 저장해뒀다가 일시적으로 전력이 부족할 때 송전해주는 저장장치.)가 굉장히 중요하죠. 분산발전 과정에서 중요한 것은 많이 생산한 에너지를 저장하는 것이므로 ESS 산업은 상당히 유망합니다. 아시아 신흥국 중에는 섬나라가 많아서 ESS는 전반적으로 유망한 산업입니다. 앞서 말한 인도네시아 역시 1만 3,677개 섬으로 이뤄진 세계 최대 도서국가죠.

미중 무역분쟁과 한일 갈등으로 한국 경제가 여러 가지로 영향을 받으면서 경제를 걱정하는 사람이 꽤 늘었습니다. 그 와중에도 한국 경제가 희망을 걸고 나아갈 분야는 분명 있을 텐데, 2021년 한국 경제를 견인할 대장 산업은 무엇입니까?

한국 경제의 회복세가 미진하긴 하지만 그 안에서도 '반 평균을 깎아먹는 산업과 올려주는 산업'이 있습니다. 2021년 어떤 산업이 한국 경제 회복을 견인할지 논의하는 것은 매우 중요한 일입니다.

첫째, 5G 관련 산업입니다. 5G는 디지털 전환Digital Transformation(디지털 트랜스포메이션)을 전개하는 산업 패러다임 변화 속에서 중요한 인프라 영역으로 평가받고 있지요. 5G 인프라 쪽은 이미 시장을 형성하기 시작했습니다. 5G 장비의 경우 삼성전자가 21%로 1위를 차지하는 주력 사업이므로 시장이 확장될수록 인프라와 디바이스 영역에서 자연스럽게 성과를 창출할 것입니다.

5G 산업은 인프라·디바이스 쪽과 서비스 쪽으로 양분해서 봐야 합니다. 서비스 쪽에서 RCEP에 해당하는 아세안 국가들은 중요한 목표 시장입니다. 인프라·디바이스 쪽은 이미 한국이 전 세계로 진출하고

세계·국내 이동통신과 5G시장 전망

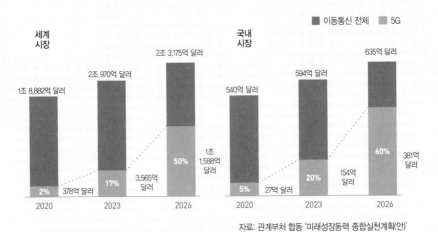

자료: 관계부처 합동 '미래성장동력 종합실천계획(안)'

있으며 서비스 쪽도 향후 주도권을 확보할 수 있는 영역입니다.

특히 5G는 초저지연, 초연결 두 가지 측면에서 볼 때 다양한 영역으로의 확장성이 있습니다. 5G를 통신, 인프라 산업에만 국한할 것이 아니라 서비스 면에서 어떻게 5G의 혜택을 다른 산업에 맞춰 확장할지, 거기에 맞춤화한 서비스는 무엇인지 고민해야 합니다. 2020년에는 다양한 서비스 영역에서 5G를 주도하는 기업들이 분명 나타날 것입니다.

예를 들어 과거 도로 발주 사업은 단순히 아스팔트를 깔고 표지판과 가로등을 놓는 수준이었지만 지금은 그렇지 않습니다. 처음부터 ITS Intelligent Transportation System라는 지능형 교통 시스템을 깔아 자율주행이 가능하도록 만듭니다. 지능형 교통 시스템의 가장 기본형은 하이패스죠. 또 목적지까지 얼마나 걸리는지 알려주는 데이터 기반 표시판도 정보와 도로가 만나는 셈입니다. 이제 교통량에 따라 신호를 제어하는 신호등과 자율주행차가 실시간으로 빅데이터를 주고받으며 소통하면서 ITS 발주가 대폭 늘어나고 있습니다. 5G 인프라도 ITS에 속하지요. 도로 건설이 이런 방식으로 이뤄지다 보니 최근 건설사들은 교통 빅데이터를 다루는 IT회사나 스타트업에 많은 관심을 보이고 있습니다.

둘째, 반도체 산업입니다. 반도체 산업은 한국의 전체 경제규모에서 투자의 20%, 수출의 20% 정도를 차지합니다. 반도체 산업이 한국 경제에 주는 영향은 어마어마하지요. 그런 반도체 산업이 2019년 매우 어려웠던 터라 2020년부터 반등세를 만들기 위한 움직임이 이뤄지고 있습니다. 그중 하나가 'AI 국가전략'에서 말하는 인공지능 반도체입니다. 가령 PIM Processing-In-Memory 반도체는 기억(메모리)과 연산(프로세서)을 통합한 신개념 인공지능 반도체로 인간의 뇌처럼 대량 기억, 동시·병렬 연산 처리, 이미지·소리 인식, 학습·판단이 가능합니다. 이처럼 향후 유망한 반도체를 발굴하고 신산업을 육성하기 위해 노력하고 있지요.

반도체는 크게 메모리 반도체와 비메모리 반도체로 나뉘는데 비메모리 반도체 중 가장 많은 비중을 차지하는 것이 시스템 반도체입니다. 지금까지 한국은 메모리 반도체 영역에서 세계 시장을 장악하는 압도적인 경쟁력을 보유해왔습니다. 이제 시스템 반도체 영역으로 다각화하기 위해 이 부문에 예산을 집중 투자할 계획입니다. 2020년에는 새로운 반도체 개발에 투자해 2021년에 가시적인 효과를 낼 것으로 전망합니다. 더구나 2020년부터 글로벌 기업들의 투자가 증가하면서 반도체 수요가 늘어나 가격이 양호한 흐름을 보이고 있습니다.

셋째, 해외 건설 사업입니다. 전 세계적으로 아세안 국가를 공략하기 위해 공장과 회사를 짓는 기업이 갈수록 늘고 있습니다. 이를 위해서는 인프라를 확충해야 하므로 도로, 항만, 통신, 에너지 같은 인프라 건설 기회가 대폭 늘어날 것으로 보입니다. 특히 아시아 신흥국들을 중심으로 많은 외국인 직접투자가 유입되면서 해외 인프라 투자 발주가 확대되고 한국의 해외 건설사 수요가 커질 전망입니다. 그중에서도 5G와 맞물려 5G 인프라, 토목, IT 서비스가 함께 수출로 연결될 가능성이 높습니다.

앞서 언급한 인도네시아의 수도 이전 과정에서도 상당한 인프라 건설 수요가 발생할 것입니다. 공항, 도로, 에너지, 통신 등 수많은 인프라 발주가 나오고 있지요. 이러한 기회를 잘 활용해야 합니다.

인구,
준비 없는 고령사회의 한국

| 김광석 |

2018년 한국은 고령사회에 진입했다. 많은 사람이 한국은 진즉 고령사회에 진입했을 거라고 생각하지만 사실 2017년까지는 고령'화'사회였다. 65세 이상 연령층이 전체 인구의 7% 이상이면 고령화사회, 14% 이상이면 고령사회로 분류한다. 고령화사회는 '나이 들고 있는 사회'를, 고령사회는 '이미 나이든 사회'를 의미한다는 점에서 큰 차이가 있다. 한국의 고령층 비중은 2017년 13.8%에서 2018년 14.3%로 상승했다. 2026년에는 한국의 고령층 인구 비중이 20%를 초과해 초고령사회로 진입할 전망이다.

한국은 세계에서 가장 빠르게 고령사회에 진입하는 국가로 손꼽힌다. 고령화 속도가 선진국들보다 빠르게 진행되고 있으므로 정부 정책과 기업 전략 등에서 각별한 관심을 기울일 필요가 있다.

■ 연령대별 인구 변화 ■

인구구조 역시 거대한 변화를 맞이하고 있다. 1990년 한국의 인구구조
는 30대 이하 인구가 많은 비중을 차지했으나 2015년에는 40대와 50
대 인구가 가장 많아졌다. 2040년에는 60대 이상 인구가 크게 증가하
는 모습으로 변모한다. 1990년 하체가 두터웠던 한국은 2020년에 허
리가 두터워지고 미래에는 상체가 두터워지는 체형으로 변화하는 모
습이다.

한국 인구구조 변화

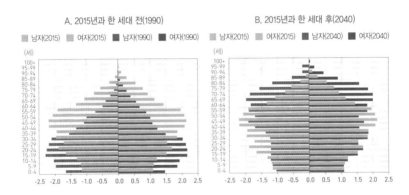

자료: OECD(2018), 〈Ageing and Employment Policies, Working Better with Age: Korea〉

14세 이하 인구는 1972년 최고점을 기록했고 당시 이 연령층 규모가
가장 컸다. 이후 가파르게 감소하면서 2020년에는 가장 비중이 작은
연령층으로 바뀔 전망이다. 청년층(15~29세) 인구는 1989년 정점을 기

록한 이후 급격히 감소해왔다. 30대와 40대는 2006년까지 계속 증가하다가 2006년 정점을 기록했고, 장년층(50~64세) 인구는 2024년 정점을 기록할 것으로 보인다. 한편 2033년 가장 많은 비중을 차지하는 65세 이상 인구는 2051년까지 꾸준히 증가하면서 정점을 기록할 전망이다.

한국 연령대별 인구 추이와 전망

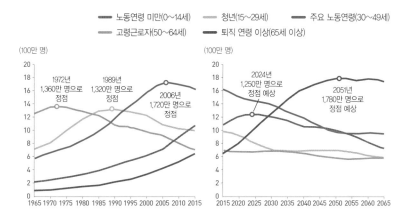

주: 전망치는 중간 출산율 변량the medium fertility variant에 기초함
자료: OECD(2018), 〈Ageing and Employment Policies, Working Better with Age: Korea〉

■ OECD 주요국 고령화 속도 비교 ■

한국은 세계에서 고령화 속도가 가장 빠르다. 인구 증가 속도가 빠르되 15세 이하 인구가 급속히 증가하는 개도국과 달리 선진국은 대체로 이미 고령사회에 진입했거나 고령화 속도가 상당히 빠르다. 특히

OECD 회원국의 고령화 속도가 매우 빠른 것으로 나타나고 있다.

2020년 OECD 회원국의 평균 고령자 수는 생산인구(15~64세) 1,000명당 약 275명에 달할 것으로 예측한다. 그리고 2020년 한국의 고령자 수는 1,000명당 약 221명으로 전망한다. 한국의 고령화 속도는 2020년 이후 가파르게 상승해 2030년 고령자 비중이 OECD 평균을 초과할 것으로 보인다. 더욱이 가장 먼저 고령화 단계에 진입한 일본과 이탈리아를 각각 2050년, 2060년에 추월해 고령층 비중이 가장 높아질 전망이다.

OECD 주요국 고령자 비중 추이와 전망

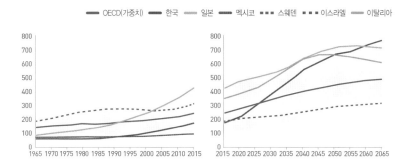

주1: 생산인구(만 15~64세) 1,000명당 고령자(만 65세 이상)가 차지하는 비중
주2: 전망치는 중간 출산율 변량에 기초함
자료: OECD(2018), 〈Ageing and Employment Policies, Working Better with Age: Korea〉

OECD 생산가능인구 비교

가파른 고령화로 가장 걱정스러운 것은 인력, 즉 노동력 부족이다. 지금처럼 일자리가 없어서 고민인 '고용 없는 경제'와 달리 인력이 없어서 고민인 '노동력 없는 경제'로 패러다임이 전환될 것으로 보인다.

OECD 회원국의 생산가능인구 비중을 비교해보면 앞으로 심각해질 한국의 노동력 문제를 보다 쉽게 이해할 수 있다. 2050년 20~64세 혹은 20~69세 인구를 기준으로 OECD 회원국과 비교할 경우 한국은 노동력이 가장 부족한 나라 중 하나로 손꼽힌다. 한국의 생산가능인구 비중은 OECD 회원국 중 라트비아 다음으로 높고(밑에서 2번째) OECD 평균에 크게 미치지 못한다.

2050년 OECD 생산가능인구 비교

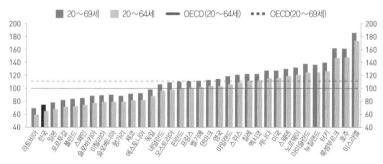

자료: OECD(2018), 〈Ageing and Employment Policies, Working Better with Age: Korea〉

■ 저출산과 노년 부양비 문제 ■

한국은 세계적인 저출산 국가로 합계출산율이 세계 최저 수준이라 향후 고령화가 가속화될 전망이다. 합계출산율은 출산력 수준 비교에 활용하는 대표적인 지표로, 한 여성이 가임기간(15~49세) 동안 낳을 것으로 예상하는 평균 자녀수를 의미한다. 한국의 합계출산율은 OECD 국가(평균 1.70명) 중 가장 낮은 35위를 기록하고 있으며, 세계 224개국(평균 2.54명) 중 220위로 최저 수준에 해당한다.

2019년 한국의 출생아 수가 역대 최저 수준으로 감소했다. 2000년 63만 4,501명에서 2016년 40만 6,243명으로 줄어들더니 2019년 30만 3,100명으로 급감한 것이다. 2019년 출생아 수는 통계를 집계하기 시작한 1970년 이래 가장 낮은 수치이다. 합계출산율은 2000년 1.47명에서 하락을 거듭해 2019년 0.92명을 기록했다. 2013년 출산장려책을 확대 편성하면서 출산율이 잠시 반등했으나 2016년 들어 다시 하락했다. 합계출산율은 2013년 1.19명보다 오히려 하락한 수치다. 보육시설 확충, 아이돌보미 서비스 확대, 여성 경력단절 해소, 시간선택제 일자리 같은 유연근로제도 확대, 출산장려금 지급 확대 등 다양한 정책을 시행했음에도 출산여건은 이전보다 더 나빠진 상황이다.

최근 청년들의 첫 사회 진입은 지연되는 반면 주택가격은 상승하면서 혼인 연령층의 결혼도 지연되어왔다. 결혼한 가구마저 자녀 부양 부담으로 인해 2명 이상의 출산을 꺼리는 분위기가 조성되고 있다. 여성의 일·가정 양립이 가능한 근로여건을 만들기 위해 상당한 제도 개선을 시도했지만 여전히 이 두 가지를 병행하는 것이 현실적으로 어려운 상황이라 출산 의지는 낮을 수밖에 없다.

주요국 합계출산율 현황

국가	합계출산율 (명)	순위	
		OECD (35개국)	세계 (224개국)
이스라엘	2.66	1위	7위
프랑스	2.07	3위	108위
영국	1.89	8위	139위
미국	1.87	10위	142위
독일	1.44	28위	205위
일본	1.41	31위	210위
한국	1.25	35위	220위
OECD	1.70		
세계	2.54		

주: 2016년 224개국 추정치 기준
자료: UN, CIA World Factbook(2016)

한국의 출생과 합계출산율 추이

자료: 통계청

고령사회의 부담

저출산과 급격한 고령화로 노년 부양비가 급증하고 있다. 노년 부양비란 생산가능인구 100명이 부담해야 하는 65세 이상 인구수를 말한다. 한마디로 부양 연령층에 대한 부담이 가중되고 있다는 얘기다. 저출산·고령화 현상이 지속되면서 유소년 부양비는 감소하고 노년 부양비는 가파르게 증가하고 있다. 2016년까지는 노년 부양비가 유소년 부양비를 밑돌다가 2017년부터 초과하기 시작했다. 돌봐야 할 아이보다 돌봐드릴 고령자가 더 많아진 구조다.

2017년은 15~64세 생산가능인구가 줄어들기 시작한 원년이다. 노년층 인구가 증가하는 가운데 생산가능인구는 빠른 속도로 줄어들고 있어서 향후 국가 경제에 노년 부양 부담이 커질 것으로 보인다. 생산

노년 부양 부담 추이

15~64세 생산가능인구 추이

주: 총부양비＝유소년 부양비＋노년 부양비
유소년 부양비＝유소년인구/생산가능인구×100
노년 부양비＝고령인구/생산가능인구×100
자료: 통계청

자료: 통계청

가능인구 혹은 취업자 1명당 부담해야 할 노년층 인구가 증가해 사회적 부담이 커진다는 말이다. 예를 들어 국민연금, 기초노령연금, 기초생활자와 고령층 대중교통 지원 등 다양한 영역에서 노년 부양 부담이 늘고 잠재성장률은 하락할 전망이다.

한국의 고령자가 제일 빈곤하다?

한국의 고령층은 매우 빈곤하다. 소득수준이 낮은데다 자택 이외의 자산이 별로 없고 노후준비를 제대로 하지 못했기 때문이다. 한국의 노인빈곤율은 49.6%로 OECD 회원국 중 1위이며 2위인 이스라엘(24.1%)보다 2배 이상 높다. OECD 국가의 평균 노인빈곤율인 11.4%에 비해서는 심각한 수준이다.

　한국의 경우 60대 이전에는 안정적인 소득에 기반해 중산층으로 살아가지만 60대 이후 고용 안정성이 떨어지고 노후준비가 부족해 취약계층으로 전락하는 경향이 나타난다. 특히 60대 이상이 은퇴 후 생계형 창업을 시작하면 자영업 동종업종의 과다경쟁 속에서 살아남지 못해 폐업과 실패를 경험하는 현상이 두드러진다.

OECD 국가별 노인빈곤율 현황

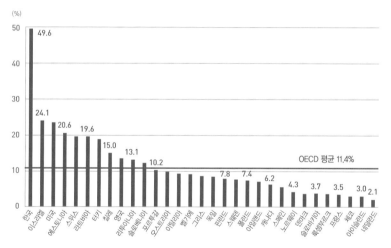

주: OECD에서 제공하는 노인빈곤율은 66세 이상을 기준으로 함
자료: OECD(2017)

■ 준비된 고령사회 만들기 ■

고령사회에 대응하는 한국의 준비는 어떠한가? 부족한 실정이다. 특히 정책 면에서 결혼과 출산을 장려하는 한편 노인복지 대책이 필요하다. 가령 OECD 회원국 중 노인빈곤율이 가장 높으므로 정책상 노인 사회복지를 위한 공공지출 확대에 중점을 둬야 한다.

한국은 GDP 대비 사회복지지출 규모가 멕시코 다음으로 가장 낮은 나라에 속한다. 사회복지지출은 건강·보건 분야, 생산가능인구의 소득 보전, 기초노령연금 등의 고령자 지출, 기타 사회서비스로 이루어져 있다. 한국의 사회복지지출 구조는 상대적으로 고령자를 위한 지출 비중이 낮은데 이는 노인빈곤 문제에도 불구하고 고령자 지원정책이 부족함을 보여준다. '준비된 고령사회'를 만들려면 어떻게 해야 할까?

첫째, 출산 환경 개선으로 출산율을 높여 고령화 속도를 지연시킨다. 이를 위해 양질의 시간선택제 일자리와 보육시설을 확대해 여성이 경력단절을 겪지 않고 육아와 일을 병행할 수 있는 환경을 마련해야 한다. 출산장려금이나 보육비, 교육비 지원을 확대해 출산 여건을 개선할 필요도 있다.

둘째, 부양 연령층의 부양 능력을 제고한다. 생산가능인구가 줄어들기 때문에 다른 연령층의 인구가 고용시장에 진입하도록 노동시장 구조를 바꿀 필요가 있다. 즉, 부양 연령층의 고용 확대와 일자리의 질적 개선이 필요하다.

셋째, 노인복지의 재정 건전성을 강화한다. 노후준비의 필요성을 인

OECD 국가별 GDP 대비 사회복지지출 현황 비교

2016년 GDP 대비 사회복지지출

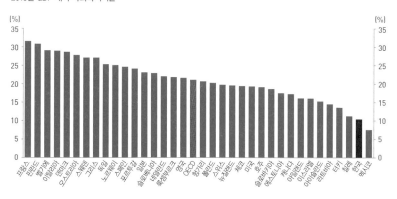

2003년과 2015년의 GDP 대비 구성요소별 사회적 지출

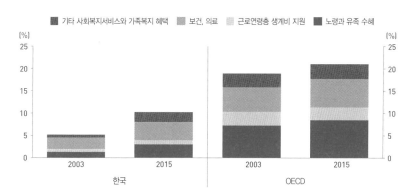

주: OECD는 35개국의 단순 평균치임
자료: OECD(2018), 〈Ageing and Employment Policies, Working Better with Age: Korea〉

식하도록 적절한 노후준비 방법 등에 관한 가이드라인과 컨설팅을 세
대별로 제시한다. 노후준비를 위한 방법으로 개인연금, 부동산 운영

등 공적연금 이외의 적절한 금융상품 개발과 보급도 필요하다.

마지막으로 노년층의 자립성을 제고한다. 근로가 가능한 노년층을 중심으로 공공근로사업이나 가교 일자리(주된 일자리에서 퇴직한 후 일시적으로 갖는 일자리)를 마련함으로써 최저생계비 수준의 노후소득을 마련하게 한다. 이러한 방법들이 우리 사회를 좀 더 건강하게 만들 것이다.

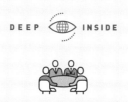
2021년을 인구절벽 시대라고 할 수 있나요? 요즘 외국인 유입을 비롯해 일자리나 부동산시장 전망과 연결해서 인구통계에 민감하게 반응하는 사람이 많은데 인구수 증감을 어떻게 바라봐야 하는지요.

많은 사람이 인구의 정의를 '2021년 인구=2020년 인구+출생자-사망자'로 오해하는 경향이 있어요. 그래서 2020년, 2021년에 인구가 늘고 있는데 자꾸 줄었다고 착각하죠. 인구에는 외국인 유입 규모도 포함해야 합니다. 다시 말해 인구의 정의는 '2021년 인구=2020년 인구+출생자-사망자+외국인 유입 규모'입니다. 즉, 출생자가 사망자보다 적어도 인구는 늘어날 수 있는 거죠. 자연 증감으로 보면 인구는 줄고 있지만 전체 인구는 늘어나고 있는 겁니다.

통계청의 장래 인구추계(2019. 3.)에 따르면 국내 인구는 2028년까지 꾸준히 증가합니다. 일부에서는 국내 인구가 감소할 거라고 생각하지만 사실이 아닙니다. 생산가능인구, 즉 만 15~64세 인구가 감소하고 출생자가 사망자보다 적어 인구가 자연 감소하긴 해도 외국인 유입 규모를 고려하면 인구는 여전히 증가하고 있습니다.

장래 인구추계

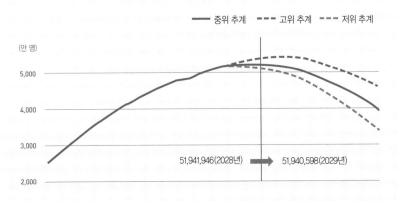

주: 출산율/기대수명/국제 순이동을 기준으로 추계인구 시나리오가 결정됨
자료: 통계청(2019)

현재 인구 증가 속도가 줄어들 뿐 인구 자체가 줄어드는 것은 아닙니다. 실제로 줄어드는 것은 2029년부터로 예측하고 있어요. 통계청은 인구 증가세가 계속 둔화하다가 2028년 정점을 기록하고 2029년부터 감소하기 시작할 것으로 전망합니다.

대한민국은 흔히 노인 인구가 빈곤하다고 이야기합니다. 물론 빈곤한 노인도 있겠지만 상대적으로 젊은 층보다 부동산을 많이 소유하고 있지 않나요? OECD의 노인빈곤율 데이터를 어떻게 이해해야 할까요? 팩트 체크가 필요할 것 같습니다.

OECD에서 노인빈곤율을 집계할 때 한국이 압도적으로 1위를 차지하는 이유 중 하나는 통계상의 착시 현상 때문입니다. OECD는 노인들의 소득과 금융자산에 기초해 노인빈곤율을 조사합니다. 그런데 대한민국 노인들은 대부분 재산의 80~90%를 부동산으로 소유하고 있어요. 예를 들어 소득이 없고 계좌에 금융자산이 얼마 없어도 소유한 아파트 한 채가 10억이 넘습니다. 결국 OECD 방식으로 노인빈곤율을 계산하면 대한민국이 압도적으로 1위를 차지합니다.

또한 OECD 회원국 중 노인빈곤율이 높은 국가들을 보면 대체로 자가 부동산 비율이 높습니다. 이것은 OECD의 통계집계 방식에 약간 왜곡이 있음을 의미합니다. 따라서 우리가 이 통계를 해석할 때는 주의할 필요가 있습니다. OECD 통계만 보고 노인들을 위한 지원을 계속 더 늘려야 한다고 말하는 것은 위험한 발언일 수 있지요.

공공지출 측면에서 한국이 최하위권이라는 것은 사실이지만 이 통계 역시 다시 바라볼 필요가 있습니다. OECD 국가들을 죽 나열해놓고 한국의 공공지출이 제일 낮다고 단순 평가하면 현실 왜곡이 발생하거든요.

공공지출을 원활하게 늘릴 수 있는 국가들은 공통적으로 기축통화를 소유하고 있습니다. 예를 들어 미국이 발행한 달러 중 40%는 미국 밖에서 유통됩니다. 여기에다 미국 바깥에서 빚을 얻는 사람들의 20%가 달러를 선택하지요. 미국은 노인빈곤율이 급격히 상승하거나 경기가 침체되어 정책상 경기부양을 할 때 달러를 마구 찍어내도 상관없습니다. 달러가 미국 내에서만 유통이 이뤄져 인플레이션을 일으키는 게 아니라 절반은 밖으로 빠져나가기 때문이지요. 유로존에도 기축통화가 있고 일본도 마찬가지입니다. 이처럼 기축통화가 있는 국가들과 한국 같은 비기축통화 국가들을 동일선상에서 비교하면 안 됩니다.

OECD가 분석한 주요국 비교에만 의지해 한국이 똑같이 따라가면 재정파탄이 일어날 겁니다. 그러면 통계를 어떻게 봐야 할까요? 기축통화를 보유한 나라와 그렇지 않은 나라를 비교해야 합니다. 기축통화가 없는 나라들과 한국을 비교해보면 우리의 공공지출은 결코 적지 않습니다.

공공지출 중에서 노인복지에 얼마를 쓰는지도 중요합니다. 노인복지 비율을 결정할 때 제일 중요한 문제는 시계열을 따져야 한다는 겁니다. 가령 노인들에게 해마다 50만 원을 나눠주기로 결정했다면 이것이 한 해만 시행하고 그만둘 일이 아니라는 거지요. 내년, 내후년 계속 나눠줘야 하므로 5년이나 10년 뒤 노인 인구가 몇 명이 될지 생각해봐야 합니다. 당장 복지지출을 확 늘릴 수 없는 이유는 지금 늘릴 경우 앞으로 막대한 돈을 지출해야 하기 때문입니다.

복지는 일단 늘리면 줄일 방법이 없습니다. 주던 것을 빼앗는 일은 어느 국민도 동의하지 않아요. 지금 추세대로 복지 비중을 늘리기 시작하면 앞으로 감당하기 어려울지도 모릅니다. 얼마를 지출해야 하느냐는 지금 상태로 추계하는 것이 아니라 미래 시나리오에 기초해야 합니다. 이처럼 통계 결과는 시계열적 요소와 통계 자체 해석에 주의하면서 바라봐야 합니다.

사회문화와 경제발전 측면에서 고령사회의 가장 두려운 점은 무엇인가요? 구체적으로 고령사회는 경제나 산업 쪽에서 어떤 문제를 낳을까요?

가장 큰 문제는 혁신성이 떨어진다는 것입니다. 사람은 나이가 들면 새로운 것을 향한 호기심이 줄어들고 미래를 위해 과감하게 투자하지 않는 경향이 있습니다. 예를 들어 새로운 스마트폰이 등장하면 20대와 30대는 큰 관심을 보이면서 구매하려고 합니다. 성능과 사양을 꼼꼼히 따져가며 인터넷에서 댓글 공방을 벌이는 쪽도 주로 젊은 층이죠. 반면 50대가 넘어가면 새로운 물건에 별로 관심을 보이지 않습니다. 오히려 박물관이나 옛 물건을 모아놓은 곳에서 과거에 쓰던 것을 발견하면 몹시 반가워하며 "옛날엔 그랬지" 하지요.

기술 수명주기에서 이노베이터innovator(혁신수용자)와 얼리 어답터early adopter(초기 수용자)에 속하는 젊은 세대는 신제품과 신기술 수용성이 일반적으로 높습니다. 반대로 고령자 비중이 큰 나라일수록 신제품 수요가 낮고 보급 속도가 더딘 경향이 있습니다. 그래서 소비가 위축되고 평균소비성향Propensity to Consume(한 가구가 벌어들인 소득 중에서 얼마만큼을 소비로 지출하는가를 나타내는 지표로 소비지출을 가처분소득으로 나누어 백분율로 계산)이 떨어집니다. 이 경우 기업들이 적극 연구개발을 수행하고 신제품을 개발해도 소비로 연결되지 않습니다. 이처럼 내수시장 활력이 떨어지는 탓에 경제 관점에서도 역동성이 느껴지지 않죠.

누군가가 신제품을 개발하려면 그 제품이 팔릴 거라는 기대감이 있어야 합니다. 그런데 사회문화 자체가 신제품 소비에 관심이 없으면 누구도 투자하려 하지 않아 투자가 잘 일어나지 않습니다.

또한 주로 특허 출원을 하는 사람들은 청년층입니다. 중장년층이 특허를 출원하는 경우는 거의 없어요. 그러다 보니 국가별 특허 출원 중

감률과 고령화율의 상관관계가 매우 높아요. 한마디로 고령자는 새로운 연구개발을 거의 하지 않습니다. 결국 고령사회에서는 소비는 물론 특허와 신제품 공급 측면에서 국가가 전반적으로 혁신성이 떨어진다는 설명이 가능합니다.

물론 한국은 내수시장만 보고 기술을 개발하는 기업이 거의 없습니다. 다만 내수시장에서 성공한 다음 수출로 수익을 확대하는 경향이 있지요. 그 점에서 고령사회에서는 첫 단추부터 막힐 수 있다는 문제가 있습니다.

요즘 고령사회에 대응하기 위한 '노인 일자리' 문제가 화두인데 이를 어떻게 바라봐야 할까요? 또 노인 일자리를 늘려 고령층의 자립성을 높여야 한다는 점에는 모두가 공감할 테지만 이것이 전체 고용시장에 미치는 영향을 어떻게 해석해야 하는지요. 지역별로 노인 인구구조가 다른 현실에는 어떻게 대응해야 할까요?

'한국 인구구조 변화' 그래프를 보면(56쪽) 2015년은 1990년에 비해 아래가 좀 뚱뚱한 모양입니다. 반면 2040년은 위가 뚱뚱해지는 모습이지요. 그만큼 나이든 사람들이 많아진다는 얘기입니다. 이처럼 한국의 인구변화 특징은 피라미드형에서 우산형으로 급격히 변화한다는 데 있습니다.

이러한 변화를 다루면서 고용 측면을 보자면 먼저 이야기해야 할 것이 노인 일자리입니다. 알다시피 대한민국 정부가 2019년부터 노인 일자리를 열심히 만든 덕분에 취업자 규모가 대폭 늘어났습니다. 2019년 경제성장률은 둔화되었는데 취업자 수는 크게 늘어났지요. 이것이 고용시장이 회복됐다는 신호일까요? 아니요, 그렇지 않습니다.

취업자 수가 늘어나긴 했지만 노인 일자리를 중심으로 늘어났기 때문입니다. 예를 들면 '가로수 은행줄기 주 3시간 일자리' 같이 예산을 지출해서 만든 노인 일자리가 늘어난 겁니다. 우리나라의 취업자 정의는 '조사기간 일주일 동안 1시간 이상 일한 사람'을 의미합니다. 만약 은행줄기 일자리로 3시간 동안 일했다면 그 사람은 취업자입니다. 버스정류장 청소도 같은 일자리죠. 이런 일자리가 필요하지 않다는 말은 아닙니다. 이런 유형의 일자리도 필요하지만 이 수가 크게 늘어난 모습을 놓고 고용시장 회복을 말할 수는 없다는 거죠. 단지 고용시장의 '숫자'가 회복된 것일 뿐 고용시장이 회복된 것은 아닙니다.

다시 한 번 강조하지만 생산가능인구가 줄어들면서 부양 부담이 가파르게 증가하는 상황이라 노인 일자리는 꼭 필요합니다. 고령층에게 자기 자신을 부양할 능력을 제공해야 하지요. 즉, 적정 수준의 생활비를 마련할 정도의 노인 일자리를 만들어야 합니다. 고령층의 경제적 자립성을 높이기 위한 방법(공공근로사업, 가교 일자리 등)을 적극 고려해야 한다는 얘기입니다.

한편 준비 없는 고령사회를 맞이해 서울은 물론 지자체마다 부산한 움직임을 보이고 있습니다. 가장 급하게 서둔 곳은 지방입니다. 사실 전라남도는 이미 2017년부터 초고령사회에 진입했습니다. 전국 평균을 보면 한국은 고령사회지만 지역별로 구분할 경우에는 초고령사회에 진입한 곳도 있지요. 지역마다 편차가 있는데 서울시는 2026년 초

고령사회에 진입할 예정이고 부산도 곧 진입할 예정입니다. 반대로 세종시는 평균 연령이 30대 초반입니다. 고령사회와 전혀 관련이 없는 활기찬 도시죠. 그러므로 고령사회 준비를 이야기할 때는 지자체별로 차별화한 대응책 마련이 필요합니다.

우리나라에서 저출산이 사회 문제로 떠오른 지는 꽤 오래되었습니다. 그런데 정부가 많은 예산을 쏟아 부으며 대응책 마련에 부심하고 있지만 출산율은 갈수록 더 떨어지고 있습니다. 이것을 개선하기 위한 현실적인 대응책은 무엇일까요?

한국을 준비된 고령사회로 만들려면 출산 환경을 반드시 개선해야 합니다. 그중에서도 여성들이 가장 두려워하는 문제는 경력단절이죠. 심지어 임신 자체로 불이익을 받는 경우도 있고 아이를 낳은 뒤 부모의 뒷바라지를 필요로 하는 사회 환경도 좌절감을 안겨주고 있습니다.

저출산 환경을 개선하려면 제발 초중고에서 부모를 끌어들이지 말아야 합니다. 예를 들어 부모가 아이의 초등학교에 가서 급식을 도와주거나 녹색어머니회처럼 교통지도를 해줘야 하는 상황을 바꿔야 합니다. 심지어 아이가 중학교에 가도 부모의 참여를 계속 요구합니다. 환경이 이렇다 보니 여성의 주요 경력단절은 아이의 초등학교 입학과 동시에 발생합니다. 그리고 이러한 경력단절 현상은 여성에게 출산을 꺼리게 만드는 요소로 작용하지요. 왜 아이의 학교생활에 부모를 끌어들여 저출산 환경을 만드나요?

다음 그래프를 보면 경력단절 현상은 M커브로 확연히 나타납니다.

OECD 회원국의 연령대별 여성 고용률을 살펴보면 30대 중반 여성 고용률이 높지만 유독 한국만 특별히 30대 중반에 급격히 떨어집니다. 그러다가 40대 이후 다시 높아지죠. 다른 나라들은 '∩커브' 모습을 그리는 반면 한국은 'M커브' 모습을 띠는 겁니다. 즉, 한국 여성은 출산과 동시에 직장을 포기 혹은 휴직하거나 아이가 학교에 들어갈 때 직장을 포기합니다.

학교에서 부모를 끌어들이지 않으면 이것은 새로운 고용창출로 연결됩니다. 사회적 고용이 일어나는 거지요. 독일처럼 '아이만 낳아다오. 양육은 국가가 할게'라는 콘셉트를 제시할 필요가 있어요.

OECD 주요국의 연령별 여성 고용률

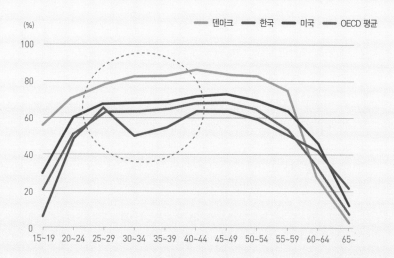

자료: OECD

출산 환경 역시 개선해야 합니다. 출산장려금을 늘리는 것도 필요할 수 있지만 출산 환경 개선이 우선입니다. 일단 유치원이 너무 적어서 직장인 부모들의 고충이 아주 심합니다. 이렇게 지금은 유치원 시절부터 초등학교, 중학교까지 부모가 어쩔 수 없이 참여하게 만드는 시스템입니다. 그렇다고 국가에 아이의 전체 교육 커리큘럼을 짜달라는 것은 아닙니다. 다만 부모가 계속해서 공적 교육 시스템에 참여하도록 만들지 말라는 거죠. 이것이 반복되면 경력단절을 고민하는 부모는 당연히 아이를 낳지 않으려고 하지요. 바로 그 관점에서 출산 환경을 개선해야 합니다.

마지막으로 '왜 대한민국이 저출산의 늪에 빠졌는지' 생각해봅시다. 사실 저출산의 출발점은 청년들의 취업 문제입니다. 청년들의 사회진입이 지연되면 결혼을 고려하기 어렵고 출산은 더욱더 언감생심이 되어버립니다. 심지어 연애를 비롯해 포기하는 것이 많아 미래의 삶을 내다보기 힘든 N포세대 형태로 가고 말지요. 즉, 청년들의 사회진입 자체가 지연되다 보니 모든 것이 늦어지고 그 과정에서 저출산 현상이 만들어지는 것입니다. 그러므로 저출산 문제는 청년들의 사회진입을 적극 지원하는 청년 일자리 정책과 연결해서 고민해야 합니다.

인구 문제에 대응할 다른 뾰족한 수가 있나요? 지금 한국에 중국이나 동남아 사람들이 많이 들어와서 일하고 있는데 이것도 인구정책의 일환인가요? 만약 외국인 유입 증가가 불가피한 일이라면 우리는 이러한 변화에 어떻게 대응해야 하나요?

저출산에 따른 고령화에 대응하는 정책은 투 트랙two track으로 가야 합니다. 하나는 자연 증감, 즉 저출산을 극복하는 방향에서의 해결책이고 다른 하나는 외국인 유입 규모를 늘리는 일입니다. 특히 생산가능인구가 줄어들면서 발생하는 노동력 부족 현상에 대응하기 위한 외국인 유입은 굉장히 중요한 문제입니다. 과거에 대한민국의 많은 젊은 이가 외국의 초청장학생 제도를 활용해 유학을 다녀오기도 했는데, 우리나라도 이런 제도로 외국의 우수한 인재를 영입할 필요가 있습니다.

사실 한국의 외국인 유입 속도는 OECD 회원국 중 가장 빠릅니다. 2000년부터 2015년까지 외국인 유입 속도 데이터를 보면 한국이 가장 빠르죠. 그런데 전체 인구에서 외국인이 차지하는 비중을 보면 가장 낮습니다. 향후 이 속도를 유지할 경우 인구절벽이 나타나지 않을 수도 있어요. 이제는 정책 측면에서 어떻게 외국인을 유입할 것인지 적극 논의해야 합니다.

외국인 인구 변화와 외국인 인구 비중

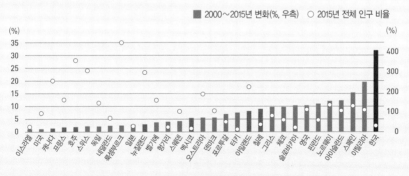

자료: OECD(2019), 〈Recruiting Immigrant Workers: Korea〉

이 관점에서 중대하게 고민해봐야 할 것이 경제자유특구입니다. 외국 기업들이 적극적으로 한국에 들어와 기업을 경영하도록 하고, 외국 기업에서 일하는 외국인들이 한국에 오고 싶게 만들어야 하는 거지요. 현실을 보자면 외국인들은 한국에 오고 싶어 하지 않아요. 그들을 들어오게 하려면 정주여건을 마련해줘야 합니다. 좋은 근로여건도 중요하지만 그들이 원하는 교육 환경, 쇼핑 환경 등을 갖춰져야 한국에 들어와서 살고 싶어지죠. 좋은 기업과 외국인을 유치하기 위한 경제자유특구를 보다 혁신적으로 개선할 필요가 있습니다.

그 밖에 외국인 최저임금 인상 같은 노동정책도 적극 논의해야 합니다. 외국인 노동자 보호정책도 정비하고 외국인 노동자와 국내 산업 일자리 수요를 연결하는 플랫폼도 전국에 구축해야 하지요.

외국인 근로자 외에 학생들을 유치하는 것도 바람직합니다. 저출산 현상으로 생길 문제 중 하나가 바로 대학의 구조조정입니다. 당장 구조조정을 막기는 힘들겠지만 연착륙을 유도해야 합니다. 이를 위해 필요한 것이 외국인 학생 영입이죠. 이 관점에서 우리가 노력해야 할 것이 아주 많습니다.

생산가능인구가 줄어드는 것을 출산으로만 해결하려 할 필요는 없습니다. 모든 EU 국가가 출산과 함께 고민하는 것이 바로 이민정책입니다. 아이를 낳는 것에만 기대면 충분한 대응이 어려우므로 한국도 이민정책을 적극 고민해봐야 합니다.

이미 우리는 출산장려정책을 진행하는 데 어마어마한 돈을 쏟아 부었습니다. 그런데 그 결과는 민망할 정도로 형편없지요. 최근 조사에서 현실을 적나라하게 보여주는 일이 있었습니다. "무얼 해주면 아이를 낳겠습니까?"라는 설문에 대부분의 답변이 "그냥 낳기 싫다"였죠. 본래 이 설문은 양육비나 집이 필요하다는 답을 기대한 것이었는데 그것을 뛰어넘는 답변이 나온 것입니다.

돈이 없어서도 아니고 일자리에 문제가 있어서도 아니며 그냥 낳기 싫다는 것이지요. 한마디로 문화가 바뀐 겁니다. 그렇다면 재정을 투여해 애를 낳기 좋게 해주면 출산율이 올라갈 거라는 프레임 자체를 재고해봐야 합니다.

이제 한국은 심각하게 이민정책을 고민해야 합니다. 프랑스는 관용 혹은 포용력을 뜻하는 '톨레랑스'를 바탕으로 30~40년 동안 이민정책을 펼쳤습니다. 가령 알제리나 튀니지처럼 예전 식민지국가 사람들을 받아들이고 설령 불법 이민자라 해도 그 자녀가 초등학교에 가야 할 나이면 쫓아내지 않았습니다. 아이가 학교에 다닐 때까지는 체류를 연장할 수 있게 도와주었지요.

그러나 그렇게 노력을 했음에도 노란조끼 운동이 일어나기도 했습니다. 다른 인종, 국가 사람들이 섞이는 것은 절대 쉽지 않습니다. 알제리 사람들은 일정한 거주촌에서 그들끼리 모여 살고, 튀니지 사람들에게도 따로 그들만의 거주촌이 있지요. 지금 이것이 굉장한 사회 문제로 떠올랐습니다. 물론 여기에는 프랑스 사람들의 오만함도 한몫 거들었습니다. 그들은 회교도가 자기네에게 동화될 것이라고 생각했지만 그렇지 않았죠.

우리도 5,000년 동안 단일민족이라는 자긍심에 젖어 살아온 까닭에 이민정책을 도입해서 성공적으로 안착시키는 것이 절대 쉽지 않을 것입니다. 하지만 이제 더는 선택사항이 아닙니다. 지방에 가보면 우리나라가 이미 다문화 사회에 진입했음을 알 수 있습니다. 예를 들어 영양군의 한 초등학교 분교는 전교생이 딱 7명입니다. 그중 5학년 아이 1명이 왕따가 되어 괴롭힘을 당하고 있었지요. 그 아이가 왜 왕따인지 아십니까? 바로 7명 아이 중 그 아이만 유일하게 아버지와 어머니가 모두 한국인이기 때문입니다. 그 지역에서는 순수 한국인이 마이너리티인 셈입니다. 지방에서는 벌써 이런 일이 벌어지고 있어요.

우리는 한국인이 아닌 사람들과 함께 살아가는 연습을 해야 합니다. 이민정책을 개방적으로 받아들여 남들과 함께 사는 훈련을 철저히 할 필요가 있습니다.

옥스퍼드대학교 인구문제연구소는 지구상에서 가장 먼저 사라질 나라로 한국을 꼽습니다. 통계에 따르면 2100년 한국 인구는 현재의 절반도 안 된다고 합니다. 여러 통계 전망 중에서도 인구통계는 미래 예측력이 가장 높은 편입니다. 현재 추세처럼 출산율이 낮을 경우 한국이라는 나라 자체가 없어진다는 얘기입니다. 그런 의미에서 이민정책은 선택이 아니라 필수입니다.

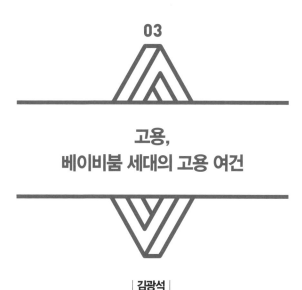

03

고용,
베이비붐 세대의 고용 여건

| 김광석 |

왜 한국의 고령자는 빈곤할까? 과연 고령층에게 일자리가 없어서일까?
사실 고용률을 비교해보면 한국의 55~59세 고용률은 OECD 평균보다
높은 중상위권 수준이다. 60~64세 고용률 역시 OECD 회원국 중 8위
로 상위권에 속한다. 더 놀라운 것은 한국의 고용률이 65~69세, 70~
74세로 갈수록 OECD 회원국보다 월등히 높아지고 있다는 점이다. 65
~69세 고용률은 OECD 회원국 중 2위, 70~74세 고용률은 무려 1위다.
결국 한국의 노인빈곤율이 OECD 회원국 중 가장 높은 이유는 '일자리
가 없어서'가 아니다.

　은퇴시점을 살펴봐도 마찬가지 결론에 다다른다. 한국의 평균 은퇴
연령은 남성과 여성 모두 OECD 회원국 중 가장 높다. 2009~2016년
한국의 평균 은퇴연령은 남성과 여성이 각각 72.0세, 72.2세로 OECD

연령대별 OECD 고용률 비교

■ 전체　　● 남성　　○ 여성

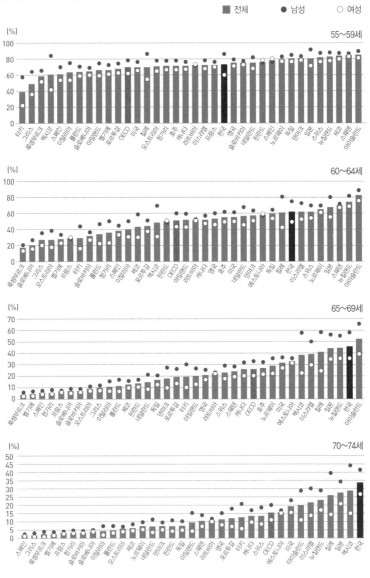

자료: OECD(2018), 〈Ageing and Employment Policies, Working Better with Age: Korea〉

회원국 중 가장 높다. 비교 가능한 2016년을 기준으로 OECD 회원국들과 한국의 평균 은퇴연령을 살펴봐도 남성은 OECD 회원국 평균이 65.3세, 한국이 72.9세로 약 7.6세 차이가 난다. 여성 역시 OECD 회원국 평균이 63.7세, 한국이 70.6세로 약 6.9세 차이가 난다. 이처럼 한국은 OECD 회원국 중 가장 늦은 나이까지 일하고 있으며 결국 노인빈곤율 문제는 '일자리가 없어서'가 아닌 셈이다.

OECD 회원국의 평균 은퇴연령(2009~2016년)

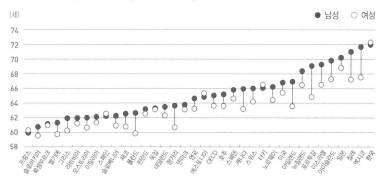

자료: OECD(2018), 〈Ageing and Employment Policies, Working Better with Age: Korea〉

■ 베이비붐 세대의 근로조건 ■

한국의 고령자들은 일자리도 있고 늦은 나이까지 일하는데도 불구하고 왜 빈곤한 걸까? 그 이유로 근로조건에 문제가 있기 때문이라고 추론을 해볼 법하다. 근로조건을 분석하기 전에 먼저 65세 이상의 고령층과 고령층에 진입하기 전 단계의 장년층을 집중적으로 살펴보자. 이들은 소위 베이비붐 세대라는 점에서 주요 관심 대상이기도 하다. 65세 이상 고령층이 왜 빈곤한지 파악하려면 고령층 진입 바로 전 단계인 베이비붐 세대를 이해할 필요가 있다. 고령사회로 진입한 한국은 인구 중 상당 비중을 차지하는 베이비붐 세대의 대규모 퇴직을 앞두고 있기에 이들의 근로조건을 객관적으로 진단하는 것은 매우 중대한 일이다. 더구나 코로나19 사태로 인한 경제충격은 대량 실업으로 연결될 것이고, 구조조정에 취약한 베이비붐 세대의 고용여건을 분석하는 것은 그런 의미에서 아주 중요하다.

베이비붐 세대란 전쟁 이후나 혹독한 불경기를 겪은 뒤 사회와 경제가 안정을 찾은 시절에 태어난 세대를 말한다. 그 연령대는 각 나라의 사정에 따라 다른데 미국의 경우 2차 세계대전 이후인 1946년부터 1965년 사이에 출생한 세대를 말한다. 이들은 2차 세계대전 동안 떨어져 있던 부부들이 다시 만나고 미뤘던 결혼이 한꺼번에 이뤄지면서 태어났다.

한국의 베이비붐 세대는 한국전쟁 이후인 1955~1963년에 태어난 이들로 2020년 현재 1955년생은 만 65세, 1963년생은 만 57세다. 비록 임금피크제와 정년연장법을 도입했으나 베이비붐 세대는 대부분 오랜 시간 동안 일했던 생애 주된 직장에서 퇴직하고 있다. 따라서 이들의 근로조건과 고용여건을 이해하는 것은 고령사회에 진입한 한국 사회가 고령화 문제에 어떻게 대응해야 할지 판단할 수 있는 초석이 된다.

■ 일자리가 가장 불안정한 세대 ■

먼저 한국의 연령대별 비정규직 근로자 비중을 살펴보자. 임금근로자 중 임시직 근로자non-permanent workers 비중은 40대까지 낮은 수준을 유지하다가 50대 들어 크게 상승하고 60대 이상 연령대에서 급등한다. 이 모습은 파트타임 근로자part-time workers 비중이나 비정형 근로자non-typical workers 비중을 기준으로 판단해도 크게 달라지지 않는다. 어떤 기준으로 분석해도 50대 이상 베이비붐 세대의 근로조건은 다른 연령층보다 안정성이 떨어지는 모습이 뚜렷하다. 더구나 2004~2014년 동안 다른 연령대는 근로조건이 개선되지만 60대 이상은 오히려 더욱 불안정해지는 모습으로 나타난다. 예를 들어 같은 기간 동안 다른 연령대는 임시직 근로자와 파트타임 근로자 비중이 하락하는 경향을 보인 반면 60대 이상은 상승하는 모습으로 나타난다.

연령대별 비정규직 근로자 비중 변화(2004~2014년)

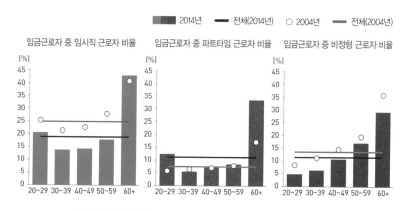

자료: OECD(2018), 〈Ageing and Employment Policies, Working Better with Age: Korea〉

OECD 회원국 중 한국은 장년층의 비정규직 비중이 가장 높다. 15~64세 비정규직 비중은 한국이 그 정도로 높지 않지만 55~64세 비정규직 비중은 가장 높다. 15~64세 비정규직 비중은 한국이 18.3%로 OECD 회원국 중 여섯 번째로 높고, 55~64세 비정규직 비중은 한국이 30.3%로 1위다. 2위인 칠레(20.4%)와 차이가 많이 난다. 한국의 베이비붐 세대는 유독 근로안정성이 떨어지는 환경에 놓여 있는 것이다.

OECD 주요국 비정규직 근로자 비중

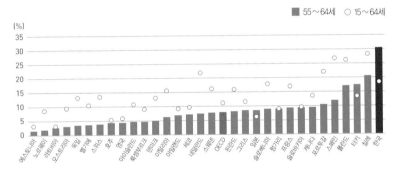

주: 여기서 OECD는 이스라엘, 멕시코, 뉴질랜드, 미국을 제외한 31개국의 가중평균치임
자료: OECD(2018), 〈Ageing and Employment Policies, Working Better with Age: Korea〉

일자리 안정성을 판단하는 또 다른 중요한 지표로는 재직기간이 있다. 한국과 OECD 회원국의 재직기간을 비교한 그래프는 상당히 인상적인 차이를 보여준다. 우리가 주목해야 할 부분은 재직기간이 10년 이상(짙은 색으로 표시)인 근로자의 비중이다. OECD 회원국은 50대뿐 아니라 60대 이상도 재직기간이 10년 이상인 근로자의 비중이 늘어나

는 모습인데 반해 한국은 50대 이상으로 들어서면 오히려 급격히 줄어든다. 한국의 베이비붐 세대는 OECD 회원국에 비해 매우 불안정한 근로조건 아래에 있는 셈이다.

한국과 OECD의 연령대별 재직기간 비교

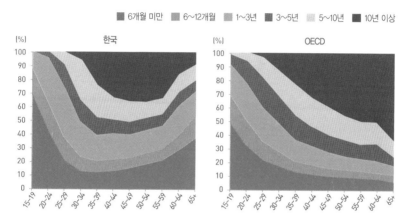

주: 여기서 OECD는 이스라엘, 멕시코, 뉴질랜드를 제외한 32개국의 가중평균치임
자료: OECD(2018), 〈Ageing and Employment Policies, Working Better with Age: Korea〉

직업교육과 훈련의 필요성

이제 직업교육과 훈련 같은 정책지원을 비교해보자. 다른 많은 나라와 마찬가지로 한국도 각 시도별로 고용지원센터에서 다양한 직업교육, 훈련 등 고용안정 대책을 마련하고 있다. 또한 소상공인시장진흥공단의 창업교육이나 고용노동부의 고용정보시스템 등으로 직업훈련과 재취업을 지원한다. 특히 2020년은 베이비붐 세대가 대부분 정년에 이르는 시점이므로 정책지원이 시급히 필요한 상황이다.

OECD 주요국의 55~64세 직업교육·훈련 경험과 경험 실패 비교

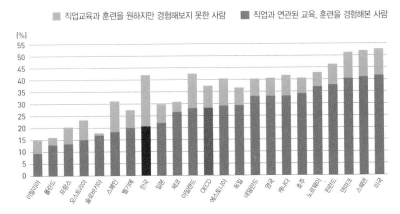

주: 여기서 OECD는 이스라엘, 멕시코, 뉴질랜드를 제외한 32개국의 가중평균치임
자료: OECD(2018), 〈Ageing and Employment Policies, Working Better with Age: Korea〉

한국의 55~64세 장년층은 직업교육과 훈련을 경험한 비중이 20.6%로, OECD 회원국 평균 28.3%에 미치지 못한다. 더 주목해야 할 것은 직업교육과 훈련을 원하지만 경험해보지 못한 55~64세 장년층이 21.4%로 OECD 회원국 평균 9.2%를 크게 상회하면서 OECD 회원국 중 가장 높다는 사실이다. 한국의 베이비붐 세대들은 현재의 직장에서 일이 바쁘다거나 그 밖에 다른 이유로 직업교육과 훈련에 참여하지 못하고 있다. 퇴직을 앞둔 혹은 이미 퇴직한 베이비붐 세대들이 직업교육과 훈련 참여에 실패한 이유를 면밀히 분석하고 이들이 적극 정책지원을 받도록 이끄는 노력이 필요한 시점이다.

DEEP INSIDE

코로나19로 인한 고용 충격은 얼마만큼 일까요? 구조조정과 실업대란은 2020년에 이어 2021년까지 이어질까요?

코로나19의 충격이 나비효과처럼 나타나고 있습니다. 주요 산업의 충격은 다양한 공급업체의 충격으로 이어지고 있는 것이죠. 항공운송 산업을 예로 들어 볼게요. 최근 인천공항 이용객이 95% 이상 감소했고, 대규모 노선 감축과 무급휴직 및 구조조정에 들어갔습니다. 스튜어디스들은 반강제적으로 월 5일 미만으로 일하고 있고, 급여로 생계를 유지하기가 어려운 실정이죠. 이는 기내식 서비스기업들에게도 충격이 될 것입니다. 대한항공 케이터링센터의 경우 하루 8만 명 분량의 기내식 생산량이 팬데믹의 영향으로 3,700명분 수준으로 떨어졌어요. 2,100명의 직원들 가운데 600여 명이 권고사직으로 퇴사하는 일이 벌어지고 있습니다. 다른 기내식 업체인 GGK, 도에코, LSG와 같은 기업들도 12만 명분의 기내식 공급량이 5,000명분 미만으로 96% 이상 감소했습니다.

국내 취업자의 1/4을 구성하는 자영업자들이 받는 충격도 무시할 수 없습니다. 사회적 거리두기의 일환으로 외식 등의 옥외 활동을 줄여나가면서 전통시장은 물론이고 집주변 상가들도 '월세를 낼 여력'도 없는 상황이에요.

제조업은 어떨까요? 세계 주요국들의 경제충격은 소비를 크게 위축시키고 있습니다. 글로벌 분업구조상의 충격으로 세계 여러 부품 생산기지가 멈춰서면서 부품 공급이 끊김에 따라 국내 완제품 제조사들에게까지 영향을 미치고 있고요. 대규모 구조조정이 시작되는 상황입니다.

세계 각국은 코로나19의 충격으로 2020년 실업률이 급등할 것으로 전망합니다. IMF는 미국의 실업률이 2019년 3.7%에서 2020년 10.4%로 치솟을 것으로 전망했지요. 코로나19의 확산이 매우 심각한 수준으로 전개됨에 따라 전역에 걸쳐 공장과 사업체 및 상점을 폐쇄shutdown 한 결과일 겁니다. 2020년 3월 넷째 주에는 실업수당 청구건수가 미국 역사상 가장 높은 687만 건을 기록했지요. 그동안의 기록들을 '난쟁이'로 만들었습니다. 1982년 오일쇼크의 충격으로 69만 건, 글로벌 금융위기의 충격으로 2009년 66만 건을 기록했으니 말이죠.

한국의 경우도 상당한 고용 충격이 예상됩니다. 실업률이 2019년 3.8% 수준에서 4.5%로 급등할 것으로 보입니다. 더욱 큰 문제점은 다른 여러 나라들이 2020년 실업률이 오른 후 2021년 제자리로 돌아오는 경향성이 나타날 전망인데 한국은 그렇지 못하다는 점입니다. 한국의 고용 구조상 전체 취업자 중 베이비붐 세대가 차지하는 비중이 높아 실업을 경험한 후 다시 고용시장에 편입되기 어려운 구조이기 때문이지요. 2021년의 경제회복과 삶의 질 증진을 위한 가장 시급한 사안이 바로 실업 문제가 될 것으로 보입니다.

왜 한국의 고령자는 빈곤한 걸까요? 과연 한국의 고령자는 일자리가 없어서 빈곤한 것일까요? 여기서 더 나아가 다른 OECD 회원국이나 선진국의 고령자들과 달리 왜 한국의 고령자는 나이가 들어서도 계속 일할 수밖에 없는 것인가요?

앞서 제시한 통계는 한국의 고령자가 빈곤한 이유는 일자리가 없어서가 아니라는 사실을 보여줍니다. 진실을 말하자면 일자리는 있지만 일자리 조건이 좋지 못한 것입니다. 한국은 은퇴연령이 가장 늦은 나라에 속합니다. 또 연평균 근로시간이 가장 긴, 일을 많이 하는 나라이기도 하죠. 여기에다 가장 늦은 나이까지 일하는 나라이기도 합니다.

65세 이상의 고령층, 고령층에 진입하기 전 단계의 장년층을 살펴보면 60대 이상에서 비정규직 비중이 급속히 늘어납니다. 결국 한국은 일자리 자체가 없는 게 아니라 일자리 조건이 좋지 않은 것입니다. 다시 말해 좋은 일자리가 별로 없는 것이죠.

고령층은 좋은 일자리가 많아서 일하는 게 아니라 일자리를 찾아 헤매는 모습입니다. 노후대비를 제대로 하지 못했기 때문입니다. OECD 회원국들을 보면 고령층은 대체로 일하지 않습니다. 국가에서 공적연금이 충분히 나오는 까닭에 일할 필요가 없는 것이죠. 반면 한국의 고령자는 "뭐라도 할 수 있는 일이 없을까요?" 하면서 일자리를 찾습니다. 종종 뉴스에서 경비원 경쟁률이 100 대 1이 넘는다는 기사가 나올 정도입니다.

우리는 단순히 고령층 일자리를 논할 것이 아니라 '왜 고령층이 일해야 하는가'를 생각해봐야 합니다. 고령층이 계속 일할 수밖에 없는 첫 번째 이유는 노후준비가 부족해서입니다. 그럼 다른 선진국 고령자들은 왜 일을 하지 않을까요? 그들은 젊었을 때 세금을 많이 내고 노년기로 진입하면 그 혜택을 받습니다. 반면 한국인은 젊었을 때 세금을 많이 내지 않습니다. 예를 들어 한국은 소득세율이 평균 15.5%인데 연말정산으로 대부분 환급받아 실질소득세율이 4.3%입니다. 세금을 4% 정도 내고 국가에 보장해달라고 요구하는 건 말이 안 되지요.

일례로 오스트리아의 고령층은 일하지 않습니다. 그렇지만 오스트리아에서는 젊었을 때 부부가 맞벌이를 하지 않으면 생활이 거의 불가능합니다. 세금이 약 40%에 이르기 때문입니다. 대신 55세 이상이면 국가의 지원을 받으면서 쉴 수 있습니다. 지하자원이 많아 축복받은 땅으로 불리는 호주는 어떨까요? 호주상공회의소는 "우리는 땅속에 있는 것만 캐도 전 국민이 1,000년은 먹고살 수 있다"라고 말합니다. 하지만 호주는 국민의 도덕적 해이를 방지하기 위해 자원을 파내지 않습니다. 오히려 무조건 세금을 많이 걷으면서 열심히 일하게 만들지요. 대신 노후는 국가가 완전히 보장해줍니다.

네덜란드의 경우 회사에서 주는 연봉이 상당히 높지만 세금이 무려 50%에 달합니다. 이 나라는 소득세율이 아주 높아서 일하고자 하는 사람만 일을 합니다. 일하지 않아도 누군가가 내준 세금으로 자신도 살아갈 수 있는 구조이기 때문입니다. 또한 시간선택제 일자리 시스템이 잘 갖춰져 있어서 원하는 대로 선택해서 유연하게 일할 수 있지요. 예를 들어 아이가 있는 부모는 11시에 출근해 4시에 퇴근할 수 있습니다. 한마디로 일하기를 원하는 사람이면 누구나 일할 수 있는 구조입니다.

더구나 이들 국가는 역모기지 시스템이 발달해 고령층도 빈곤하지 않게 살아갑니다. 네덜란드에서는 처음부터 정부에 빚을 지고 집을 마련한 뒤 빚을 갚아가며 일합니다. 그 빚을 다 갚으면 자기 집이 되는 거지요. 노후에는 다시 집을 담보로 소득을 마련합니다. 유럽에는 이런 식의 시스템이 잘 갖춰져 있습니다.

선진국의 일자리는 한국의 일자리와 뭐가 다를까요? 단순히 나이를 먹었다고 일률적으로 퇴직하는 것은 전문가 확보 차원에서도 손해일 텐데 전문성이 필요한 분야에서 나이든 사람들이 일자리를 계속 유지할 수 있는 방법은 무엇일까요?

OECD 회원국에 10년 이상 근무하는 중장년층 비중이 높은 이유를 생각해봅시다. 예를 들어 청년층(만 15~29세)과 30대는 대부분 회사에서 임금 근로자로 일합니다. 이 중 많은 사람이 노후에 은퇴하지만 일부는 60대가 되어서도 일을 계속합니다. 왜 그럴까요? 피고용자가 아니라 고용주이기 때문입니다. 유럽에서는 젊은 시절부터 일하던 근로자가 나이가 들었을 때 고용주가 되는 사례가 아주 많습니다.

비정규직 비율이 낮은 선진국의 경우 농업이나 공방 형태의 비즈니스가 많아요. 가령 시계 산업을 살펴봅시다. 한국은 시계 공장에서 4~5만 개의 시계를 만드는데 해당 회사의 피고용자만 그 일을 할 수 있습니다. 유럽은 그렇지 않습니다. 스위스에서는 시계 하나를 5명의 시계 장인이 1년 동안 딱 2개만 만들어 각각 3억에 판매합니다. 일종의 공방에서 일하는 그들은 나이가 들수록 평판이 올라가면서 브랜드 가치가 상승합니다. 그 분야의 최고 구루라고 할 수 있는 그들은 몸이 허락하는 한 평생 그 일을 하지요.

얼마 전에 작고한 샤넬 디자이너 카를 라거펠트Karl Lagerfeld가 대표적인 예입니다. 그는 1933년생인데 2019년 작고하기 2개월 전까지 샤넬에서 일했습니다. 이는 라거펠트가 최고의 구루 디자이너였기에 가능했던 일입니다. 유럽의 많은 산업은 업력을 계속 쌓으면서 자신의 감각을 오래 유지할 수 있는 구조입니다.

그럼 한국의 산업구조는 어떨까요? 한마디로 한국은 와해성 혁신을 기반으로 합니다. 예를 들어 브라운관 TV를 만들던 사람은 LCD회사에서 일할 수 없습니다. 사업이 바뀌면 기존 근로자는 대거 해고되고 새로운 사람들이 새로운 일을 하는 형태이기 때문이죠. 반면 유럽은 구조상 나이든 사람들이 오래 일할 수 있는 영역이 많습니다. 가령 농업, 공방, 디자인, 맞춤형 기계 산업 등이 있지요. 한국에서 한 기업이 베어

샤넬 디자이너 카를 라거펠트

링 20만 개를 제작하는 동안 유럽의 선진국 기업은 초대형 선박에 들어가는 베어링 2개를 제작하는 식입니다.

특별한 전문성이 필요한 분야 중에는 한국 대기업에서 만들기 어려운 것이 많습니다. 이탈리아의 수십 개 공방에서 몇십 년 노하우를 축적한 장인 몇 명이 슈퍼카를 만드는 것도 같은 논리입니다. 이러한 산업은 특허로 보호받지도 않습니다. 수십만 번의 실험 끝에 나오는 원리를 활용해 어떤 온도, 어떤 압력, 어떤 화학성분으로 원하는 것을 만들지 결정하니까요. 이들 공방에 가보면 '이곳은 공장주와 사장 외에는 들어갈 수 없습니다'라고 쓰여 있는 방이 꼭 있습니다. 노하우를 공개하면 누구나 만들 수 있기 때문이지요.

얼마 전 대만에서 고유한 기술 하나를 전 세계에 공개했습니다. 이상하게 대만에서 가공한 생선만 특별한 방부 처리를 하지 않아도 신선도가 다른 나라보다 10일 이상 오래가는 기술이 있었지요. 생선을 살균하기 위해서는 열, 빛을 사용해야 하지만 열을 가하면 생선이 익고 빛을 가하면 색깔이 변해서 상품성이 떨어집니다. 그래서 모두가 대만의 기술을 궁금해 했는데 알고 보니 대만은 '압력'을 가해 살균을 했습니다. 단, 너무 세게 하면 생선살이 부스러지고 너무 약하게 하면 균이 제대로 죽지 않습니다. 대만 기업은 수십만 번의 실험을 거쳐 적정 압력을 알아낸 것이지요. 이런 것은 특허로 보호받지 않습니다. 결국 그 공장에 내분이 생기면서 공장장이 기술을 전 세계에 공개했고 이제 한국도 그 기술을 사용하게 되었습니다.

유럽에 유한회사나 비상장회사가 많은 이유도 여기에 있습니다. 근로자는 분명 피고용인이지만 그 회사에 상당한 지분을 보유하고 있습니다. 그 사람이 나가는 순간 해당 기술에 능숙한 엔지니어도 사라지는 셈이니까요. 이런 구조라 유럽에서는 자연스럽게 장기근속이 많습니다. 결국 경험에 기반한 일자리를 마련해야 합니다. 유럽에는 고령자들이 축적한 경험과 노하우를 활용할 수 있는 경험 기반 산업이 많이 포진해 있습니다. 대표적으로 시계 장인과 디자이너가 있는데 1934년생인 조르지오 아르마니도 여전히 활동하고 있지요. 한국에서 1930년대에 태어난 사람들이 활동할 수 있는 분야는 부동산 외에 없습니다. 한국의 주력 산업은 전부 반도체, 디스플레이 등 와해성 혁신을 기반으로 한 것이니까요. 구조적으로 어려운 과제이긴 하지만 산업과 일자리 정책 측면에서 이러한 방향성을 고민해봐야 합니다.

한국의 장인은 제조업 강국으로 알려진 독일이나 일본에 비해 그 실력이 결코 뒤떨어지지 않습니다. 어떻게 하면 숙련노동자를 육성하고 그들의 제품을 브랜드화해 세계로 뻗어가도록 할 수 있을까요? 또한 새롭게 숙련노동자를 육성할 수 있는 분야에는 어떤 것이 있나요?

한국에서 장인이라 부르는 사람을 독일은 마이스터Meister, 일본은 모노즈쿠리라고 부릅니다. 지금은 달인이라는 표현도 널리 쓰이고 있지요. 독일의 공학박사 과정은 대학과 기업을 연결한 구조라 기업이 고용을 담보해야 박사 과정을 수행할 수 있습니다. 그리고 독일은 문화 자체가 마이스터를 존중합니다.

마이스터와 모노즈쿠리가 탄생한 배경에는 고도 성장기에 주력으로 성장한 산업이 있습니다. 1·2차 산업혁명을 주력으로 성장한 영국, 독일, 일본 같은 나라에는 그런 영역이 남아 있지요. 1차 산업 성장국으로 분류하는 남미 국가와 농업 중심으로 성장한 국가에는 그러한 문화가 형성되지 않았습니다. 2차 제조업을 중심으로 성장하던 시기에 발전한 나라가 숙련노동자를 육성할 수 있었던 거지요.

한국은 2차 산업혁명 끝물에 IT혁명과 함께 효율적으로 고속 성장한 나라입니다. 그래서 한국의 성장모델에서는 그런 문화를 형성하기가 어려웠습니다. 물론 일부 장인이 있었으나 한국의 성장패턴 아래서는 그들을 안고 갈 수 없었지요. 주력 산업의 특성 측면에서 지금까지 그랬다는 얘기입니다.

그렇다고 우리에게 원래 장인이 없었던 것은 아닙니다. 사실은 많이 있었지만 1960년대는 일부 장인에게 의존해 많은 인구를 부양할 수 없는 경제구조였습니다. 예를 들어 인천에 나무를 사포질해서 건반을 만드는 장인이 운영하던 공방형 피아노 회사가 있었지요. 그런데 갑자기 S피아노라는 큰 회사가 등장해 "피아노를 저렇게 만들면 우리에게는 경쟁력이 없어"라며 피아노를 공장에서 찍어내기 시작했습니다. 장인이 만든 피아노는 가격이 비쌌는데 공장에서 대량으로 만든 피아노를 시장에 저렴하게 공급하니 공방들은 살아남지 못했지요. 결국 공방들은 다 무너졌고 일부만 S피아노회사가 흡수했지요.

한국이 고도 성장기를 지나면서 대량생산에 의존하고 대기업을 육성하는 동안 소규모 비즈니스를 하는 공방, 장인, 마이스터는 모두 설자리를 잃어버렸습니다. 그렇지만 한국에는 좋은 기회가 있습니다. 아세안 국가 같은 우리의 주변국은 한국을 동양의 밀라노로 인식합니다. 거리가 예쁘고 패션이 멋있으며 잘생긴 사람과 예쁜 사람, 좋은 물건, 첨단기술이 아주 많은 나라로 보고 있거든요. 한국은 대외적으로 이렇게 브랜드화된 것입니다.

같은 제품이라도 중국제와 이탈리아제는 느낌이 다르지 않습니까? 이제 한국은 국가 브랜드를 갖추고 있습니다. K-팝을 비롯해 〈기생충〉 같은 영화가 발휘하는 한류 문화의 영향력을 생각해보십시오. 중장년층에서 고령층으로 진입하는 계층 중 특정 산업에 경험과 노하우가 있는 사람은 부티크형 비즈니스, 공방형 비즈니스를 이어가도록 경로를 마련해줘야 합니다. 아시아 주변국에 수출하는 활로도 열어주고요.

주요 한류 콘텐츠 수출액 추이

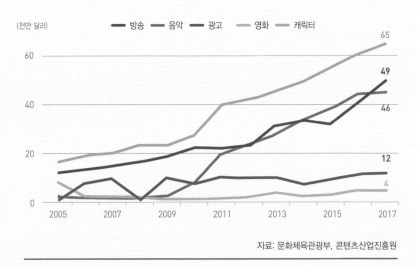

자료: 문화체육관광부, 콘텐츠산업진흥원

이미 동남아시장에서 한국 문화와 기술의 위상은 상당한 영향력을 발휘하고 있습니다. 그러므로 한국의 위상을 높이 인정하는 주변국을 중심으로 몇십 년의 노하우, 장인 정신을 펼치도록 여건을 마련해야 합니다.

사실 공방 물건이라고 해서 대량생산한 물건에 비해 특별히 품질이 좋은 것은 아닙니다. 오히려 품질이 좋지 않은 경우도 많아요. 가령 이탈리아 장인의 수제 자동차가 현대기아차에서 만든 자동차보다 좋지 않은 경우도 많습니다. 그럼에도 불구하고 공방이 장사가 잘되는 까닭은 그들의 브랜드 파워 덕분입니다.

한국에서는 그동안 마케팅을 하거나 판로를 개척하기 어려워서 소규모 공방이 브랜드를 걸고 일하기가 쉽지 않았습니다. 그러나 지금은 플랫폼 시대에다 스마트폰이 대중화되어 이것이 얼마든지 가능합니다. 즉, 장인들은 소규모로 생산한 제품을 플랫폼에서 자유롭게 소통하고 바이럴(입소문) 마케팅 효과를 볼 수 있습니다.

특히 산업구조가 서비스 산업을 중심으로 다시 한 번 전환되는 중이라 서비스 마이스터를 육성하기에 좋은 환경입니다. 용접 서비스 마이스터, 경제교육 서비스 마이스터, 화장과 미용 서비스 마이스터 같이 말이죠. 지금까지는 산업구조상 마이스터를 육성하기 어려웠지만 이제는 산업구조가 서비스업 중심으로 전환되고 있으므로 여기에 맞춰 서비스 산업을 이끄는 마이스터를 적극 양성할 대응책이 필요합니다.

PART 2

Future Scenario 2021

산업

Industry

미 래
시 나 리 오
2 0 2 1

04

산업,
제조업과 핀테크 그리고 5G

| 김상윤 |

■ 두 가지 시험대에 오를 2021년 한국 산업 ■

2021년 한국 산업은 두 가지 시험대에 오를 것으로 전망된다. 첫째, 코로나19 사태로 인해 전 세계 경기침체가 예견되는 상황에서 현재의 위기를 얼마나 빠르게 벗어날 수 있을 것인지, 둘째, 2016년 이후 4차 산업혁명이 영향력을 크게 확대해가는 흐름 속에 국가 산업의 새로운 혁신성장동력을 찾을 수 있을지가 그것이다.

　물론 우리 산업과 기업들에게만 해당되는 문제는 아니다. 현재 세계 대부분 국가의 산업 정책 관계자들과 기업 CEO들은 한치 앞을 내다볼 수 없는 4차 산업혁명이라는 안개 속에서 코로나19라는 얼음장 위를 걷고 있다. 이러한 세계적 흐름 속에 2021년 한국의 산업은 안개 속에서 한줄기 빛을 찾고, 얼음장에서 조금이라도 더 단단한 부분을 찾아낼 수 있을까?

최근 코로나19 사태로 인해 새롭게 주목받는 대표적인 산업은 보건산업이다. 특히, 과거 로우테크Low tech 노동집약적 제조업으로 평가받아 주로 개도국 혹은 제조업 중심 국가에서 담당하던 마스크 산업을 최근 많은 국가들이 주목하고 있다. 과연 향후 선진국들은 마스크를 개도국 생산에만 계속 의존할 수 있을까? 음압 병상, 체온계, 구급차도 마찬가지다. 향후 전 세계 주요 국가들은 보건산업 특히 보건 장비, 도구 제조업을 중심으로 자국 내 혹은 권역 내 수요 충당을 위한 공급체계를 만들 것으로 예측된다.

화장지와 같은 필수재도 마찬가지다. 사재기로 인해 심각한 화장지 부족을 경험한 일부 선진국에선 몇몇 기업들이 새롭게 사업 진출을 검토하고 있다는 소식도 들려온다. 라면과 같은 가공식품 산업 그리고 '마켓컬리 열풍'으로 대변되는 비대면 식품 유통업의 경우에도 바이러스 창궐로 인해 오히려 득을 본 영역들이다. 이렇게 바이러스 특수를 맞은 일부 산업들의 경우 코로나19 사태가 끝난 이후에도 '보건 중시, 비대면 우위'라는 세계적 수요 변화 흐름 속에 과거 대비 증가된 수요로 인해 새로운 성장 기회를 잡을 것으로 보인다.

6개월 전으로 돌아가 보자. 사실 코로나19 사태가 발생하기 전만 해도 우리 산업에 있어 가장 중요한 흐름은 4차 산업혁명에 대한 적응이었다. 국내 주력 제조업이 점차 노쇠화되고 타다, 배달의민족과 같은 신규 O2O^{Online to Offline} 서비스들은 기존 산업과의 충돌 속에 누구나 만족하는 진화의 방향을 내놓지 못했다. 새롭게 떠오르는 혁신 성장산업도 없는 상황이 지속되고 있다. 필자가 직접 참여한 국가혁신성장동력 위원회, 국가과학기술기본계획 미래성장동력 분과 등 전문가들이 모여 국가 산업을 논하는 위원회에서조차 미래를 이끌어갈 차세대 산업을 지정하는데 많은 어려움을 겪기도 했다. 만약 코로나19 사태가 일어나지 않았다면, 2021년은 4차 산업혁명의 변화에서 살아남을 수 있는 국가 산업 성장의 방향을 찾기 위해 매우 중요한 해가 되었을 것이다.

그러나 우리 산업은 현재 코로나19로 인한 부정적 영향 최소화와 이로 인한 글로벌 산업의 변화, 그리고 4차 산업혁명이라는 거대한 흐름의 변화를 모두 고려해야하는 난관에 봉착했다. 과연 2021년 한국 산업은 이러한 소용돌이를 헤쳐 나갈 수 있을까?

■ 새로운 게임의 룰, 딥 체인지가 필요하다 ■

1980년대 일본 경제가 급성장하던 시기 미국은 굴욕적인 수모를 당했다. 거리에는 일본 브랜드 자동차가 넘쳐났고 집집마다 일본 가전제품이 가득했다. 그리고 사회 곳곳에서는 일본 자본이 많은 영역을 잠식해갔다. 미국 사회는 충격에 빠졌고 이후 수년간 미국 경제는 침체를 벗어나지 못했다. 시간이 흐른 뒤 몇몇 학자가 당시 미국의 패착이 무엇이었는지 진단했다. 미시간대학교 로버트 퀸^{Robert Quinn} 교수는 저서

《딥 체인지 Deep Change: Discovering the Leader Within》에서 이렇게 지적했다.

"게임의 룰이 이미 바뀌었는데 미국 정부와 기업들이 기존 방식을 고수한 것이 가장 큰 패착이었다."

퀸 교수는 미국이 새롭게 도약하려면 기존 방식에서 벗어나 내면 깊숙이 체질부터 바꾸는 '딥 체인지'가 필요하다는 점을 강조했다. 딥 체인지는 껍데기가 아닌 내면의 DNA까지 바꾸는 근원적 변화다. 그렇다고 무작정 바꾸는 것이 해결책은 아니다. 중요한 전제조건은 기존 시각과 해결 방안을 버리는 것이다. 과거의 성공모델만 고수하던 수많은 기업이 역사의 뒤안길로 사라지는 것을 우리는 계속 목격해왔다. 만약 기존 방식을 버렸다면? 그다음은 바뀐 룰을 이해하는 과정이 필요하다.

하나, 탈경계 Boundless

최근 산업계에서 벌어지고 있는 가장 큰 전쟁은 자동차기업과 IT기업 간의 모빌리티 산업 주도권 전쟁이다. 현대·기아차는 토요타뿐 아니라 구글, 애플, 네이버와도 경쟁한다. 자동차기업이 IT기업과 전쟁을 벌이게 된 원인은 자동차 산업의 세 가지 변화 측면에서 살펴볼 수 있다.

첫째, 자율주행이다. 이제 자동차는 운전자가 직접 운전을 하는 제품에서 기계 스스로 주행하는 제품이 되었다. 자율주행이 가능해진 데는 자율주행 소프트웨어 발전이 가장 큰 역할을 했고 이는 대부분 IT기업이 주도했다.

둘째, 전기차다. 수년 전까지만 해도 휘발유, 경유 같이 화석연료를 활용한 자동차가 대부분이었지만 이제는 전기를 충전해서 사용하는 전기자동차가 상당한 비중을 차지한다. 일부 국가들은 환경오염을 야기하는 화석연료 자동차를 수년 내에 도로에서 완전히 배제하겠다는 계획을 발표하기도 했다.[1]

셋째, 공유 서비스다. 자동차 소유, 이용과 관련된 인식이 변하고 있다. 과거 세대는 자동차를 하나의 자산으로 여겨 '구매해서 소유한다'는 생각을 했으나 밀레니얼 세대(1980년대 초반~2000년대 초반 출생자)는 오로지 이용에 초점을 둔다. 이들은 언제든 쉽게 이용할 수만 있으면 반드시 소유할 필요는 없다고 생각한다. 이러한 인식 변화는 자동차를 빌려 쓰거나 나눠 쓰는 공유 서비스 대상으로 만들고 있다.

산업 주도권은 점차 기존 자동차 업체에서 자율주행의 핵심 소프트웨어를 개발하는 업체, 전기충전 모듈을 개발하는 업체, 모빌리티 공유 서비스 업체로 넘어가고 있다. 이때 핵심 기술을 보유한 업체가 '판매'에서 발생하는 수익의 대부분을 가져가고, 공유 서비스 플랫폼을 주도하는 업체는 '이용'에서 발생하는 수익의 대부분을 가져간다. 자동차는 우리가 흔히 보는 바퀴가 4개 달린 모습일 수도 있고 날아다니는 곤충과 비슷한 모습일 수도 있다. 이동을 위한 서비스가 곧 자동차다. 우리가 200년 이상 자동차 산업이라 부르다가 최근 들어 모빌리티 산업으로 부르는 이유가 여기에 있다. 이는 단지 기술과 서비스의 진화 차원이 아니라 산업 패러다임 전환을 의미한다.

그러면 현대·기아차와 토요타는 어떻게 될까? 만약 기존 자동차 업체 중 변화에 뒤처진 회사는 조립 업체OEM로 전락하거나 시장에서 완전히 배제될 지도 모른다.

이처럼 4차 산업혁명은 지난 수백 년간 인류가 규정해온 제품, 기술, 산업 간의 경계를 모호하게 만들고 있다. 경계가 모호해진 영역 간에는 융·복합 또는 대체가 일어나면서 주도권이 새로운 곳으로 이동하게 된다. 중요한 사실은 앞으로 이러한 변화가 모든 산업에서 나타날 것이라는 점이다.

둘, 초연결 Hyper connected

《하버드 비즈니스 리뷰HBR》는 향후 10년 내에 전 세계 1조 개 디바이스가 세상의 데이터를 수집하고, 70억 인구가 인터넷으로 연결되는 세상이 구현될 것이라 예측했다. 초연결이란 데이터-소프트웨어-하드웨어 간 연결로 시작해 데이터 간 연결, 소프트웨어 간 연결, 하드웨어 간 연결을 거쳐 사람 간 연결 그리고 사람과 기계 간 연결에 이르기까지 세상 모든 것이 연결되는Internet of Everything 것을 의미한다.

덴마크 코펜하겐시의 '코펜하겐 커넥팅 프로젝트Copenhagen Connecting Project'는 국가 산업 측면에서 초연결을 어떻게 활용해야 하는지 잘 보여주는 사례다. 프로젝트 수행에 앞서 코펜하겐시는 2025년 인구 60만 명 달성과 동시에 환경오염 기준인 탄소 배출을 '0'으로 만들겠다는 야심찬 목표를 세웠다. 도시의 인구는 늘리면서도 환경오염은 막겠다는 것이 어찌 보면 모순적인 사안이라 이를 어떻게 달성할지 모든 이의 관심이 집중됐다. 코펜하겐시가 고민 끝에 도달한 결론은 '초연결'이었다. 우선 교통, 에너지, 물류, 행정 등 시민의 삶과 관련된 데이터를 가능한 한 많이 수집하고 이를 공개해 기업들이 새로운 서비스 개발에 활

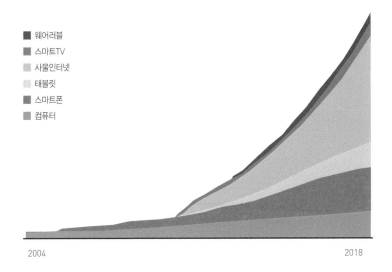

연결 디바이스의 폭발적 증가

- ■ 웨어러블
- ■ 스마트TV
- ■ 사물인터넷
- ■ 태블릿
- ■ 스마트폰
- ■ 컴퓨터

2004   2018

자료: 〈하버드 비즈니스 리뷰〉, 2017년

용하게 했다. 또한 대기의 질 같은 환경 데이터는 환경을 개선하는 제품, 서비스 개발에 이용하게 했다. 여기에다 초연결 관점에서 산업 간데이터, 서비스 간 데이터를 연결해 새로운 혁신 서비스를 개발하도록제공했다. 예를 들어 교통 데이터와 대기의 질 데이터를 서로 연계하면 교통량에 따른 대기오염 정도를 분석하여 실시간으로 교통 흐름을 다른 곳으로 유도하거나 시민에게 대기 정보를 실시간으로 알려줄 수 있다.

　프로젝트 추진 방식에도 기발한 아이디어를 접목했다. 우선 기업, 연구소, 정부기관, 시민 등 모든 도시 구성원의 창의적 역량을 활용하

코펜하겐 커넥팅 프로젝트의 추진체계

사업 분야	핵심 기술	스마트에너지	스마트 모빌리티	스마트 정부	스마트 시민
시민 서비스			E회사		H회사
비즈니스 서비스				F회사	
데이터 애널리틱스	A회사	특정 업체 독식 금지			
데이터베이스	B회사			이종 산업 간 통합과 표준화	
IT 서비스, 클라우드	C회사				
네트워크	D회사				
센서, 디바이서, 터미널				G회사	

기 위해 공공 프로젝트 참여에 제한을 두지 않았다. 또한 한 기업이 기술이나 표준을 독점해 타 기업의 서비스 개발에 장벽이 생기는 것을 막고자 하나의 기업이 모든 프로젝트를 수주하는 일이 없도록No vendor lock-in 했다. 오히려 데이터 수집, 저장, 분석 등 데이터 관련 프로젝트는 경쟁력 있는 하나의 기업을 선정해 '초연결'을 위한 데이터 표준 개발을 주도하게 했다.

현재 진행 중인 코펜하겐 커넥팅 프로젝트가 어떻게 결론이 날지는 아직 알 수 없다. 아무튼 이들은 '연결이 곧 혁신'이라는 콘셉트로 4차 산업혁명 변화에 걸맞은 지속가능한 도시 성장모델을 만들어가고 있다. 이 콘셉트는 농업 같은 전통 산업에도 적용이 가능하다. 가령 기업형 농업이 주도하는 미국의 경우, 이미 기후, 토질, 농산물 상태, 품종, 비료 등의 정보를 빅데이터화해 데이터 간 연결로 최적의 농업 생산 시스템을 만들었다. 이 시스템에서는 기계가 기후, 토지 상태, 작업자의 요구에 맞춰 자동으로 온도와 습도를 조절하고 물을 공급하여 최적의 재배환경을 만든다.

데이터 간 연결은 궁극적으로 서비스 간 연결→기업 간 연결→생태계 간 연결로 확장되어 새로운 가치 조합을 다양하게 만들어낸다. 이 과정에서 데이터는 투명해지고 데이터 기반의 다양한 소통이 일어난다. 흔히 말하는 초연결 사회는 데이터의 투명성과 데이터 기반의 다양한 소통이 보장되는 사회를 의미한다.

1980년대 이후 정보화 사회를 맞이하면서 정부와 기업은 정보의 내부 소유를 중시했고 중요한 정보일수록 외부 접근을 강력히 차단했다. 이러한 '정보 비대칭' 상황에서는 공급자 중심의 일방향 소통만 가능하므로 제품이나 서비스 관련 고객 피드백이 부족할 수밖에 없다. 반면 초연결 사회에서는 데이터의 실시간 그리고 양방향 접근을 확대해 상호 소통으로 가치를 제고한다.

최근 코로나19 국가 비상 상황에서 보건복지부는 코로나19 확진자 동선을 추적해 웹사이트에 정확한 정보를 제공했다. 이때 신용카드 기록, CCTV, 휴대전화 위치 정보 등 빅데이터로 파악한 확진자 동선 정보를 대중에게 실시간 공개했다는 점에서 국제적인 찬사를 받은 바 있다. 여기에 더해 아마추어 앱 개발자들은 국가가 제공하는 정보에 맵 정보와 지역 정보 등을 연결해 코로나맵, 코로나100m 알리미, 코로나나우 등 확진자 정보 실시간 공유 플랫폼을 개발해 대중에게 제공했다. 이는 데이터의 투명성과 데이터에 실시간, 양방향으로 접근하는 것이 보건

산업 분야에 어떤 효과를 만들어낼 수 있는지 보여주는 좋은 사례다.

셋, 플랫폼 기반 Platform based

이제는 기업이 비즈니스에 필요한 자원이나 역량을 반드시 기업 내부에 보유할 필요가 없다. 외부에서 찾아 적절히 활용하면 되기 때문이다. 이것이 바로 플랫폼 기반 비즈니스다. 플랫폼은 온라인 기반 상거래부터 오프라인의 제조 플랫폼까지 그 형태와 기능이 더욱 다양해지고 있다.

최근 독일에서는 푸드셰어링 food sharing 이라는 유통 플랫폼이 인기가 많다. 2012년 한 작은 마을에서 시작된 '남는 음식 나누기' 운동으로 지금은 독일 전역의 음식 공유 플랫폼으로 확대되었다.

독일의 음식 나누기 플랫폼 푸드셰어링

자료: Bz – Berlin

처음에 어느 슈퍼마켓에서 유통기한이 얼마 남지 않은 식품을 가게 앞 진열대에 따로 비치해놓고 '원하는 분 가져가세요'라고 써놓자 저소득계층이 이를 많이 이용했다. 호응이 좋자 슈퍼마켓은 더 적극 홍보했고 점차 더 많은 사람들이 여기에 동참해 집에서 남는 음식을 가져와 진열대에 기부했다. 덕분에 슈퍼마켓 이미지도 좋아져 매출이 상승하는 효과를 얻었다.

현재 독일에서는 다수의 푸드셰어링 업체가 '식량자원 절약+불우이웃 돕기'라는 두 가지 목적을 내세우며 활약하고 있다.[2] 이들은 스마트폰으로 음식 상태와 재고량을 보여주고 실시간으로 수요자와 소통해 유통기한이 얼마 남지 않은 음식을 필요한 사람에게 제때 공급하고 있다.

미국에서는 테크숍Techshop 이라는 DIY Do It Yourself 제조 플랫폼이 각광받고 있다. 2006년 캘리포니아 먼로파크에 처음 문을 연 테크숍은 한 달에 100달러 내외의 멤버십 비용을 지불하면 디자인·설계·제조에 필요한 각종 도구와 설비를 이용하게 해준다. 이곳은 3D프린팅, 레이저 커터칼 등 고가의 시제품 제작 장비도 갖추고 있다. 나아가 제품 제작 아이디어나 디자인 도안만 가지고 있는 사람들을 시제품 제작 설비와 연결해주는 플랫폼 역할도 한다.

플랫폼 거래 대상이 음식과 설비에 국한된 것은 아니다. 향후 시간, 아이디어, 기술 같은 무형자원을 공유하고 교환하는 플랫폼도 점차 확산될 것이다. 플랫폼 기반 비즈니스의 핵심은 거래 대상이 아니라 정확한 정보 제공을 비롯해 수요와 공급을 빠르게 잘 연결하는 데 있다.

■ 글로벌 분업구조의 붕괴와 역글로벌화의 시작 ■

사실 코로나19로 인해 일어나는 산업 측면의 변화 중 가장 어려운 문제는 바이러스와 직접적 관련이 없는 산업의 변화다. 변화의 흐름을 예측하기 힘들기 때문이다. '잠깐 유행하는 바이러스 하나가 어떻게 관련 없는 산업 영역까지도 변화시킬까?'라고 생각할 수 있지만, 앞서 언급한 보건 관련 제조업뿐만 아니라, 바이러스와 직접적으로 관련이 없는 제조업 전반에서 큰 변화가 감지되고 있다.

대세가 될 리쇼어링

2018년 1월 미국 산업계에서 아무도 예상하지 못한 큰 뉴스가 터졌다. 애플이 향후 5년간 미국에 300억 달러(약 36조 원)를 투자하겠다는 소식이었다. 미국 언론은 일자리 2만 개 창출 효과가 있을 것이라 예

애플의 300억 달러 투자계획 발표에 화답하는 트럼프 대통령의 트위터

Donald J. Trump ✔ @realDonaldTrump · 2018년 1월 18일
I promised that my policies would allow companies like Apple to bring massive amounts of money back to the United States. Great to see Apple follow through as a result of TAX CUTS. Huge win for American workers and the USA!

Apple announces plans to repatriate billions in overseas cash, says it ...
Apple also says it will create 20,000 new jobs and open a new campus.
𝒫 cnbc.com

측했고 트럼프 대통령은 트위터에서 이를 반겼다. 사실 트럼프는 취임 이후 줄곧 애플에 '중국의 아이폰 조립 공장을 미국으로 갖고 오라'는 압력을 넣고 있던 중이었다. 애플의 유턴 결정으로 외국인직접투자FDI도 추가로 따라왔다. 애플의 주문을 받아 아이폰을 조립하던 대만 업체 폭스콘 역시 미국 위스콘신주에 패널 공장을 건설하기로 했다.

리쇼어링 Reshoring, 즉 해외로 나간 기업이 다시 자국으로 돌아오는 '기업 유턴'이 시작되었다. 특히 선진국을 중심으로 리쇼어링이 유행처럼 번지고 있다. 미국에서는 최근 5년 사이 애플뿐 아니라 GM, 보잉, 포드, 인텔 등 다수의 글로벌 제조업체가 유턴했다. 이는 제조업을 기반으로 성장한 한국 경제가 가볍게 넘길 수 있는 현상이 아니다. 지난 반세기 동안 선진국은 연구개발 같은 고부가가치 영역을 담당하고 노동비가 저렴한 개도국은 주로 생산 영역을 담당하며 이어져온 글로벌 분업구조가 조금씩 깨지고 있는 것으로 보인다.

일반적으로 기업이 리쇼어링을 추진하는 이유는 축소된 선진국-개도국간 임금격차와 국가별 세제 혜택 때문이다. 최근 많은 국가가 경기부양과 일자리 창출을 위해 해외에 나간 기업들의 유턴을 유도하고자 다양한 세제 혜택을 주고 있다.

그런데 최근 리쇼어링을 추진한 선진국 기업들의 얘기를 들어보면 흥미로운 사실을 발견할 수 있다. 그들이 말하는 리쇼어링의 첫 번째 이유는 생산기지가 자국에 있을 경우 선진 기술과 우수 인력을 확보하기 쉽다는 점이다. 두 번째는 혁신 기대치가 높은 선진국 고객과 가까이 있기 때문에 그들의 요구사항을 연구개발에 반영하기가 용이하다는 점이다. 물론 임금격차 축소와 세제 혜택도 주요 요인에 속하지만 이 두 가지 이유가 더 결정적이라는 말이다.

이 현상은 2000년대 이후 유럽 기업들을 중심으로 꾸준히 전개되었다. 2007년 프랑스의 안경 제조업체 아톨Atol은 자국의 연구개발 환경이 더 우수하다며 중국에 있던 생산기지를 프랑스로 옮겼다. 프랑스 전기자전거 업체 벨로스콧Veloscot 역시 2010년 생산기지를 자국으로 옮겼다. 제품 품질을 높이려면 고객의 아이디어를 연구개발에 적극 반영해야 하는데 혁신 아이디어를 얻기에 자국시장이 훨씬 효과적이라는 게 그 이유였다.

이러한 현상은 설문결과에도 나타난다. 실제로 2,000여 개 유럽 제조업체를 대상으로 설문조사한 유럽 제조업 조사European Manufacturing Survey에 따르면 기술력이 중요한 산업일수록 높은 리쇼어링 비율을 보였다. 전기장비, 컴퓨터, 항공우주 같은 첨단기술 산업 영역은 리쇼어링이 가장 활발히 이뤄지고 있는 분야다. 시장의 요구에 민감하게 반응해 이를 제품 개발에 재빨리 반영해야 하는 의류와 식품 산업에서도 리

연구개발 강도별 리쇼어링 기업 비율(유럽 기업 대상 조사)

연구개발 강도 R&D Intensity	리쇼어링 기업 비율
첨단기술 high-tech 산업	7.5%
중고기술 medium-high tech 산업	5.3%
중저기술 medium-low tech 산업	3.0%
저기술 low-tech 산업	2.7%

자료: Dachs and Zanker(2015), 〈Backshoring of Production Activities in European Manufacturing〉, MPRA

쇼어링을 선택하는 기업이 늘고 있다.

　요컨대 20세기 말에 형성된 글로벌 분업구조는 '저임금을 활용한 효율적인 생산'이 주된 목적이었다. 반면 이제는 많은 기업이 저임금보다 기술 확보와 혁신 시장 접근성을 더 중요한 가치로 둔다는 점에서 현재의 글로벌 분업구조는 약화될 수밖에 없다. 코로나19 사태는 이러한 글로벌 분업구조 약화 추세에 불을 붙인 격이다. 앞서 언급한 보건 장비, 보건 도구 제조업부터 시작하여 선진국의 제조업에 대한 인식이 크게 변화할 것이다. 자국 혹은 자국이 속한 권역 내에서 생산이 가능한 영역, 그리고 전략적으로 필요한 영역에 대해서는 적극적으로 리쇼어링을 검토하는 국가가 늘어날 것으로 전망된다.

글로벌 분업구조의 붕괴와 역글로벌화의 시작

　글로벌 분업구조가 약화되는 또 다른 이유는 선진국과 개도국의 제조업 품질격차 축소를 들 수 있다. 2019년 OECD가 발표한 보고서에 따르면 2005년 이후 지난 20여 년간 전 세계 제조업 영역에서 선진국, 개도국 모두 가파른 수출 증가세를 기록했다. 그런데 제품 품질을 보면 개도국은 품질이 크게 좋아졌으나 선진국은 큰 향상 없이 정체가 이어지고 있다. 결국 선진국과 개도국의 제조업 품질격차는 과거 대비 크게 줄어들었다.

　지금껏 글로벌 분업구조에서 소재, 부품, 장비, 연구개발 같은 고부가가치 영역은 주로 선진국이 담당해왔다. 그 이면에는 비용 측면의 약점은 있지만 핵심 영역에서 선진국의 기술력과 품질이 더 좋다는 전

선진국, 개도국의 제조업 분야별 품질 성장률과 수출 성장률 비교(2005년 대비 2015년 성장률)

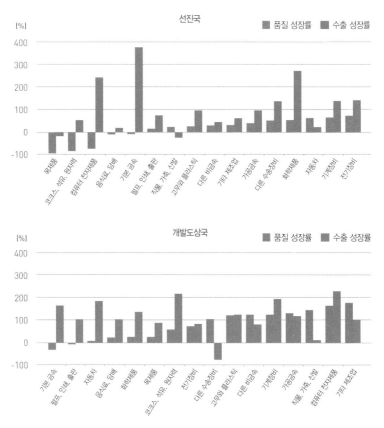

주: 2005년을 0으로 보고 2015년의 하락·증가폭을 나타냈다.
자료: Dachs and Zanker(2015), 〈Backshoring of Production Activities in European Manufacturing〉, MPRA

제가 깔려 있었다. 그렇지만 이제 제조업의 많은 영역에서 개도국과 선진국의 격차는 크게 줄어들었다. 물론 선진국은 여전히 원천 기술이나 설계, 디자인 등에서 확실히 우위를 점하고 있다. 그러나 지난 반세기 이상 유지해온 '선진국은 고품질, 고부가가치, 중간재', '개도국은 저품질, 저부가가치, 조립재'라는 고정관념은 깨지고 있음이 분명하다. 여기에는 크게 세 가지 원인이 있다.

첫째, 중국과 인도 같은 제조업 중심 국가의 기술력이 상향평준화해 생산 역량이 급격히 상승했다. 둘째, 자동차, 조선처럼 지난 반세기 이상 글로벌 제조업을 주도하던 일부 산업에서 성숙화가 이뤄져 더 이상 드라마틱한 품질 향상이 쉽지 않다. 셋째, 선진국의 제조업 리쇼어링 강화로 개도국이 담당하는 영역과 선진국이 주도하는 영역을 구분하기가 어려워졌다.

OECD는 이 같은 글로벌 분업구조 약화가 앞으로 역글로벌화De-Globali-zation 현상[3]을 강화할 수 있다는 점을 지적한다. OECD가 말하는 역글로벌화 징조를 판단하려면 제조업의 권역 내 자체 수급 비중을 살펴봐야 한다. 권역 내 자체 수급이란 예를 들어 아시아 국가들이 같은 아시아 권역 내 국가와만 수출·수입을 하는 상황을 말한다.

2018년 OECD가 보고서에서 제시한 2005년과 2015년 비교를 보면 전 세계 제조업의 권역별 수급에 아직 큰 변화는 나타나지 않았다. 하지만 아시아 권역에서 중국 제품 의존도가 크게 높아졌다는 점은 눈여겨볼 만하다. 특히 홍콩, 대만 등에서 중국과의 무역 비중이 급격히 증가한 점은 중화권 중심의 자체 권역화를 상징적으로 드러내는 대목이다. 또한 2015년 전후로 선진국 기업들의 리쇼어링이 활발히 전개되었고, 이것을 아직 통계에 반영하지 않았다는 점도 중요한 포인트다. OECD의 다음 통계 비교치가 될 2025년 자료에서는 유럽, 미국 등 선

권역 내 자체 수급 비중(2005년과 2015년 비교)

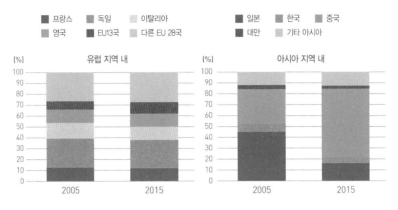

자료: OECD, 〈Trade in Value Added database〉.

진국 권역의 자체 권역화 증거가 나올지 궁금하다.

한국 제조업의 새로운 방향성

글로벌 분업구조 약화와 역글로벌화 추세 강화라는 시대적 흐름 속에서 한국은 어떻게 제조업 경쟁력을 유지할 수 있을까?

2021년 글로벌 제조업 경기는 새로운 반등 시그널을 찾기 어려울 전망이다. 코로나19가 진정되는 시점에서 미약한 반등 정도를 기대할 수는 있겠지만, 제조업 자체의 성장 탄력 둔화는 최근 수년간 이어져온 흐름이다. PMI 제조업 선행지수에서도 최근 중국이 미약하게 반등한 것을 제외하곤 전 세계 제조업 경기가 지속 하락하는 추세에 있다.

앞서 언급한 대로 2021년 세계 제조업은 추세와 변화 측면에서 3가지 흐름에 맞닥뜨려 있다. 첫째, 중장기적 제조업 경기하강 국면이 이

글로벌 제조업 PMI지수

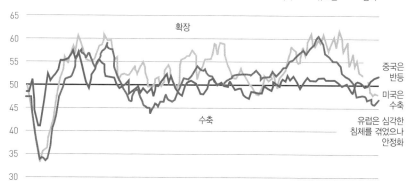

자료: JP Morgan, IHS Markit, 2019년 11월

어지는 가운데 미약한 반등 정도만 기대해볼 수밖에 없다. 둘째, 지난 반세기 동안 유지되어온 글로벌 분업구조 약화가 가속화되고 있다. 셋째, 역글로벌화라는 새로운 추세가 시작될 수 있는 변곡점에 있다.

한국 제조업은 어떻게 새로운 기회를 얻을 수 있을까?

우선 현재 제조업이 보유한 경쟁력을 연계 서비스 산업으로 확장해 부가가치를 높이는 방법을 찾아야 한다. 경쟁력 있는 기업들이 고부가 가치 영역으로 비즈니스를 확대할 경우 이는 국내 제조업 전체의 경쟁력 강화로 이어질 수 있다. 기초 원천 기술 영역, 소재부품 영역, 스마트공장과 같은 생산 고도화 영역, 스마트물류와 같은 제조업 연계 고부가 서비스 영역 등이 그 예이다. 고부가가치 영역에서 경쟁력을 확보하면 외부의 보호무역주의 공격에도 쉽게 흔들리지 않는 강력한 자립

역량을 갖추게 될 것이다.

글로벌 분업구조 약화, 권역별 수급 강화라는 새로운 흐름을 적극 반영해 새로운 공급처와 수요처를 발굴해야 한다. 글로벌 시장의 분업구조가 깨진다는 것은 곧 새로운 기회와 새로운 고객이 생긴다는 의미다. 일례로 2019년 한일 무역전쟁이 벌어지자 전 산업의 역량과 관심이 소재·부품·장비 영역의 자체 수급 강화와 다변화에 집중됐다.

지난 50년간 한국은 일본에서 소재와 부품을 수입한 후 완제품을 생산해 다른 시장에 수출하는 구도를 유지해왔다. 그러나 글로벌 분업구조가 깨지는 흐름에 따라 이젠 한국도 자립도를 높여 한일 간의 고착화된 분업구조를 깨고 고부가가치 영역 중심의 자립도를 높여야 한다.

한일 무역전쟁이라는 강력한 스트레스 테스트는 한국 제조업에 하나의 신선한 자극제가 됐다. 정부도 2020년 정부 예산안에서 '소재·부품·장비 자립화'에 가장 중점을 두는 등 제조업 고부가가치 영역 육성에 지원을 아끼지 않고 있다. 핵심 소재나 부품, 최신 장비를 개발하려하는 기업에 연구개발 예산을 확대 투입함으로써 해당 산업을 집중 육성하고 투자를 진작하기 위한 노력은 꾸준히 이어져야 한다.

■ 2021년 개화기를 맞이할 핀테크 산업 ■

'스타벅스 은행'이라는 말을 들어본 적 있는가? 세계 커피 브랜드 1위인 스타벅스는 사람들이 전혀 상상하지 못한 분야에서도 1위에 올라 있다. 바로 스타벅스 앱을 이용해 결제를 하는 모바일 고객의 숫자다.

　모바일 기기의 앱이나 바코드로 결제하는 서비스 영역을 지급결제Payment 분야라고 하는데 미국 내 지급결제 시장에서는 애플페이, 구글페이보다 오히려 스타벅스 고객이 더 많다. 미국에서만 무려 2,300만 명이 스타벅스 앱을 이용하고 있다. 이들의 예치 금액을 보면 상상을 초월할 정도다. 스타벅스 커피를 구입하려는 목적으로 미리 선불 결제해 예치해둔 금액이 세계 시장을 통틀어 자그마치 12억 달러(약 1조 4천억 원)에 이른다[4]. 한국에서도 스타벅스의 고객 예치금 규모는 700억 원을 넘어섰다[5].

모바일 결제 고객 수에서 미국 시장 1위를 차지하고 있는 스타벅스

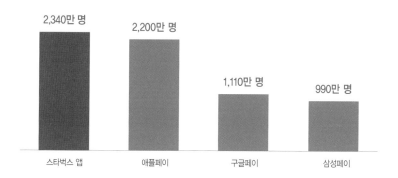

주: 2018년 미국에서 근접식 모바일 결제 서비스를 이용하는 14세 이상을 대상으로 한 결과다.

자료: eMarketer

금융권에 도전장을 내미는 테크 기업들

　중요한 것은 전 세계 유수의 금융기관들이 스타벅스를 위협으로 인식한다는 것이다. 핀테크 산업이 성장함에 따라 비금융기업들의 금융권 침투가 확대되고 있는데 스타벅스도 잠재 경쟁자 중 하나로 보고 있기 때문이다.

금융기업과 테크기업 간의 전쟁은 이미 시작되었다. 사실 이들의 경쟁구도는 우리의 일상만 봐도 쉽게 이해할 수 있다. 과거 돈을 빌리거나 투자 상담을 받으려면 대부분 은행을 직접 방문해야 했다. 그러나 이제 우리는 얼굴을 마주하지 않는, 일명 비대면으로 금융 거래를 하고 로보어드바이저에게 상담을 받는다. 과거에는 '은행=신뢰'였기 때문에 금융기관 범주에 속하는 기업에만 돈을 맡기고 투자를 의뢰했다. 반면 지금은 금융 외의 산업에서 이미 '신뢰'를 얻었거나 혹은 기술력과 이미지로 새롭게 무장한 테크기업들이 금융 영역에 뛰어들어 투자자를 유혹하고 있다. 자동차기업이 IT기업과 경쟁하고 유통기업이 드론 제조기업을 경계하는 것처럼 은행 역시 IT기업이나 스타벅스 같은 이종 영역 기업들의 도전을 받고 있다.

4차 산업혁명 변화는 모든 산업활동을 디지털 기술의 영향력을 키우는 쪽으로 바꿔놓고 있다. 우리는 이를 디지털 전환이라 부른다. 금융 산업에서는 디지털 전환과 핀테크를 거의 동일한 의미로 사용한다. 금융 산업에서 디지털 전환이 '금융+디지털 기술에 따른 금융 산업의 진화'라면 핀테크는 'Finance(금융)+Tech(기술, 주로 디지털 기술)'의 합성어로 '금융 영역에 적용 가능한 디지털 기술'로 정의할 수 있다. 다시 말해 디지털 전환은 산업 측면, 핀테크는 기술 측면을 좀 더 부각한 것일 뿐 거의 같은 의미다.

핀테크 산업은 디지털 기술이 기존 금융을 바꾸는 것이기에 변화를 당하는 쪽(금융)보다 변화를 이끄는 쪽(IT)에 주도권이 있다. 현재 핀테크 영역의 강자로 꼽히는 기업은 IT 산업에서도 혁신 리더로 꼽는다. 대표적으로 GAFAM(구글, 애플, 페이스북, 아마존, 마이크로소프트를 줄여서 표현하는 말)이 여기에 속한다. 한국 기업 중에서는 카카오나 네이버를 꼽을 수 있으며 중국 기업 중에는 알리바바, 텐센트, 바이두가 있다. 이들 모두 IT 산업에서 잔뼈가 굵은 기업들이다. 물론 삼성페이로 지급결제 분야에 진출한 삼성도 핀테크 산업의 잠재적 리더다.

언번들링의 시작

테크기업이 핀테크 산업에 등장하면서 생겨난 새로운 트렌드는 언번들링Unbundling이다. 전통 은행은 가능한 한 모든 영역의 금융 서비스를 제공하려 한다. 그래서 우리는 A은행에 가든 B은행에 가든 유사한 상품과 서비스가 있을 것이라 기대한다. 반면 핀테크 산업에 새롭게 진출한 테크기업은 전통 금융 서비스를 모두 쪼개 다른 경쟁사 대비 차별화할 수 있는 하나 혹은 소수의 서비스만 집중 제공한다. '내가 다 잘할 수는 없으니 하나만 제대로 할게!'라는 식이다.

대표적으로 구글은 송금 분야에서 1등이다. 철수라는 사용자가 구글 어시스턴트에게 "OK google! 영희에게 100만 원 송금해줘"라고 하면, 구글 어시스턴트는 목소리를 인식해 철수 본인을 인증하고 영희의 계좌 정보, 연락처를 검색해 정확히 송금한다. 우리는 3초 만에 송금이 이뤄지는 것을 보면서 한 치의 의심도 하지 않는다. 구글이 디지털 분야에서 쌓은 신뢰를 송금이라는 금융 서비스에 그대로 가져왔기 때문이다.

대출은 어떨까? 얼마 전까지만 해도 대략 천만 원 규모의 대출을 받으려면 은행 영업점에 직접 방문해 대출 이력, 재직 정보, 재산 정보 등 엄청난 개인정보를 털어놓은 뒤 심사를 거쳐 하루나 이틀 뒤에야 원하는 대출금을 수령할 수 있었다. 그러나 현재 카카오뱅크 같은 기업은 스마트폰으로 몇 번만 클릭하면 대출이 가능하다는 것을 광고한다.

이제 금융 산업은 '모든 것을 누가 더 잘하느냐'의 경쟁에서 '이것 하나는 내가 더 잘한다'는 경쟁의 2라운드로 옮겨가고 있다. 기존 금융기업은 단기간에 더 힘들어질 가능성이 크고 또 스타벅스처럼 전혀 다른 영역에서 강자가 등장할 확률도 높다.

2021년 세계 핀테크 산업은 본격적인 경쟁의 2라운드에 돌입할 것으로 보인다. 2019년 CB 인사이츠가 발행한 핀테크 보고서를 보면 최근 10년간 전 세계 핀테크 산업 투자는 급성장했다. 특히 2018년에는 투자 규모가 400억 달러(약 45조 원)에 이르는 등 최근 5년 사이 13배 이상 폭증했다.

그중 우리가 눈여겨볼 대목은 벤처기업을 대상으로 한 투자다. 미국의 실리콘밸리, 영국의 테크 시티Tech City 등 세계적으로 경쟁력 있는 핀테크 클러스터들의 투자 현황을 살펴보면, 중·후기 단계Mid&Late Stage에 있는 핀테크기업에 투자가 몰리고 있다. 투자자들은 어느 정도 성장 궤도에 오른, 다시 말해 곧 시장 진출을 앞둔 기업에 투자를 집중하고 있는 것으로 보인다. 중·후기 단계에 있는 벤처기업은 평균 1~2년 내

세계 핀테크 투자 규모와 M&A 건수

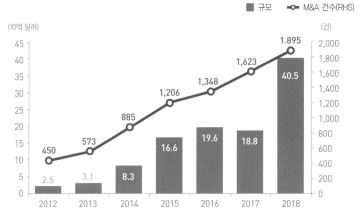

자료: CB Insights, 〈Fintech Report Q2〉, 2019

핀테크 벤처기업 성장 단계별 투자 유치 실적

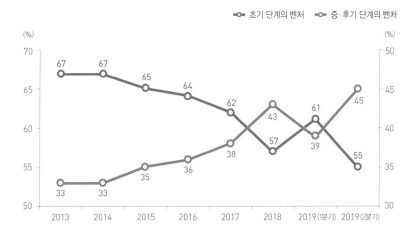

자료: CB Insights, 〈Fintech Report Q2〉, 2019.

에 시장 진출 여부가 결정된다. 2021년 핀테크 산업은 이들과 함께 급성장할 전망이다.

핀테크 산업이 등장한 이후 지금까지 새로운 도전과 시도가 가장 많이 일어나고 있는 분야는 단연 지급결제다. 글로벌 핀테크 유니콘기업 중 42~45%(기업가치 기준)를 지급결제기업이 차지하고 있고 대륙별 핀테크 1위 기업도 모두 지급결제서비스기업이다.

그런데 최근 핀테크 투자 영역에 변화의 조짐이 보이고 있다. 지난 10여 년간 투자가 집중되어온 지급결제 영역 외에 다른 영역에도 투자가 급증하고 있는 것이다. 2012년 이후 미국 10대 금융기업이 투자한 핀테크 스타트업의 주요 비즈니스 영역을 보면 지급결제 부문 외에 투

2012년 이후 미국 톱10 금융사의 투자를 받은 핀테크 스타트업 수

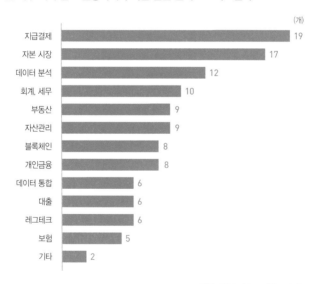

자료: CB Insights, 〈Fintech Report Q2〉, 2019.

자, 데이터 분석, 회계/세무, 자산관리, 블록체인 등 매우 다양하다. 이를 살펴볼 때 2021년 핀테크 산업은 규모의 성장뿐 아니라 다양한 부문으로 영향력이 확대되어 경쟁력 있는 새로운 기업과 서비스가 다수 등장해 질적으로도 성장을 이룰 것으로 보인다.

한국은 핀테크 산업의 강자가 될 수 있을까?

한국에서는 핀테크기업 하면 대부분 토스와 카카오뱅크만 얘기한다. 여기에는 인터넷 전문은행 출범을 크게 기대한다는 의미도 있지만 그만큼 핀테크 산업 성장이 더디다는 뜻도 있다. 이미 주요 핀테크 강국에서는 금융 서비스 대부분의 영역에서 핀테크에 활발하게 투자하고 있다. 한국은 아직 핀테크 산업의 전반적인 경쟁력이 미흡하고 투자 규모나 투자 분야의 다양성 측면도 경쟁 국가에 비해 미미한 수준이다.

국내 투자자들이 핀테크 산업에 적극 투자하지 않는 이유는 '아직 핀테크 산업은 성장 초기'라는 인식 때문이다. 사실 이러한 인식은 국내 금융 산업의 특수성과 연결 지어 설명할 수 있다. 국내에서 금융 산업은 대표적인 규제 산업으로 다른 경쟁국들에 비해 다소 강력한 국가의 통제와 방어 하에 성장해왔다. 이 과정에서 국내 금융기업은 새로운 도전보다 방어 관점의 경영기조를 유지해왔다. 특히 IMF를 겪으며 산업자본이 은행을 지배하면 부작용이 크다는 인식이 널리 퍼져나가 2000년대 이후의 세계적 변화 흐름에서 뒤처진 측면이 있다. 결국 2017년 들어서야 일부 인터넷 전문은행의 경우 은산분리[4]를 완화한다는 결정을 내렸다. 이처럼 국내 금융 산업에는 혁신기술이나 서비스를 도입하기 힘든 구조적 한계가 있었다.

반면 글로벌 핀테크 산업은 2000년대부터 본격 투자가 이뤄지기 시작했고 특히 2010년 이후 급성장해 이미 1단계 성장을 마쳤다. 이제 영국, 미국 같은 핀테크 리더들은 전 세계 핀테크 산업의 주도권을 두고 치열하게 경쟁하고 있다. 2021년은 리더들의 주도권 경쟁이 본격화하는 한 해가 될 것이다.

전 세계 핀테크 산업 분야에서 파격적인 성장의 서막이 열리는 2021년에 한국만 홀로 소외되어서는 안 된다. 뒤늦게나마 규제를 풀고 국가적 관심을 집중하고 있는 만큼 '크게 웅크렸다가 한 번에 두 발을 뛰는 기회'로 삼아야 한다.

■ 5G, 콘텐츠·서비스 전쟁의 시작 ■

코로나19를 겪고 있는 현시대를 사는 우리에게 위로가 되어주는 산업이 있다. 주말조차도 집에서 보내야하는 답답한 현실에서 전 세계인들의 눈과 귀를 즐겁게 해주는 온라인 동영상Over The Top, OTT 콘텐츠 산업이다. 이중 디즈니사가 제공하는 온라인 동영상 서비스인 디즈니 플러스Disney+는 코로나가 전 세계로 급격히 퍼지던 2020년 2월에서 4월까지 전 세계 가입자수가 2,650만 명에서 5,000만 명으로 불과 두 달 사이에 2배 가까이 증가하기도 했다.

얼마 전 포스트 코로나 시대의 새로운 생활상을 전망한 〈월스트리트저널)은 향후 비행기나 배로 이동하는 장거리 여행 수요는 급격히 줄어들 것이라는 전망을 내놓기도 했다. 그러나 인간의 여행 욕구가 줄어들지 않는다는 점을 전제했을 때, 그 욕구는 단거리 여행, 자동차 여행뿐만 아니라 집에서 고화질, 고해상도로 즐기는 콘텐츠 여행으로 옮겨질 가능성이 있다. 콘텐츠 여행 산업은 코로나19 이전에 이미 그 가능성을 보여줬다. 가상현실VR, 증강현실AR, 3D TV 등과 결합한 고품질의 사용자 경험UX 콘텐츠 산업의 성장은 코로나19 사태와 결부되어 더 큰 폭발력을 가질 것으로 보인다. 그런데 여기서 중요한 점은 온라인 동영상 서비스, VR/AR/UX 고품질 콘텐츠 서비스의 향후 폭발적인 성장을 가능하게 하는 것이 바로 5G 기술이라는 점이다.

5G는 무엇이 다른가

5G 기술의 핵심은 3초(초고속, 초저지연, 초연결)에 있다. 4G와 비교했을 때 속도는 10~20배, 전송지연은 10분의 1, 최대 기기 연결 수는 10배다. 4G 환경에서보다 10배 많은 수의 기기가 동시 접속이 가능한 것은 물론 이용자는 초고용량의 영상 자료를 지연 없이 스트리밍 서비스로

4G와 5G의 성능 비교

구분	4G	5G
최대 전송속도	1Gbps	20Gbps
이용자 체감 전송속도	10Mbps	100~1,000Mbps
전송지연	0.01초	0.001초 이하
최대 기기 연결 수	10만 개	100만 개

자료: 국제전기통신연합

즐길 수 있다. 그러나 이는 5G 통신망과 기지국을 완벽히 갖춰야 가능한 일이라 짧게는 1년 정도 시간이 더 필요하다. 2021년이 5G 효과를 제대로 체감하는 원년일 것이라는 기대를 해볼 만하다.

역사상 통신 기술 발전은 이용자에게 큰 혜택을 안겨주었다. 1980년대에는 텍스트만 주고받는 것도 쉽지 않았고 1990년대에는 전송 용량만큼 비용을 지불하고 영상을 전달했다. 그러다가 2000년대 들어 스마트 모바일 기기 덕분에 장소에 구애받지 않고 통신하는 이용자 혁신이 이뤄졌다. 물론 콘텐츠 제공업체들도 수혜를 받았지만 통신기기 이용자들은 가히 극적인 변화를 경험했다.

그럼 5G 환경에서는 누가 가장 큰 혜택을 볼까? 5G 환경에서는 지금까지 통신 기술이 진화해온 역사와 달리 이용자보다 콘텐츠와 서비스 제공자에게 더 큰 혜택이 돌아갈 것으로 보인다. 특히 아래의 세 가지 영역에 집중해볼 필요가 있다.

첫째, 고화질, 고해상도 기반 콘텐츠 서비스 영역이다. 5G 환경에서 대용량 콘텐츠 전송이 원활해지면 자연스레 미디어, 엔터테인먼트 산업이 제공할 수 있는 콘텐츠의 품질이 좋아진다. 이에 따라 5G 광대역

5G 기반 수익모델의 분야별 중요도

구분	매우 중요	중요	보통	덜 중요	중요하지 않음
기업(B2B, B2B2C)	69%	20%	3%	6%	3%
개인(B2C)	23%	31%	3%	9%	3%
정부(B2G, B2G2C)	14%	26%	40%	17%	3%

자료: GSMA intelligences(CEO Servey), 2017.

을 이용해 홀로그램, 8K 영상, VR콘텐츠 등 고화질·고해상도 기반의 영상과 사용자 경험을 제공하는 서비스가 성장할 것이다.

둘째, 초저지연을 활용한 산업용 디지털 트윈 영역이다. 디지털 트윈Digital Twin이란 실시간으로 실제와 가상을 연결하는 것을 말한다. 한 마디로 디지털 쌍둥이 개념이다. 예를 들어 스마트팩토리를 구축할 때 작업 환경이 위험해 작업자가 직접 현장에서 작업하기 힘든 경우나 복잡하고 정교한 장비를 활용해야 하는 경우에는 원격으로 작업장 혹은 작업 장비와 연결해 소통하는 것이 더욱 중요하다. 이때 핵심이 바로 초저지연 통신 환경 구축이다. 작업자가 사이버룸에서 혹은 모바일 디바이스로 명령을 내리면 실시간으로 작업장에 반영된다. 이처럼 초저지연이라는 과거와는 다른 미세한 통신 환경 차이가 작업 효율과 생산성을 결정짓는 핵심요소로 부상할 수 있다.

산업용 디지털 트윈 구현

자료: https://www.geospatialworld.net/blogs/what-are-use-cases-of-digital-twin/

셋째, 초연결을 활용한 스마트시티 영역이다. 스마트시티에서는 에너지 생산·저장·소비의 스마트 에너지 제어 시스템, 대중교통형 스마트 모빌리티 자율주행차, 스마트빌딩, 스마트홈 제어 시스템 등 각종 사물인터넷 센서와 디지털 디바이스가 엄청난 양의 데이터를 실시간으로 주고받는다. 따라서 4G 환경보다 10배 많은 디바이스 연결을 허용하는 5G 환경은 스마트시티를 구축하는 전제 조건이다.

포스트 코로나 시대, 5G 활용 서비스를 주목하라

미국 IT 컨설팅기관 그랜드뷰리서치의 보고서에 따르면 2024년 5G 관련 산업은 2019년 대비 2배 규모로 성장할 전망이다. 그러나 이를 상세히 보면 5G 장비나 디바이스 같은 관련 제조 분야 성장은 비교적 단기간에 집중되는 반면, 5G 통신 인프라를 활용한 서비스 영역의 성

미국의 2020~2025년 5G 관련 산업 성장 예측

자료: www.grandviewresearch.com

장은 훨씬 장기적이고 규모도 클 것으로 예측한다. 미디어, 엔터테인먼트, 산업용 디지털 트윈, 스마트시티 등의 영역에서 큰 성장을 기대하고 있다. 특히 포스트 코로나 시대의 사회적 거리두기, 가정에서 즐기기, 혼자 즐기기 등의 사회문화적 지향은 자연스레 5G를 활용한 다양한 미디어, 엔터테인먼트 산업의 성장과 연계될 것이다.

2020년이 5G 인프라를 구축하는 해라면 2021년은 5G로 혜택을 받는 산업과 관련 신규 서비스가 본격 확대되는 메가 성장Mega Growth의 해가 될 것으로 보인다. 한국은 5G 기술 자체는 한 발 앞서 있지만 이것이 훨씬 큰 성장과 파급력이 기대되는 5G 활용 서비스 영역의 경쟁력으로까지 이어질지는 의문이다. 이를 위해서는 앞서 제시한 고화질·고해상도 기반의 미디어, 엔터테인먼트 콘텐츠 산업 영역, 산업용 디지털 트윈 활용 영역, 스마트시티 영역을 중심으로 기업들의 새로운 도전이 필요하다.

한국이 세계 최초로 5G 서비스를 개시한 것을 넘어 2021년에는 5G 활용 서비스 영역도 세계 시장에서 주도권을 쥐길 기대한다.

2021년에는 전 세계적 경기 하강 국면의 지속과 함께 제조업 분야에서 글로벌 분업구조가 더 약해질 것으로 보입니다. 20세기 중반부터 반세기 이상 지속되어온 글로벌 분업구조는 과연 깨질까요? 그리고 이러한 변화 앞에서 한국은 어떻게 대응해야 할까요?

글로벌 분업구조가 약화되는 원인 중 하나로 지목하는 것이 선진국과 개도국 간의 기술격차 축소인데 이것은 시간이 더 흘러야 결과가 나오는 것이라 이견이 있을 수 있습니다. 기본적으로 선진국은 품질 수준이 굉장히 높습니다. 개도국은 품질 개선 속도가 어마어마하게 빠르고요. 그동안 개도국은 물류, 에너지, 도로, 항만 인프라 자체가 좋지 않아 품질이 많이 떨어졌는데 이런 부분을 보완하면 품질을 크게 개선할 수 있습니다. 실제로 개도국은 지금 로low퀄리티에서 미들middle퀄리티로 가는 과정에 있고, 선진국은 하이high퀄리티에서 슈퍼하이Super high퀄리티로 가는 과정에 있죠.

현재 글로벌 분업구조가 깨지는 흐름을 보여주는 대표적인 사례가 보호무역과 리쇼어링입니다. 트럼프의 정책기조가 보호무역주의다 보니 자유무역주의 시대에서 보호무역주의 시대로 넘어간 것이지요. 더구나 트럼프는 리쇼어링을 적극 추진하고 있습니다. 왜 그럴까요?

트럼프는 고용을 우선시하는데 일자리를 창출하려면 자국으로 제조업을 많이 끌어들여야 합니다. 미국이 파리협정에서 탈퇴한 이유는 재생에너지가 아니라 석유화학발전을 키우기 위해서입니다. 석유화학발전으로 고용이 많이 늘어날 것이라고 판단해서 그렇게 행동한 것이죠. 고용 창출로 국민소득을 늘림으로써 내수경제를 활성화한다는 목표 아래 미국 경제를 운영하는 과정에서 보호무역주의와 리쇼어링이 등장한 겁니다. 이것은 글로벌 분업구조가 깨지는 흐름과 연결해서 생각해볼 수 있습니다.

흥미롭게도 이제 미국은 FTA를 싫어합니다. FTA는 대표적인 자유무역주의 제도인데 그중 하나가 캐나다, 미국, 멕시코 간의 북미자유무역협정NAFTA입니다. 미국은 3국이 맺은 이 FTA를 깨고 싶어 하는데 그 이유는 현대자동차 같은 기업이 미국이 아니라 멕시코에 공장을 짓기 때문입니다. 그런 다음 낮은 관세나 무관세로 미국에 수출합니다. 기업 입장에서는 당연히 비싼 인건비를 지불해야 하는 미국에서 생산할 이유가 없지요. 그러니까 멕시코에서 생산해 미국에 무관세로 수출하는 우회수출 구조를 유지해왔는데 트럼프는 그걸 깨고 싶은 것입니다. 그걸 깨뜨리면 미국에 공장을 지을 가능성이 크므로 이건 일종의 리쇼어링 정책입니다.

미국의 또 다른 리쇼어링 정책은 중국과의 무역분쟁입니다. 기업 중에는 중국 공장에서 생산해 미국에 완제품을 수출하는 경우가 많은데 중국 첨단산업에 25~30% 관세를 부과하면 굳이 중국에서 생산해 미국에 수출할 필요가 없습니다. 결국 기업들이 중국을 떠나는 차이나 엑소더스China Exodus가 가속화되고 있지요. 이 과정에서 글로벌 분업구조 자체가 깨지고 있습니다.

선진국이 인건비가 비싸도 자국 내에서 생산이 가능해진 이유는 로봇, AI, 빅데이터, 스마트팩토리 덕분입니다. 한마디로 자본을 투입해 생산성을 강화하는 방향으로 나아가는 겁니다. 노동력에 의존해 개도국에서 생산하던 방식에서 벗어나 자본집약적 콘셉트, 즉 노동집약도가 낮은 콘셉트로 가면 가격경쟁력을 유지할 수 있기 때문입니다. 그러한 제조 기반을 만들어주는 대표적인 것이 스마트팩토리입니다.

사실 개도국 입장에서는 자국이 부가가치의 가장 작은 부분만 취하는 것에 불만이 많았습니다. 가령 아이폰을 100달러에 판매하면 무형 서비스에 따른 부가가치가 40% 이상을 차지하고 제조 과정에 참여하는 국가가 취하는 부분은 아주 적습니다. 분업구조 안에 하나의 요소로 들어가면 부가가치를 얻을 수 없기 때문에 자체 생태계를 구축해야한다는 목소리가 커지고 있습니다. 그래서 외국 기업이 공장을 짓겠다고 땅을 달라고 해도 이제는 긍정적으로 대응하지 않는 경우도 있습니다. 반대로 선진국은 공장을 해외에 짓겠다고 하는 걸 무조건 막습니다. 한국은 물론 모든 OECD 회원국이 일자리 창출에 사활을 걸고 있거든요.

더구나 요즘은 제조와 서비스의 융합이 대세라 글로벌 분업을 하기 어려운 흐름도 있습니다. 서비스는 공급 즉시 소비가 이뤄지므로 공급과 수요가 가까이 있어야 합니다. 예를 들면 롯데리아에서 햄버거를 서비스하는 순간 바로 소비가 일어나지요. 제조와 서비스가 융합한 대표적인 사례는 의류기업 자라ZARA입니다. 과거에 자라는 스페인 근처에 공장을 지어 전 세계에 판매했지만 이제는 아시아 지역은 아시아에서 만들어 판매합니다. 자라가 실시간으로 패션 트렌드에 맞춰 공급할 수 있는 까닭은 서비스의 중요 요소인 적시성을 위해 소비자 근처에서 생산하기 때문입니다. 이 경우 분업구조는 당연히 깨질 수밖에 없습니다.

또한 우리는 중저가 제품의 부가가치를 오해하고 있습니다. 예를 들어 삼성전자에서 가장 많이 판매하는 휴대전화는 최신폰이 아니라 중저가폰입니다. 한국은 중저가 브랜드를 만들어 전 세계에 판매하고 있지요.

권역 기반 제조업 강화는 중국을 포함한 개도국의 기술 수준이 완제품을 만들 정도로 성장해 그 권역 내에서 부품부터 완제품까지 한꺼번에 만드는 체계를 갖추는 것을 말합니다. 사실 개도국이 성장할수록 제조업은 상향평준화에 가까워지고 있습니다. 그러므로 앞으로 한국이 어떤 포지션을 유지할 수 있을지 고민해봐야 합니다.

2019년 한일 무역전쟁 이후 한국은 소재·부품·장비 영역의 자립도를 높이기 위한 노력을 계속 전개하고 있습니다. 과연 한국은 이러한 영역에서 자립화에 성공할까요? 또 'No Japan' 운동이 벌어지면서 일본 역시 타격을 받았는데 그 영향은 어떻습니까?

2019년 한일 무역전쟁 결과를 보면 일본의 한국 수출이 더 많이 줄었습니다. 일본은 -14%고 한국의 일본 수출은 -7%입니다. 둘 다 손해를 봤지만 일본의 한국 수출이 더 크게 줄었지요. 한국과 일본 간의 수출 구조를 보면 일본이 흑자국입니다. 50년이나 일본이 흑자국 위치를 유지해온 상태라 일본에게 더 큰 타격이 있었으리라고 보는 거지요.

아무튼 일본이 한국에 핵심 소재, 핵심 부품, 핵심 장비를 공급하지 않겠다고 선언하는 바람에 한국은 2019년 중에 그 대응책을 마련했고 이는 2020년 예산 편성까지 이어졌습니다. 한국 제조업은 위기 상황이긴 하지만 소재·부품·장비를 중심으로 고부가가치 영역으로 확장해가는 것은 외부 공격에 흔들리지 않는 자립구조를 만드는 데 큰 도움이 되리라 생각합니다.

기업들은 그런 영역에 적극 투자하고 있고, 정부의 연구개발 예산을 활용해 추가 역량을 키우는 데 집중하는 모습이 2020년 말이나 2021년까지 이어질 것입니다. 불화수소를 비롯해 이슈가 된 반도체 영역은 몇몇 기업에서 벌써 자체 개발에 성공했습니다. 정부 예산에 힘입어 연구개발 부문에 투자할 기회를 더 얻었지요. 실제로 기존 예산안에서 2020년 소재·부품·장비 영역 투자를 30% 올린 것으로 알려져 있습니다.

단기든 중장기든 소재·부품·장비 자립화 효과가 나타나면 한국과 일본 간의 분업구조는 깨질 겁니다. 이 변화는 한국의 부가가치 영역을 확장할 기회이지요.

소재·부품·장비 자립화는 두 가지 이유에서 성공 가능성이 높습니다. 첫째, 이것을 취급하는 한국 중소기업의 역량이 20~30년 전에 비해 많이 커졌습니다. 둘째, 한국 대기업이 이들 중소기업 쪽으로 시선을 돌렸습니다. 반도체 산업은 소재나 부품이 매우 중요하고 민감하기 때문에 안정적으로 공급 받는 것이 중요하고, 협상력도 있는 입장에서는 굳이 공급처를 바꿀 필요가 없습니다. 부품을 공급해주는 외국 기업들이 잘하고 있으니 애써 국내 업체를 알아볼 필요가 없었던 것입니다. 한데 한일 무역전쟁으로 대기업들이 생각을 바꿔 국내 업체를 알아보니 조금만 도와주면 발전할 수 있는 기업이 있었던 것이죠. 결국 한국은 한일 무역전쟁이라는 자극으로 힘겹게 자립화 노력을 이어가고 있지만 사실 이 흐름은 전 세계적인 큰 물결입니다.

최근 전 세계에서 핀테크 산업이 급성장하고 있습니다. 반면 한국은 투자나 혁신 측면에서 뒤처지고 있는데 그 이유가 무엇이라고 생각합니까? 그리고 한국에서 앞으로 핀테크 산업이 성장하려면 어떤 문제를 제거해야 하는지요.

핀테크 산업은 글로벌 전체 시장에서 급격히 성장하고 있고 향후 고부가가치 영역으로 확대될 가능성도 크지만 한국은 발전이 더딘 상태입니다. 유망 신규 산업이라기보다 금융의 파생 영역 정도로만 생각하는 경향이 있기 때문입니다.

핀테크 하면 은산분리 규정부터 생각해봐야 합니다. 산업자본이 금융자본으로 들어와 각종 부당 이익을 취할 것을 우려해서 만든 제도인데 카카오뱅크나 케이뱅크가 생기면서 여기에 살짝 금이 가고 있습니다. 만약 삼성이나 LG가 자사 기술을 활용해 금융 산업 소비자에게 좋은 서비스를 제공하면 금융 서비스가 하나의 기술로 발전하는 데 도움을 줄 수 있습니다. 다만 금융이라는 것은 국민가계와 직결될 뿐 아니라 국가 산업 성장의 마중물 역할을 한다는 점에서 조심스러운 접근도 필요합니다. 그런 의미에서 은산분리 규정 완화라는 큰 방향 하의 단계적인 접근을 취할 필요가 있다고 생각합니다.

한국은 유니콘기업이 일본보다 훨씬 많은데 그 이유는 은산분리를 했기 때문입니다. 일본은 은산분리를 하지 않아 대기업이 은행을 운영합니다. 누군가가 창업해서 회사를 키우다 보면 돈을 빌려야 하는 시점이 오는데 이때 대기업 계열인 미쓰비시은행을 찾아가면 어찌될까요? 만약 그 창업 회사가 미쓰비시 계열사의 대체재를 취급하면 싹을 자르거나 인수합병을 해버립니다. 그러면 새로운 생태계가 생기지 않죠. 돈줄을 쥔 기존 대기업이 경쟁자가 될 만한 회사를 철저히 모니터해서 관리하니까요.

한국은 어떨까요? 예를 들어 네이버의 전신은 삼성의 사내벤처입니다. 사내벤처가 회사 밖에서 시작할 때 삼성과 관련 없는 금융권에서 돈을 빌렸으니 당연히 삼성은 컨트롤할 수 없었지요. 반대로 은산분리를 하지 않는 일본은 돈줄을 쥔 기존 회사들의 압박 때문에 벤처회사나 유니콘기업이 잘 생기지 않습니다.

반대로 한국이 은산분리를 안했기 때문에 핀테크 산업이 빠르게 성장하지 못한 부분도 있습니다. 핀테크 산업은 기존 은행과 테크회사의 합작품입니다. 핀테크에서 하려는 많은 것이 기존 금융회사들의 대체재입니다. 대체재는 보통 회사를 완전히 계열로 분리해서 따로 키우지 않는 한 커다란 조직 안에서 사장되기 쉽습니다. 가령 신용카드 사용액을 늘려야 하는 부서가 20개가 넘는데 모바일 결제를 하는 몇몇 부서가 이를 대체해 버리는 것은 쉬운 결정이 아니거든요. 한국에 이러한 딜레마가 있습니다.

현재 한국은 지급결제 분야에서만 많은 핀테크기업이 활동하는 것 같습니다. 사실 핀테크 영역은 굉장히 넓은데 말이죠. 외국의 경우에는 어떤가요?

지급결제는 큰 회사 입장에서 진입장벽이 낮고 작은 회사들이 하는 일로 보일 수 있지만 테크회사 관점에서는 큰 회사만 할 수 있는 일이에요. 삼성, 네이버, 카카오 정도라야 가능하지 작은 스타트업이 쉽게 시작할 수 있는 영역이 아닙니다. 다만 지급결제를 제외한 다른 여러 사업 영역에는 스타트업이나 벤처 중소기업이 진출할 여지가 많습니다.

어떤 지급결제 회사가 선도기업 역할을 하려면 전후방 회사가 따라와야 합니다. 핀테크 산업 중에서 큰 회사가 지급결제를 시작하면 1차 벤더, 2차 벤더 같은 하청업체가 따르는 식이지요. 한국 중소기업은 대부분 사업모델이 B2C가 아니라 B2B로 어떤 회사에 납품을 합니다. 그러다 보니 선도기업이 먼저 등장해야 하나의 생태계가 생깁니다. 지급결제는 당연히 큰 회사가 해야 하므로 다른 나라에서도 지급결제 쪽에 방점을 찍고 시작하는 경우가 많습니다.

싱가포르가 인구 500만에 불과하면서도 수십 억의 아세안 국가를 호령하는 이유는 돈줄을 쥐고 있기 때문입니다. 중국과 일본이라는 이웃을 둔 한국 역시 그나마 호령할 수 있는 중요한 산업이 금융입니다. 금융을 키우려면 전통 방법에 기대는 것이 아니라 테크회사를 육성해야 합니다. 해외에서는 이미 테크형 금융회사가 판을 완전히 바꿨지요.

아프리카에서 활약하는 오렌지라는 핀테크회사는 지점을 개설하거나 통장을 만들 필요 없이 휴대전화로 거래가 이뤄지게 합니다. 전통 금융업처럼 지점을 설치하고 통장 개설을 권하지 않지요. 마치 싸이월드의 도토리처럼 오렌지가 휴대전화에 사이버머니를 넣어주면 아프리카 사람들은 그걸로 결제를 합니다.

흥미롭게도 오렌지는 네덜란드 회사입니다. 그런데 자국에서는 그런 일을 하지 않습니다. 규제를 받기 때문이죠. 그들은 규제가 없는 아프리카로 가서 자사 기술을 활용하고 있습니다. 한국 역시 아세안이나 아프리카 국가로 진출할 필요가 있습니다.

사실 금융권은 현재 제3세계나 아세안 국가에 진출하고 있지만 특정 기능 쪽으로 디테일하게 들어가고 있습니다. 금융 산업 자체가 폐쇄적이기 때문이지요. 그래도 금융은 사람들이 한 번 사용해서 익숙해지면 웬만해선 바꾸지 않으므로 선점하는 것이 중요합니다.

핀테크는 혁신적인 분야라 재밌는 사업이 많습니다. 금융 분야에서 마지막으로 남아 있는 블루오션은 중신용자입니다. 고신용자는 이미 과다경쟁 중이고 저신용자는 신용등급을 올려줘도 다시 내려간다는 문제가 있습니다. 그래서 금융권은 중신용자를 찾고 있는데 주요 타깃이 대학을 막 졸업한 사람들입니다. 문제는 곤란하게도 이들이 사회생활을 시작하는 시점이라 신용거래를 해도 괜찮은 사람인지 아닌지 구분할 데이터가 없다는 점입니다.

한 독일 회사는 고객이 대출을 받을 때 개인정보를 입력하는 것을 보고 신용등급을 세분화합니다. 예를 들어 이름과 주민번호를 쓸 때 계속 마우스 커서를 움직이는 사람이 있고 탭키를 사용하는 사람이 있지요. 이때 탭키를 쓰는 사람의 재취업률이 의미 있는 수준으로 훨씬 더 높습니다. 탭키를 쓰는 사람은 정보화 사회에 적응력이 빠르다고 판단하거든요. 또 하나는 대출받을 때 약관을 끝까지 다 보는 사람 쪽에 훨씬 더 무게감을 두는 겁니다.

이처럼 사람들의 행태를 비대면으로 확인해 신용등급에 반영할 수 있는데 기존 금융사는 이런 것을 얘기해줘도 잘 알아듣지 못합니다. 물론 테크회사는 바로 알아듣지요. 지금은 많이 바뀌고 있다니 다행이긴 하지만 정말 서둘러야 합니다.

한국은 핀테크 산업에서 아직 두각을 나타내지 못하고 있습니다. 선진국에 비해 늦긴 했지만 이제라도 분발해야 한다고 보는데 2021년 한국 핀테크 산업이 극적 도약을 하려면 어떻게 해야 할까요? 한국에 어떤 기회와 도전과제가 있습니까?

기존 은행은 자사 금융 시스템이 굉장히 선진적이라고 생각하지만 테크회사 입장에서는 개선의 여지가 많아 보입니다. 그래서 여기에 기존 은행와 테크회사가 합작으로 새로운 금융 서비스를 창출하거나 한국 IT 산업의 역량을 좀 더 적극적으로 금융 산업에 활용할 필요가 있습니다.

지금 인터넷 전문 은행이 일부 시중 지방은행의 실적을 뛰어넘고 있습니다. 그러자 시중 대형은행이 자기 영역을 침범하지 않는 선에서 지분투자를 하고 있다가 자기들만의 고유한 형태로 핀테크회사를 갖취가기 시작했지요. 사용자인터페이스^{UI}나 사용자경험^{UX}을 바꾸고 앱도 개편하고 있습니다. 이건 한마디로 핀테크가 대세라는 의미입니다.

결국 업계 경쟁이 치열해지면 좋은 건 소비자입니다. 같은 대출을 받아도 소비자는 선택폭이 넓어지고 '5분 내 대출' 같은 시스템이 모든 은행으로 확대될 가능성도 있으니까요. 변화는 벌써 시작되었고 단기적으로는 2020년이나 2021년에 대부분의 은행들이 동참할 거라고 생각합니다.

국가 정책도 중요한 역할을 합니다. 최근 통과된 데이터 3법은 개인정보보호법, 정보통신망법, 신용정보보호법인데 이 중 금융 산업에 가장 큰 영향을 주는 것은 신용정보보호법입니다. 개인이 큰 틀에서 동의할 경우 기업은 신용 관련 정보를 활용할 수 있고 한 번이라도 활용하게 되면 추후 다른 신용서비스를 제공할 때 이를 또 이용할 수 있다는 내용입니다.

개인정보보호법에서는 동의 없이 활용 가능한 가명정보를 도입합니다. 예를 들어 기존에 서울시, 이름, 30대 남자 하는 식으로 처리했다면 이제는 이름만 가려놓고 구체적인 나이와 주소까지 처리해 데이터가 이름만 빼고 모두 연결되도록 합니다. 바로 여기서 많은 부가서비스가 생겨납니다. 알고 있다시피 통신사나 유통사는 많은 개인정보를 보유하고 있는데 그중에서도 양질의 데이터는 금융권이 소유하고 있습니다. 이제 개인정보가 풀리면 거래가 가능하므로 중간에 이 거래를 매개하는 산업이 성장할 전망입니다.

이미 미국은 그런 식으로 가고 있지만 한국은 법으로 명시하지 않고 큰 틀에서만 합의한 상태입니다. 그 안에 세부조항이 생길 경우 신용정보나 개인정보를 보다 적극 활용하는 기업이 생겨날 것입니다.

이것은 핀테크 산업의 핵심이기도 합니다. 가령 지급결제 신용정보 같은 정보가 다른 영역과 융합하면 신산업 창출 기회가 늘어날 겁니다. 이런 부분도 지금 법제도 개선으로 열려 있습니다.

현재 한국은 금융서비스를 놓고 치열하게 격돌하는 중입니다. 비록 폐쇄적인 산업 환경이지만 규제도 아주 빠른 속도로 완화되고 있지요. 2020년 1월에 발효된 인터넷전문은행특례법의 경우가 그러합니다. 쉽게 말해 산업자본이 은행자본을 34%까지 소유할 수 있도록 허용했습니다. 이건 어마어마한 규제 완화 트렌드입니다. 물론 미국, 일본, 심지어 동남아보다 늦긴 했지만 그 와중에도 한국은 아주 빠른 속도로 규제를 완화하고 있습니다. 따라서 핀테크 산업이 성장할 가능성이 상당히 높습니다.

또 하나 한국이 2020년부터 발돋움하려는 방향성은 '동전 없는 사회'입니다. 동전을 발행하긴 하되 동전이 필요 없는 사회, 동전을 들고 다니는 것이 부담스러운 사회로 가는 거지요. 이것은 현금 없는 사회로 가는 전 단계라고 할 수 있습니다.

동전 없는 사회를 위해 그동안 몇 차례 시범사업을 해왔습니다. 가령 마트나 편의점에서 700원짜리를 사고 1,000원을 내면 300원을 거슬러주지 않고 포인트로 지급하는 방식이 있었는데 이것이 2020년 크게 발전했습니다. 앱만 있으면 계좌로 현금을 입금해주는 방식이지요.

이미 현금을 소지하는 비중도 줄었고 현금을 사용하는 목적 자체도 변했습니다. 과거에는 현금을 갖고 다니는 목적이 거래에 있었는데 지금은 주로 카드를 쓰고 현금은 보조용일 뿐입니다. 패러다임이 완전히 바뀐 겁니다. 우리는 이렇게 새로운 세상으로 가고 있는거죠.

한국은 2019년 전 세계 최초로 5G 서비스를 시작했습니다. 그런데 5G 산업의 성장과 수익 창출 측면에서 아직 의문이 많습니다. 2021년 과연 5G 산업이 한국에 돈을 벌어 다줄까요?

한국은 5G 시장을 언급할 때 주로 인프라와 디바이스만 다룹니다. 왜냐하면 삼성이 인프라와 디바이스를 하기 때문입니다. 한데 실제로 5G 관련 산업의 수치를 보면 핵심은 서비스 산업입니다. 5G가 깔린 이후 그것으로 제공할 서비스처럼 '어떻게 활용하는가'가 훨씬 더 큰 영역이지요.

따라서 5G를 활용하는 영역에 투자하는 것이 국가적으로 훨씬 더 중요합니다. 5G를 깔고 난 이후 등장하는 새로운 산업에 관심을 기울여야 하는데 이미 전 세계가 그런 추세에 있습니다. 한국은 5G 장비나 디바이스 경쟁력은 앞서지만 이것이 서비스 산업으로 이어질지는 깊이 논의해봐야 합니다. 앞으로 5G의 경쟁력을 서비스 부문까지 확장하려면 국가나 기업이 어떻게 해야 하는지 논의할 필요가 있는 거지요.

예를 들어 자율주행차의 중요한 기반 기술은 5G인데 단적으로 V2X Vehicle to Everything가 필요합니다. V2X는 V2V Vehicle to Vehicle (자동차 대 자동차), V2I Vehicle to Infrastructure (자동차가 신호등과 교신하는 것), V2P Vehicle to

Pedestrian (자동차와 통행자의 교신)로 나뉩니다. 다시 말해 자동차와 자동차가, 자동차와 신호등이, 자동차와 통행자가 실시간으로 소통하면서 다니는 겁니다. 거대한 빅데이터를 교신하면서 다녀야 사고가 나지 않거든요. 결국 자율주행차 개발, 시험, 상용화 과정에 5G는 기본 중의 기본입니다. 데이터 끊김 없이 다양한 종류의 데이터를 교환할 수 있는 환경을 마련해야 하니까요. 그러한 5G를 선도하려면 5G를 활용하는 산업까지 적극 육성해야 합니다.

분명 물류기지에서 자율주행차를 가장 먼저 활용할 가능성이 큽니다. 도로보다 공간이 한정적이고 사람이 아닌 물건을 이송하는 물류기지에서 1단계로 사용한다는 얘기지요. 쿠팡이 2020년 역사상 가장 큰 자금을 투자해 대구에 물류기지를 짓습니다. 수도권 중심의 로켓배송을 대구에 거점을 두고 전국화하겠다는 움직임입니다. 그 대구 물류기지에서 자율주행차를 운행할 텐데 이는 물류 서비스에 5G를 활용하는 것이죠.

사실 5G 기반으로 자율주행차를 운행한다는 것은 통신사들이 주장하는 내용이고 실제로는 그렇게 할 필요가 없을 수도 있습니다. 테크회사나 플랫폼기업은 카메라, 라이더 같은 자동차 내의 자체 센서로 돌발 상황에 대응하는 서비스를 준비하고 있어요. 다만 통신사는 통신상품을 팔고 싶어서 자율주행차 제어를 통신 기반으로 하고 싶어 하는 거죠. 이 둘의 관점은 다릅니다.

그래도 5G가 할 수 있는 영역은 분명 있습니다. 예를 들면 자동차 안에서의 엔터테인먼트, 주행할 때 다른 자동차와 주고받는 여러 가지 신호, 도로 인프라와 주고받는 신호 등에서 가치가 있을 것입니다. 그 외의 영역에서 5G가 세상을 어떻게 바꿀지는 조금 비판적으로 볼 필요가 있어요. 통신사들은 장밋빛 미래를 생각하지만 '과연 5G가 필요한가? LTE로는 부족한가?'는 좀 더 고민해봐야 합니다.

사용자 입장에서는 5G를 깐다고 해도 크게 바뀌는 것이 없습니다. 이건 경부고속도로를 건설한 것이나 마찬가지입니다. 경부고속도로를 건설한 뒤 몇 년 안에 그 도로가 꽉 차지는 않았지요. 5G는 2020년이 원년이므로 여기에 무작정 투자하면 낭패를 볼 수도 있습니다. 물론 중장기적으로는 이것을 기반으로 여러 가지 일이 발생할 겁니다. 앞으로 어떻게 발전할지 모르겠지만 대표적으로 앱이 사라진다고 보는 사람도 있습니다. 이런 것은 굉장히 큰 변화지요.

빠른 속도, 초저지연, 초연결 관점에서 5G가 4G와 차별성이 있다는 것은 사실입니다. 가령 대용량 안전 전송이 가능하면 스트리밍을 고화질 영상으로 처리할 수 있지요. 상점에서 고객이 어제 TV에 나온 것이라고 하면 옆에서 그 영상을 틀어줄 수 있는데, 사물인터넷IoT에서 고객의 목소리를 인식해 곧바로 영상을 스트리밍으로 제공하려 할 때 현재 통신 환경에서는 많은 지연이 발생합니다. 만약 AI 분석까지 해서 처리한 결과값을 피드백해주는 서비스가 있을 경우 미세한 골든타임을 확보할 수 있습니다. 바로 5G 인프라가 그 중요한 골든타임을 확보해주지요.

그러한 통신 인프라를 구축하면 장기적으로 고화질 서비스, AR, VR, 커머스 등 다양한 것이 나올 테지만 2020년과 2021년을 전망할 때는 5G 기반을 깔아 안정적인 서비스를 제공하는 것이 우선입니다.

좀 더 고차원 기술 환경에 속하는 사례가 스트리밍 게임입니다. 기존 방식은 메인서버와 자기 영역에 프로그램을 나눠 깔아서 하는 것이지만 스트리밍 게임은 아무것도 깔지 않습니다. 클라우드에 접속해 있기만 하면 게임이 가능하니까요. 가령 스트리밍으로 실시간 총싸움을 하는 건 초저지연 0.001초 차이입니다. 이것이 가능해지면서 클라우드 스트리밍 게임 영역이 발전하고 있습니다.

기술 관점에서 5G 성능이 LTE의 100배 혹은 1,000배라고 하지만 실제로는 10~20배 수준이라고 합니다. 5G는 빠를 뿐 아니라 전력 소모량도 적습니다. 이것은 분산전력화 과정에서 상당히 중요한 요소입니다. 분산전력화 과정에서 전력 소모량 자체를 줄이면 끊김 없이 빅데이터를 많이 활용하고 하나의 네트워크상에 많은 참여자가 들어갈 수 있지요. 신호등이라는 하나의 인프라스트럭처가 있으면 거기에 수만 대의 자동차가 동시에 해당 네트워크상에 참여할 수 있는 겁니다. 그러니까 5G보다 더 나은 통신 인프라가 필요하다고 볼 수밖에 없지요. 결국 5G의 이론적 기술 수준을 얼마만큼 구현하는가도 중요한 요건입니다.

주목할 만한 것은 미디어 산업, 그중에서도 스포츠 미디어입니다. 지금까지 TV 스포츠 중계는 일방적인 주입식이었는데 이걸 바꿀 수 있습니다. 예를 들어 야구 중계를 보다가 투수와 타자 모습이 아니라 3루수가 궁금하다면 자신이 직접 영상을 이동해 3루수에 포커스를 맞출 수 있지요. 한마디로 시청자가 실시간으로 영상을 조정하는 것입니다.

여기에다 5G를 도입하면 3D 영상을 실시간으로 스트리밍을 받는 새로운 변화가 생깁니다. 가수들이 노래하는 모습도 여러 멤버 중 자신이 관심이 가는 사람만 집중해서 볼 수 있습니다. 저는 이것을 '초맞춤화'라고 부릅니다.

물론 5G 자체가 완전히 새로운 세상을 열어놓을 것이라는 광고문구 같은 발언은 지양해야 합니다. 다만 현재 4G 환경에 비해 압도적으로 고도화하는 부분은 분명 있을 겁니다. 문제는 이것을 새로운 서비스 개발에 어떻게 활용하느냐에 있습니다.

05

기술,
AI와 자율주행자동차 그리고 로봇

| 이재호 |

코로나19가 만든 중요한 변화 중에 비대면untact이라는 키워드가 있다. 일상에서 물리적 만남이 크게 줄어들면서 온라인상에서 서로를 연결해 주는 다양한 서비스가 급속하게 확대되고 있다. 전자상거래를 통한 온라인 쇼핑이 크게 증가했고 대면회의 대신 화상회의가 보편화됐다. SNS 사용이 늘어나고 영화관 대신 온라인 동영상 서비스로 영화를 보는 문화가 생겼다.

비대면 라이프는 코로나가 진정된 이후에도 생활의 새로운 방식으로 계속 이어질 것으로 전망한다. 이에 따라 더욱 엄청난 양의 데이터가 온라인상에 축적된다. AI의 한 방법인 머신러닝을 위한 좋은 재료가 늘어나는 것이다. 온라인상의 빅데이터를 통해 개인의 선호를 정확하게 파악한 다양한 맞춤형 서비스가 대거 등장할 것이다.

비대면 트렌드는 자율주행자동차와 로봇의 발전도 가속화할 전망이다. 코로나19의 진원지인 중국에서는 방역과 물품 배송을 위한 무인 자율주행자동차가 등장해 전 세계의 눈길을 끌었다. 팬데믹이라는 극한 상황에서 사람이 직접 하기 힘든 일을 자율주행차가 대신해 주는 모습은 많은 사람의 뇌리에 깊이 각인되었다.

한편 수많은 작업자가 밀집해 일해야 했던 제조공장에서도 무인 자동화의 비율이 높아질 것이다. 감염병 걱정 없는 산업용 로봇 도입이 확대되고 이어서 우리가 생활 속에서 만나는 서비스 로봇 수요도 크게 증가할 것이다.

코로나19 방역 작업 중인 중국 스타트업 네오릭스[Neolix]의 자율주행로봇

자료: 네오릭스 웹사이트(http://www.neolix.cn)

■ 인공지능 대중화의 시대 ■

영국 드라마 〈블랙 미러Black Mirror〉는 과학 기술이 발전하면서 가까운 미래에 인류의 삶이 어떻게 변화할지 다룬 옴니버스 작품이다. 그중 시즌2의 첫 에피소드인 '곧 돌아올게Be Right Back'는 교통사고로 사망한 연인을 복제인간으로 되살린다는 얘기로 복제 과정이 상당히 인상 깊다. 그것은 바로 AI의 한 방법인 머신러닝을 통해서다.

연인 애시가 교통사고로 사망한 뒤 슬픔에 잠겨 있던 주인공 마사는 죽은 사람과 대화하게 해주는 서비스를 우연히 알게 된다. 죽은 애시가 생전에 인터넷에 올린 각종 글과 대화를 머신러닝으로 학습해 새로운 인격체를 만들어내는 서비스다. 놀랍게도 이 애플리케이션은 애시의 생전 말투와 농담까지 정확히 구현해낸다. 이제 마사는 카카오톡이나 페이스북 메신저로 누군가와 대화하듯 죽은 애시와 매일 대화를 나눈다. 여기에 추가로 돈을 지불하자 음성 대화가 가능하고 심지어 움직이는 로봇 형태의 애시가 등장한다. 마사는 로봇이 진짜 애시가 아님을 알지만 AI 로봇에 점점 빠져든다.

최근 한국에서도 비슷한 시도가 있었는데 이번에는 공상과학 드라마 속이 아닌 실제 이야기다. 2020년 2월 MBC는 휴먼다큐멘터리 〈너를 만났다〉에서 3년 전 혈액암으로 갑자기 세상을 떠난 나연이를 AI와 가상현실로 다시 만나는 과정을 영상에 담았다. 제작진에 따르면 나연이의 생전 모습을 구현하기 위해 모션 캡처, AI 음성인식, 딥러닝(인공신경망 기반 머신러닝) 등 다양한 최신 기술을 사용했다고 한다. 남은 사진과 동영상 속의 외모, 목소리, 말투, 행동 등을 머신러닝 데이터, 즉 재료로 사용했다. 방송을 본 시청자의 관심은 뜨거웠다. 아마 멀게만 느껴졌던 AI가 우리 삶으로 한 발 가까이 다가온 느낌이었을 것이다.

디지털 전환의 핵심 AI, 생활을 바꾸다

전문가들은 디지털 전환에서 가장 중요한 핵심 기술로 AI를 꼽는다. 2016년 세상을 깜짝 놀라게 한 구글 알파고와 이세돌 9단의 대국 이후 전 세계 많은 사람들이 AI, 특히 머신러닝에 열광하고 있다. 각국 정부와 기업은 앞 다퉈 AI를 국가의 미래전략 기술로 설정했고[1], AI를 활용한 서비스를 속속 출시하고 있다.

AI의 여러 기법 중에서도 머신러닝은 이미 많은 분야에 적용하고 있다. 적어도 기초 머신러닝 분야에서는 'AI 대중화'가 시작되었다고 할 수 있다. 과거에는 인간이 일일이 연산규칙을 정해주는 전문가 시스템이 AI 연구의 주류였다. 반면 지금은 데이터를 주면 기계가 직접 학습해서 스스로 문제를 해결하는 머신러닝이 큰 인기를 끌고 있다. 하루에도 엄청나게 쏟아져 나오는 언론기사와 SNS 글, 스마트폰이나 각종 센서에서 들어오는 방대한 양의 데이터가 머신러닝의 좋은 재료다.

넷플릭스, 왓챠를 비롯한 온라인 동영상 서비스는 사용자의 과거 선택을 머신러닝으로 학습해 그가 좋아할 만한 콘텐츠를 우선적으로 추천해준다. 음악 감상과 도서 서비스도 비슷한 기법을 활용하고 있고 온라인 쇼핑도 마찬가지다. 사용자의 구매와 검색 패턴은 물론 심지어 마우스 스크롤 움직임까지 잡아내 소비자가 원하는 상품을 추천해주

넷플릭스 스크린 이미지

주: 빅데이터와 AI 기술로 메인 화면에 개인별 선호를 반영한 콘텐츠를 우선적으로 보여준다.
자료: 넷플릭스 웹사이트(https://www.netflix.com)

기도 한다. 머신러닝으로 디지털 전환의 핵심인 초맞춤화를 실현하고 있는 셈이다.

우버나 카카오 T 같은 모빌리티 플랫폼도 방대한 양의 이동 수요와 공급 데이터를 머신러닝의 재료로 사용해 최적의 이동을 만들어낸다. 특히 이동 수요가 많은 시간과 장소에서는 서비스 요금을 단계적으로 인상해 시장에 공급이 늘어나도록 유도한다. 내비게이션이 길을 안내할 때도 도로에서 수집하는 수많은 이동 정보를 바탕으로 경로를 생성하고 소요시간을 예측한다.

기업과 정부가 소비자나 정책수요자의 트렌드를 조사할 때도 텍스트마이닝을 사용하는 경우가 많다. 안면인식 보안, 통역과 번역, 소비

카카오 T 대리의 동적 요금산정 관리 화면

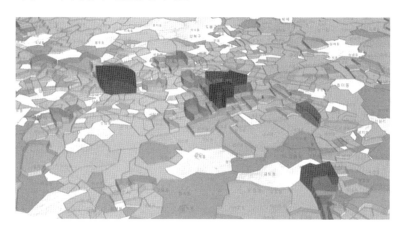

주: 지역별 대리운전 수요자와 공급자 수를 바탕으로 양자를 모두 만족시킬 수 있는 최적 요금을 산정한다.
자료: 카카오모빌리티

자 상담 챗봇, 스마트팩토리의 생산 최적화, 각종 로봇, 자율주행자동차에도 머신러닝과 딥러닝 기반 기술을 사용한다. 보건의료 분야에서의 활용도 확대되고 있다. 2020년 전 세계를 강타한 코로나19 사태와 관련해 감염병 예측과 치료제 개발에도 머신러닝을 활용했다. 앞으로 1~2년 내에 머신러닝을 활용하지 않는 곳을 찾기가 더 어려울 정도로 AI는 우리 삶의 일부가 될 것이다.

더구나 지금은 코드를 전혀 만들 줄 몰라도 튜토리얼대로 실행하면 간단한 머신러닝 분석이 가능한 도구가 많이 나와 있다. 운전자가 자동차 내부의 공학 메커니즘을 몰라도 상관없듯 머신러닝을 활용하는 사람이 내부의 복잡한 과정을 몰라도 결과물을 만들어낼 수 있다. 기본 데이터과학과 머신러닝은 몇 년 내에 직장인이면 누구나 할 줄 아는 기초 역량으로 발전할 가능성이 크다. 현재 컴퓨터 전문가가 아니어도 누구나 워드로 문서 작업을 하고 엑셀로 수치 계산을 하듯 말이다.

AI는 언제 인간을 따라잡을까

많은 사람이 AI가 안겨줄 미래의 편리함에 기대를 걸고 AI 관련 사업 기회에도 큰 관심을 보이고 있다. 그러나 다른 한편으로 두려운 마음이 있는 것도 사실이다. 특히 AI 때문에 일자리가 위협받지 않을지 걱정하는 사람이 많다. 이를 반영하듯 AI 시대에 대체 불가능한 직업을 선택하려면 어떻게 해야 하는지를 다룬 책이 불티나게 팔리기도 한다.

사실 AI가 언제 인간 수준에 도달할지는 아무도 정확히 알 수 없다. 다만 전문가들의 의견을 종합해 대략 시기를 상상해볼 뿐이다. 2018년 옥스퍼드대학교와 예일대학교의 AI 연구진이 관련 분야 전문가들을 대상으로 기계가 인간의 능력을 따라잡는 시기가 언제일지 분야별로 전망한 논문을 발표했다. 학술대회에 참가한 전문가들을 대상으로 설문조사를 실시해 그 결과의 중간값을 산출한 것이다.

이 논문은 2019년 컴퓨터가 포커 월드시리즈에서 우승할 수준에 도달한다고 전망했고 그 예상은 정확히 맞아떨어졌다. 카네기멜론대학교와 페이스북이 공동 개발한 AI 시스템 플러리버스Pluribus는 2019년 7월 세계 최고의 포커 선수들과 겨뤄 우승을 차지했다. 인간 대표에는 월드포커 투어 최다 타이틀을 보유한 다렌 엘리아스Darren Elias와 포커 월드시리즈에서 상을 받았던 크리스 퍼거슨Chris Ferguson도 있었다.[2,3] 2021년

기계가 인간의 수준에 도달하는 시기

기능	시기	기능	시기
포커 월드시리즈 우승	2019년	게임에서 자기가 실행한 조작 설명하기	2026년
앵그리버드 게임	2019년	40위 안에 들어갈 대중가요 작곡	2027년
빨래 개기	2021년	트럭 운전	2027년
스타크래프트 게임	2022년	도시에서 5킬로미터 달리기	2028년
음성을 문자로 변환하기	2024년	소매 판매	2031년
아마추어 수준 번역	2024년	〈뉴욕 타임스〉 베스트셀러 저술	2049년
텔레뱅킹 상담	2024년	외과의사	2053년
레고 조립	2024년	수학 연구	2060년
소리 내어 책 읽기(문자→음성 변환)	2025년	AI 연구	2104년
고등학교 수준 작문	2026년	모든 노동의 완전 자동화	2140년

주: 전문가 설문 결과 중간값

자료: Grace, K., Salvatier, J., Dafoe, A., Zhang, B., and Evans, O.(2018), "When Will AI Exceed Human Performance? Evidence from AI Experts", Journal of Artificial Intelligence Research, 62, pp. 729–754

에는 어렵다고 알려진 빨래 개기도 기계가 인간보다 잘할 거라니 기대해보겠다.

AI 시장, 본격적으로 열리다

AI 관련 시장은 앞으로 급속히 커질 전망이다. 글로벌 리서치업체 스태티스타Statista는 전 세계 AI 소프트웨어 시장이 2018년 95억 달러에서 연평균 43%씩 성장해 2021년 349억 달러, 2025년 1,186억 달러에 이를 것으로 전망했다. 또 다른 리서치업체 가트너Gartner는 AI 관련 비즈니스 규모가 2021년 3.3조 달러, 2025년 5.1조 달러까지 확대될

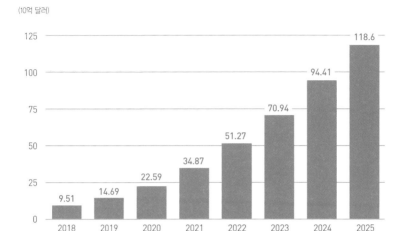

전 세계 AI 소프트웨어 시장 전망

(10억 달러)

- 2018: 9.51
- 2019: 14.69
- 2020: 22.59
- 2021: 34.87
- 2022: 51.27
- 2023: 70.94
- 2024: 94.41
- 2025: 118.6

자료: Statista 웹사이트(https://www.statista.com)

것으로 예측했다. 각국 정부와 기업이 AI에 집중할 수밖에 없는 이유가 여기에 있다.

AI 기술은 일률적으로 누가 잘하고 누가 못한다고 말하기가 어렵다. 일반적으로 데이터 관련 규제가 상대적으로 느슨한 국가가 기술에서 앞서 있다고 본다. CB 인사이츠CB Insights가 2020년 3월 발표한 AI 분야 100대 스타트업을 보면 미국이 65개로 가장 많고 캐나다와 영국이 각각 8개, 중국이 6개로 그 뒤를 잇는다. 불행히도 한국 스타트업은 찾아볼 수 없었다.[4] 전문가들의 의견을 종합해 봐도 AI에서 가장 뛰어난 기술을 보유한 국가는 미국과 중국이다.

조금 늦긴 했지만 한국 정부도 AI 육성을 위해 노력하고 있다. 정부는

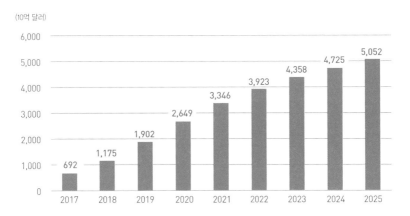

AI 관련 글로벌 비즈니스 가치 전망

(10억 달러)

- 2017: 692
- 2018: 1,175
- 2019: 1,902
- 2020: 2,649
- 2021: 3,346
- 2022: 3,923
- 2023: 4,358
- 2024: 4,725
- 2025: 5,052

자료: Gartner(2018.3.), 〈Forecast: The Business Value of Artificial Intelligence, Worldwide〉

2019년 12월 IT 강국을 넘어 AI 강국이 되겠다는 비전 아래 3대 분야, 9대 전략, 100대 실행과제를 담은 〈AI 국가전략〉을 발표했다. 2020년 1월에는 소위 '데이터 3법'이라 불리는 개인정보보호법, 정보통신망 이용 촉진 및 정보보호 등에 관한 법률, 신용정보의 이용 및 보호에 관한 법률 개정안이 통과되었다. 머신러닝의 재료인 데이터를 회사 울타리를 넘어 산업에서 활용할 근거를 마련한 것이다.

OECD는 2019년 5월 각료이사회에서 AI가 추구해야 할 여러 가치를 담은 〈OECD 인공지능 이사회 권고안〉을 회원국 만장일치로 채택했다. 이 권고안은 AI의 위험성 제거를 위해 AI가 만들어낸 결과에 대응할 수 있어야 하고 AI 보안을 강화해야 한다는 내용을 담고 있다. 또한 AI 시스템이 투명성과 책임성을 담보해 AI가 만들어낸 결과를 인간

한국 정부의 AI 국가전략 비전 체계도

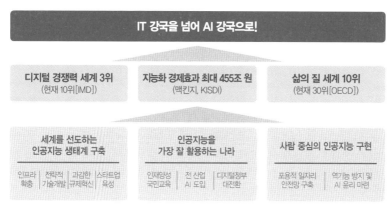

자료: 관계부처 합동(2019.12.), 〈AI 국가전략〉

이 통제할 수 있어야 한다는 내용도 포함했다.[5] 이 권고안은 국제사회가 공동으로 내놓은 첫 AI 원칙이라는 점에서 주목을 받고 있다.

■ 자율주행자동차, 상상에서 현실로[6] ■

매년 1월 미국 라스베이거스에서는 미래 제품과 기술 경연의 장으로 널리 알려진 국제전자제품박람회CES가 열린다. 한국은 2020년 CES에 미국, 중국에 이어 세 번째로 많은 390개 기업이 참가했다. 한국인 방문객도 1만여 명으로 미국, 중국에 이어 세 번째로 많은 것으로 알려졌다.

원래 가전제품 전시 중심이던 CES는 2010년대 들어 정보통신 기술과 융합해 그 영역이 다양해졌고 최근에는 '모빌리티'가 핵심 테마로 자리를 잡았다. 사실 자동차 분야에는 세계적으로 유명한 박람회가 따로 있다. 사람들은 대개 100년 이상의 역사를 자랑하는 독일 프랑크푸르트 모터쇼, 스위스 제네바 모터쇼, 미국 디트로이트 모터쇼를 세계 3대 자동차 박람회로 꼽는다. 그런데 최근 자동차기업들은 이러한 전통 모터쇼보다 CES에 더 공을 들인다. ICT와의 융합으로 자동차 산업에 거대한 패러다임 변화가 생기면서 CES를 기술 경연의 장으로 더욱 중요하게 인식하게 되었다.

2020년 CES의 주인공도 역시 모빌리티였고 자율주행자동차, 전기자동차, 모빌리티 서비스 중심으로 다양한 전시가 이뤄졌다. 현대자동차는 '하늘을 나는 도심항공모빌리티 UAM' 서비스를 선보여 큰 인기를

현대자동차가 CES 2020에서 선보인 도심항공모빌리티 S-A1

자료: HMG TV(2020.1.9.), 〈CES 2020 Hyundai 실물 공개 UAM S-A1〉

끌었고 토요타는 '우븐 시티 Woven City'라는 스마트시티를 공개해 모빌리티를 포함한 인간 삶의 모든 영역이 ICT와 결합한 미래 청사진을 선보였다. 전자제품 업체로만 알려졌던 소니도 처음 전기자동차를 선보여 눈길을 끌었다.

자율주행자동차의 상용화

CES에서 사람들이 가장 관심을 보인 것은 역시 자율주행 기술이다. 자율주행은 자동화 정도에 따라 여러 단계로 나뉘는데 요즘 폭넓게 통용되는 것은 국제자동차공학회 Society of Automotive Engineers International, SAEI 의 기준이다. 현재 기술 수준은 선도업체의 경우 이미 3단계에서 4단계 초기까지 왔다는 평가를 받는다. 3단계에서는 모든 운전활동을 자율주행차가 담당하고 비상시에만 운전자가 개입한다. 4단계에서는 지정한 조건에서 운전자 개입 없이 모든 운전활동을 시스템이 담당한다.

많은 사람이 자율주행자동차를 먼 미래의 일로 생각하지만 실은 우리 곁에 가까이 와 있다. 구글 자회사 웨이모 Waymo는 2018년 12월 미국 애리조나 피닉스에서 세계 최초로 상용화한 자율주행택시 서비스를 시작했다. 웨이모의 자율주행택시 차체는 크라이슬러의 미니밴 퍼시피카를 개조한 모델이고, 요금은 승차공유 서비스 업체 리프트 Lyft와 비슷한 수준이다. 당분간 응급상황에 대비해 운전석에 사람이 탑승하지만 실제 운전은 하지 않는다.

2020년 CES 기간에는 앱티브 Aptiv가 리프트와 함께 관람객들에게 자율주행택시 서비스를 제공했다. 직접 타본 사람들에 따르면 실제로

국제자동차공학회의 자율주행 단계 구분

단계	구분	자율주행 시스템의 역할	조향, 가속·감속	주변환경 감지	돌발상황 대응	자율주행 모드
0	비자동화	알림, 경고 수준	운전자	운전자	운전자	없음
1	운전보조	조향 또는 가속·감속 중 하나를 자동 실행	운전자 시스템	운전자	운전자	운전자 가 켤 때
2	부분 자동화	조향·가속·감속을 동시에 자동 실행	시스템	운전자	운전자	운전자 가 켤 때
3	조건부 자동화	모든 운전활동 담당, 비상시에만 운전자가 개입	시스템	시스템	운전자	운전자 가 켤 때
4	고도 자동화	모든 운전활동 담당, 비상시에도 운전자가 개입하지 않음	시스템	시스템	시스템	운전자 가 켤 때
5	완전 자동화	자율주행 모드를 켤 필요 없이 항상 모든 운전활동 담당	시스템	시스템	시스템	항상

자료: Society of Automotive Engineers International(2014.1.),
〈Taxonomy and Definitions for Terms Related to On-Road Motor Vehicle Automated Driving Systems〉

사람이 운전하는 것과 거의 차이를 느끼지 못할 정도로 운전 실력이 뛰어났다고 한다. 한편 GM의 자회사 크루즈Cruise도 2020년 2월 자율주행자동차 크루즈 오리진Cruise Origin을 공개했다. 이것은 승차공유 서비스용 자동차로 셔틀 형태이며 운전대와 가속·감속 페달 없이 실내 공간을 공유 서비스에 적합하게 설계했다.

아직 한국에서는 자율주행 기술을 경험할 기회가 많지 않다. 최근 인기를 끌고 있는 테슬라의 오토파일럿 기능으로 부분적으로나마 자율주행을 체험할 수는 있다. 테슬라는 다소 불완전한 형태지만 상황에 따라 자율주행이 가능한 기술을 장착하고 있다. 핸들에서 손을 떼고 잠을 자는 상태로 주행하는 영상이 유튜브에 올라오기도 했는데 이는 절대해서는 안 될 행동이긴 해도 기술이 꽤 성숙했음을 보여준다. 반자율주행 기능을 탑재한 현대자동차의 제네시스 G80, GV80에서도 고속도로나 자동차전용도로에서 부분적으로 자율주행을 경험해볼 수 있다.

자동차기업 vs. IT서비스기업

자율주행자동차는 거대한 AI 시스템으로 여기에 적용하는 기술은 크게 인지, 판단, 제어 영역으로 나뉜다. 우선 인지 기술은 GPS를 이용한 거시적 위치인식과 카메라, 레이더, 라이다LiDAR 등 센서를 활용한 미시적 주행상황 인식으로 구성된다. 사람의 눈과 귀처럼 감각기관에 해당하는 기능이다. 판단 기술은 다양한 센서로 수집한 정보를 바탕으로 주행경로를 생성하는 기능이다. 다른 차량이나 교통 제어장치, 보행자, 장애물을 만났을 때 순간적으로 어떻게 반응할지 결정하는 역할도 한다. 사람으로 치면 두뇌에 해당한다. 제어 기술은 자율주행 시스템이 판단한 결과에 따라 실제 자동차를 움직이는 역할을 한다. 사람의 손과 발에 해당하는 기능이다. 인지나 판단에서 잘못된 정보가 들어왔을 때 이를 스스로 빠르게 안정화하는 것도 제어 기술에 속한다.

기업들의 자율주행 기술 수준을 일률적 기준으로 판단하는 것은 어려운 일이다. 다만 몇몇 리서치 기관이나 언론에서 발표하는 내용을 토대로 추정해볼 수는 있다. 내비건트 리서치Navigant Research가 2020년 3월 발표한 기업별 자율주행 기술 순위를 보면 구글 웨이모가 1위로 가장 앞서 있다. 포드, GM 크루즈가 그 뒤를 따르고 있고, 최근 현대와 제휴한 앱티브도 6위에 올라있다. 순위표를 보면 전통 완성차기업 외에 정

기업별 자율주행 기술 수준 평가

순위	기업	순위	기업
1	구글 웨이모	6	앱티브−현대
2	포드	7	폭스바겐
3	GM 크루즈	8	얀덱스
4	바이두	9	죽스
5	인텔−모빌아이	10	다임러−보쉬

자료: Navigant Research(2020.3.), 〈Navigant Research Leaderboard: Automated Driving Vehicles〉

보통신 기반 기업도 상위권에 다수 포진하고 있음을 알 수 있다. 구글 웨이모, 바이두, 인텔−모빌아이, 얀덱스, 죽스 등이 목록에 올랐고 순위에는 없지만 엔비디아, NTT, 마이크로소프트 등도 완성차 업체와 협력해 자율주행 시대 리더로 올라서기 위해 노력하고 있다.

자율주행 시대를 준비하다

자율주행자동차는 아직 양산 단계가 아니라서 시장을 전망하기엔 이르며 예측하는 기관마다 전망치도 크게 다르다. 그러나 장기적으로 시장이 대폭 확대될 거라는 데는 이견이 없다. 글로벌 리서치 기관 IHS는 2040년 연간 3,300만 대의 자율주행차가 시장에 나올 것으로 전망한다.[7] 현재 전 세계 자동차 시장 규모는 9천만 대 정도인데 이 추세가 바뀌지 않는다면 2040년에는 전체 신차의 3분의 1이 자율주행차로 출시된다는 얘기다.

OECD 산하 국제교통포럼 ITF 은 일찍부터 자율주행자동차 시대에 대비해 여러 정책 가이드라인을 제시해왔다. 우선 자율주행차의 확산을 가로막는 장애 요인을 분석하고 이를 해결하기 위한 해법을 마련했다. 자율주행차의 사회적 수용성을 높이는 방안, 기존 자동차와 공존하는 과도기에 발생할 문제를 완화할 수 있는 정책도 제시했다. 또한 국제표준화기구ISO도 자율주행차와 관련해 표준을 마련하기 위해 바쁘게 움직이고 있다. 이들은 자율주행차에 필요한 정밀지도, 차량 제어, 차량 내 통신과 차량 간 통신 분야에서 국제 표준을 만들고 있다. 본격 자율주행 시대를 위한 국제사회 공조가 발 빠르게 이뤄지고 있는 것이다.

한국도 2020년 5월부터 '자율주행차 상용화 촉진 및 지원에 관한 법률'을 시행한다. 지금까지 한국에서 자율주행차는 임시허가를 받아 연구개발 목적으로만 운행했다. 2020년 4월 말 기준 약 90대의 자동차가 임시운행허가를 받아 자율주행 기술 연구에 투입되고 있다. 하지만 새로운 법은 연구개발이 아닌 상용 서비스를 전제로 한다. 비록 제한적 형태지만 빠르면 2020년 말 또는 2021년 초 돈을 내고 자율주행 셔틀이나 택시 서비스를 이용하는 일이 한국에서도 가능할 것으로 보인다.

■ 로봇, 공장을 나와 생활 속으로[8] ■

인공지능과 결합해 우리의 일상을 바꿀 또 하나의 기술은 로봇이다. 코로나19 사태를 겪으면서 팬데믹 상황에서 로봇의 활용성이 매우 높다는 것이 확인되었다. 관심과 경험은 수요를 만들고 수요는 투자를 이끌어낸다. 2021년은 로봇 중에서도 우리가 생활 속에서 만나는 서비스 로봇 확산에 중요한 한 해가 될 전망이다.

로봇이란 단어에는 인간을 대신해 노동을 해주는 '노예'라는 의미가 담겨 있다. 이는 1920년 체코 극작가 카렐 차페크Karel Capek가 희곡 〈R.U.R. Rossum's Universal Robots〉에서 사용한 이후 전 세계에 널리 퍼진 용어다. 로봇은 이동 방법에 따라 크게 세 가지로 구분한다. 먼저 자동화 공장에서 사용하는 '로봇 팔' 같은 이동할 수 없는 고정형 로봇이 있다. 이동할 수 있는 로봇에는 바퀴형과 보행형이 있다. 하늘을 나는 드론이나 비행체도 넓은 의미에서 로봇에 속하는데 이것은 따로 플라잉 로봇으로 구분할 수 있다.

다양한 영역에서 활약하는 로봇들

지금까지 상용화한 로봇은 대부분 고정형 산업용으로 공장 안에 고정한 로봇 팔 형태로 조립을 담당해왔다. 자동차나 전기전자 기업은 오래전부터 산업용 로봇을 광범위하게 사용해왔다.

한국은 생산현장 로봇 도입에서 상당히 앞선 나라다. 국제로봇연맹IFR에 따르면 근로자 1만 명당 로봇 수를 의미하는 로봇 밀도에서 한국은 싱가포르에 이어 2위에 올라 있다. 큰 격차를 두고 독일, 일본, 스웨덴 등이 그 뒤를 따르고 있다. 코로나19로 인해 인력집약적 생산시설의 한계가 드러나면서 공장 자동화를 위한 산업용 로봇 도입은 더욱 확대될 전망이다.

기아자동차 공장에 설치된 현대로보틱스의 자동차조립용 로봇 팔

자료: 현대로보틱스

한편, 최근 로봇이 주목받는 이유는 생활과 밀접한 분야에서 바퀴형, 보행형 '서비스 로봇'이 확대되고 있기 때문이다. 이들 로봇은 물류, 의료, 청소, 재난구호 등 다양한 생활 분야에 쓰이고 있다. 물류 분야에서 가장 유명한 로봇은 아마존의 물류창고를 담당하는 키바 Kiva다. 아마존이 7.7억 달러에 인수한 키바는 AI 기반으로 창고 내에서 팔레트를 나르는 자동 로봇이다. 키바 덕분에 아마존은 물류창고 회전율을 5배나 높였고 공간 효율성도 크게 제고했다.

아마존의 스카우트 Scout 와 징동닷컴 JD.com 의 배송로봇도 실생활에 깊이 들어와 있다. 스카우트는 집 앞까지 배송해주는 로봇으로 2019년

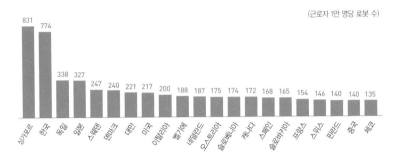

국가별 산업용 로봇 밀도

(근로자 1만 명당 로봇 수)

831 774 338 327 247 240 221 217 200 188 187 175 174 172 168 165 154 146 140 140 135

싱가포르 한국 독일 일본 스웨덴 덴마크 대만 미국 이탈리아 벨기에 네덜란드 오스트리아 슬로베니아 캐나다 스페인 슬로바키아 프랑스 스위스 핀란드 중국 체코

주: 2018년 기준. 한국은 오랜 기간 1위를 유지해왔으나 2018년 싱가포르에 그 자리를 내주었다.
자료: International Federation of Robotics(2019.9.), 〈WR 2019 Industrial Robots〉

8월 캘리포니아 어바인에서 상용 서비스에 들어갔다. 최근에는 '배달의민족'으로 유명한 우아한형제들도 서빙로봇 딜리Dilly를 내놓고 시범 서비스에 들어갔다. 음식을 배달할 때 라이더는 건물 앞까지만 가져오고 건물 안에서는 딜리가 승강기를 타고 사무실 안까지 배송한다. 이 바퀴형 로봇은 계단을 오르거나 둔덕을 넘기는 힘들지만 평지 환경에서는 꽤 유용하게 쓰이고 있다.

이번 코로나19 사태 때 중국 스타트업 네오릭스가 방역용으로 선보인 자율주행 로봇도 기본적으로 배송용 로봇이다. 기본 플랫폼은 동일하게 유지한 채 상단의 구성을 바꿔 배송, 방역, 자판기 등 다양한 용도로 사용할 수 있다. 네오릭스의 로봇은 실제 3만 달러의 가격에 시장에서 판매 중이다.

한편 서비스 로봇의 또 다른 형태인 의료용 로봇에는 크게 수술용 로봇과 장애인용 보조로봇이 있다. 수술용 로봇 분야에서는 GE와 지멘스가 오랫동안 강자로 군림해왔으나 최근에는 인튜이티브 서지컬Intuitive Surgical의 다빈치da Vinci가 수술용 로봇 시장을 석권하고 있다. 다빈치는 최소침습 수술을 가능하게 하는데 이는 몸에 최소한의 구멍을 뚫고 로봇 팔을 넣어 수술하는 방식이다. 불의의 사고로 신체의 일부를 잃은 장애인을 위한 의족과 의수 로봇도 최근 기술이 비약적으로 발전해 그 활용성이 점차 확대되고 있다.

청소로봇도 우리의 생활 속에 들어온 대표적인 로봇이다. 최초의 로봇 청소기는 2000년대 초반 일렉트로룩스가 출시한 트릴로바이트Trilobite와 아이로봇의 룸바Roomba다. 로봇 청소기라는 이름에 걸맞게 단순히 왔다 갔다 하며 청소하는 게 아니라 실내 맵핑과 내비게이션을 이용해 장소별로 최적의 청소 서비스를 제공한다. 이후 삼성전자, LG전자, 샤오미도 로봇 청소기를 출시했고 현재 이 시장은 여러 회사의 각축장이 되었다. 최근에는 인공지능 스피커와 연결해 음성명령이 가능한 모델도 등장했다.

재난용 로봇 역시 우리에게 큰 도움을 주고 있다. 지진, 쓰나미, 산불 같은 자연재해가 일어나거나 폭탄 테러가 발생한 현장에는 사람이 직접 들어가기가 쉽지 않다. 이때 유용하게 사용할 수 있는 것이 재난용 로봇이다. 로봇은 현장에서 산불을 진화하고 사람들을 구조하기도 한다. 2011년 일본은 후쿠시마 원전 사고에 로봇을 투입해 관심을 끌었다. 결과적으로 큰 도움은 되지 않았지만 말이다.

2013년 구글이 인수했다가 2017년 다시 소프트뱅크에 넘어간 보스턴 다이내믹스는 빅 독Big Dog을 시작으로 리틀 독Little Dog, 치타Cheetah, 스팟Spot 등 여러 사족보행 로봇을 공개했고 인간과 흡사한 이족보행 로봇 아틀라스Atlas도 개발했다. 한때 동물과 흡사한 운동 능력을 갖춘 이 회사의 사족보행 로봇 동영상이 큰 인기를 끌기도 했다.

보스턴 다이내믹스의 이족보행 로봇 아틀라스

자료: Boston Dynamics

사족보행 로봇은 무거운 짐을 들거나 상부에 팔을 붙여 여러 가지 작업을 수행한다. 또한 사람이 개입하지 않고 혼자 지정한 장소를 찾아가거나 계단을 오를 수 있으며 군사용으로도 사용이 가능하다. 스팟의 경우 2019년 9월부터 일반 소비자에게 판매하고 있다.

서비스 로봇의 미래

로봇은 AI뿐 아니라 센서, 제어, 배터리 기술 같은 첨단 기술 집합체다. 가볍고 단단한 몸체를 만들기 위한 소재 기술도 중요하고 소형이지만 강력한 힘을 내는 서보모터와 로봇에 특화한 정교한 감속기도 필요하다. 여기에다 5G 통신과 결합하면 초저지연으로 원격조종도 할 수 있다. 한마디로 전기공학, 전자공학, 기계공학, 컴퓨터공학, 재료공학의 최신 기술을 모두 융합해야 비로소 상용 로봇 서비스가 가능하다. 미국, 중국, 독일, 일본은 국가 차원에서 로봇 기술을 육성하고자 많은 노력을 기울이고 있다. 한국도 2019년 8월 〈제3차 지능형 로봇 기본 계획〉을 발표하고 로봇 산업 글로벌 4대 강국이라는 비전을 설정했다. 이를 뒷받침하기 위해 한국 정부는 렌털과 리스 서비스 구매지원으로 서비스 로봇의 민간 확산을 유도하고 돌봄, 웨어러블, 의료, 물류를 4대 서비스 로봇 분야로 선정해 집중 지원하기로 했다.[9]

세계 로봇 시장, 특히 서비스 로봇 시장은 빠른 속도로 성장하고 있다. 리서치 기관 모도 인텔리전스Mordor Intelligence에 따르면 글로벌 서비스 로봇 시장은 2019년 144억 달러에서 연평균 25%씩 성장해 2025년 638억 달러에 이를 것이라고 한다.[10] 이제 로봇이 공장 문을 나와 우리 생활 속으로 들어오고 있다.

DEEP INSIDE

최근 코로나19가 전 세계를 공포에 휩싸이게 했는데요, 그 과정에서 인공지능을 활용한 전염병 예측 그리고 치료제 개발이 주목을 받기도 했습니다. 보건의료 분야에서 인공지능을 어떻게 활용하고 있는지 궁금합니다.

코로나19의 위험성을 가장 먼저 알린 회사는 캐나다의 AI 스타트업인 블루닷BlueDot입니다. 이 회사가 고객들에게 바이러스 경보를 보낸 것은 2019년 12월 31일로 세계보건기구보다 열흘이나 앞섰습니다. 블루닷은 캄란 칸Kamran Khan이라는 의사가 설립했습니다. 2003년 사스SARS로 수많은 사람이 목숨을 잃자 그는 자연어 처리와 머신러닝 기반으로 감염병의 국제 확산을 예측하는 시스템을 개발했습니다. 이들의 인공지능 시스템은 2014년 에볼라 바이러스, 2016년 지카 바이러스 확산도 정확히 예측했지요.

한편 영국의 인공지능기업인 베네볼런트 AIBenevolent AI는 머신러닝을 이용해 유명 제약사 일라이 릴리Eli Lilly의 '올루미언트Olumiant'가 코로나19 치료에 효과적일 것이라고 예측하기도 했습니다. 올루미언트는 류머티즘 관절염 치료제입니다. 코로나19는 신종 바이러스라 당장 치료할 약이 없습니다. 대신 기존에 시판하는 약품 중에 효과를 보일 만한 약을 예측한 것입니다. 물론 의학 전문가들은 이 약을 코로나19 환자에게 처방하는 것에 회의적인 입장을 보였습니다. 아무튼 인공지능이 예측을 한다는 것 자체가 우리에게는 놀라운 일입니다.

보건의료 분야도 오래전부터 인공지능을 활용해왔습니다. 특히 진단 분야에서는 IBM의 '왓슨Watson'이 유명합니다. 최근 그 효용성에 회의적인 시각도 있지만 직장암이나 비전이성 유방암 진단에 상당 수준의 정확성을 보이고 있습니다. 왓슨에 대응해 한국의 아산병원과 과학기술정보통신부는 최근 '닥터앤서'라는 인공지능 기반 정밀의료 솔루션을 개발해 선보이기도 했습니다.

신약 개발에도 인공지능을 활용하는 경우가 많습니다. 2020년 초 영국의 스타트업 엑사이언티아Exscientia와 일본 제약회사 다이닛폰스미토모제약Dainippon Sumitomo Pharma은 인공지능으로 강박장애 치료제를 개발해 임상 1단계에 들어갔다고 밝혔습니다. 인공지능이 개발한 신약이 임상시험에 들어간 것은 처음 있는 일이었죠. 보건의료와 인공지능의 결합은 아직 초기 단계지만 앞으로 급격하게 확대될 것으로 보입니다. 각국 정부와 기업의 투자도 크게 증가하고 있어 매우 유망한 분야라고 할 수 있습니다.

2020년 1월 소위 데이터 3법이라 불리는 개인정보보호법, 정보통신망 이용촉진 및 정보보호 등에 관한 법률, 신용정보의 이용 및 보호에 관한 법률 개정안이 통과되었습니다. 이제 인공지능과 데이터 관련 신사업이 대대적으로 출현할까요?

그동안 정보통신 서비스 기업들은 사업 과정에서 취득한 데이터를 다루는 데 상당히 보수적이었습니다. 외부 기업과 협력해 신사업을 추진하는 일에 데이터를 적극 활용하기보다 회사 내에서 기존 서비스를 고도화하는 정도로만 사용했지요.

데이터 3법 개정을 둘러싸고 데이터 경제 시대로 가는 중요한 전환점이라며 크게 기대하고 있는 분들이 많지만 단기적으로 갑자기 큰 변화가 생기지는 않을 겁니다. 다만 2020년 후반부터 2021년까지 이를 활용한 새로운 서비스가 하나, 둘 등장하기는 할 것입니다. 소위 간을 보는 시기라고 할 수 있죠. 이 기간을 1~2년 거쳐 별다른 문제가 발생하지 않는 것을 확인하면 이후 새로운 서비스가 봇물 터지듯 쏟아질 가능성이 큽니다.

개정 법률안의 핵심은 개인의 동의 없이 '가명정보'를 상업 목적에 활용할 수 있다는 것입니다. 가명정보란 개인의 민감한 정보를 암호화해 추가 정보가 없으면 특정 개인을 알아볼 수 없도록 처리한 정보를 말합니다. 예를 들어 어떤 금융상품에 가입할 때 우리는 많은 개인정보를 회사에 제공합니다. 이때 이름, 주민등록번호, 주소, 휴대전화번호 정보는 그 자체로 개인을 쉽게 특정할 수 있습니다. 따라서 외부 활용이 가능하려면 이를 암호화해야 합니다. 이렇게 암호화한 정보를 그 서비스 내에서 생성한 다른 정보와 결합해 다른 서비스, 다른 회사에서도 이를 상업 목적으로 이용할 수 있게 됩니다.

산업 분야별로는 정보통신, 금융, 유통, 헬스케어 등에서 새로운 서비스가 등장할 확률이 높습니다. 가장 먼저 서비스가 등장할 곳은 아무래도 금융 분야입니다. '신용정보의 이용 및 보호에 관한 법률'의 규제를 받던 핀테크나 테크핀 기업이 1차로 수혜를 볼 가능성이 큽니다 (일반적으로 핀테크는 기존 은행, 증권사, 카드사가 자사 서비스에 ICT를 도입하는 것이고 테크핀은 ICT기업이 독자 기술을 바탕으로 차별화한 금융 서비스를 만드는 것을 말한다). 가령 금융기업은 자사 내에 축적한 개인의 금융정보에 공공요금 납부, 온라인 쇼핑거래 등 다른 정보를 추가해 개인의 신용을 평가함으로써 대출 여부와 금리 수준을 정할 수 있습니다.

제도의 성패는 개인정보보호에 달려 있습니다. 법안은 가명정보와 암호화를 되돌려 개인의 신원을 식별하는 것을 금지하고 있습니다. 이를 어기는 기업은 전체 매출의 3%에 해당하는 과징금, 개인은 5년 이하의 징역이나 5천만 원 이하의 벌금에 처해집니다. 그런데 누군가가 작정하고 시간과 노력을 들이면 특정인을 재식별하는 것이 아예 불가능하지는 않습니다. 앞으로 보안 이슈가 어떤 식으로 전개될지 주의 깊게 지켜볼 필요가 있습니다.

여러 매체에서 AI 관련 인재가 턱없이 부족하다는 얘기를 많이 들었습니다. 구체적으로 4차 산업혁명 시대에 유망한 직업은 무엇일까요? 그리고 자녀를 위해 어떤 전공을 추천해주는 것이 좋을까요?

전공으로 따지자면 컴퓨터공학이나 통계학처럼 AI의 핵심 알고리즘을 배울 수 있는 학문이 당분간 인기를 끌 것입니다. 자신의 원래 전공과 컴퓨터공학을 연계한 각종 융합전공을 선택하는 것도 하나의 방법입니다. 그렇지만 5~10년 후에도 이들 학과가 계속 인기를 끌지는 잘 모르겠습니다. AI 기술 자체가 하나의 상품이 되어, 스스로 개발하지 않아도 얼마든지 활용 가능한 시대로 가고 있으니까요. 오히려 AI는 소수의 천재들만 필요로 하는 분야가 될 수도 있습니다.

참고로 한국고용정보원에서 펴낸 보고서 〈4차 산업혁명 미래 일자리 전망〉을 소개하겠습니다. 이 보고서가 제시한 유망 직업에는 사물인터넷 전문가, 인공지능 전문가, 빅데이터 전문가, 가상현실 전문가 등이 있습니다. 반면 위기 직업은 콜센터 요원, 생산과 제조 관련 단순 종사원, 의료진단 전문가 등입니다. 보고서 전문은 한국고용정보원 홈페이지에서 누구나 다운로드받을 수 있습니다.

4차 산업혁명 시대의 유망 직업 10선

순서	직업명	이유	관련 기술
1	사물인터넷 전문가	센서를 이용한 자료 수집, 저장, 통신 관련 인력 수요는 계속 증가할 예정.	무선통신, 프로그램 개발 등
2	인공지능 전문가	인간의 인지·학습·감성 방식을 모방하는 컴퓨터 구현 프로그램, 알고리즘 개발자 수요 많음.	인공지능, 딥러닝
3	빅데이터 전문가	금융·의료·공공·제조 등의 분야에서 비정형과 정형 데이터 분석으로 패턴 확인, 미래를 예측하는 인력을 많이 요구함.	빅데이터
4	가상(증강)현실 전문가	가상(증강)현실은 게임, 교육, 마케팅 등에 많이 쓰이며 가상현실 콘텐츠 기획·개발·운영에 인력이 많이 필요함.	가상(증강)현실
5	3D프린팅 전문가	3D프린터의 속도, 재료 문제를 해결하면 다양한 영역에서 3D프린팅을 위한 모델링 수요가 늘어날 것임.	3D프린팅
6	드론 전문가	드론의 적용 분야가 농약 살포, 재난 구조, 산불 감시, 영화 촬영, 기상 관측 등 다양해지고 있음.	드론
7	생명공학자	생명정보학, 유전자가위 등을 활용한 질병 치료와 신약·의료 기술이 등장하고 있음.	생명공학, IT

8	정보보호 전문가	사물인터넷, 모바일, 클라우드 시스템 확산으로 정보보호의 중요성이 더욱 커짐.	보안
9	응용소프트 웨어 개발자	온라인과 오프라인 연계, 다양한 산업과 ICT 융합으로 소프트웨어 개발 필요성이 증가함.	ICT
10	로봇공학자	스마트팩토리 확대를 위해 산업용 로봇이 더 필요함. 인공지능을 적용한 로봇이 교육, 판매, 엔터테인먼트, 개인 서비스 등에 더 많이 이용될 것임.	기계공학, 재료공학, 컴퓨터공학, 인공지능 등

4차 산업혁명 시대의 위기 직업 6선

순서	직업명	이유	관련 기술
1	콜센터 요원	고객 문의는 정형화되어 있어 인공지능으로 대체하기 용이함. 현재 많은 통신회사에서 콜센터 요원을 챗봇(인공지능의 일종)으로 바꾸고 있음.	인공지능, 빅데이터 분석
2	생산과 제조 관련 단순 종사원	스마트팩토리가 확산되면 제품 조립, 제품 운반, 불량품 검사 등을 산업용 로봇이나 인공지능으로 대체할 확률이 높음.	스마트팩토리
3	의료진단 전문가	수많은 이미지 데이터를 분석, 판독, 진단하는 일은 인공지능이 인간보다 더 잘함. 스마트폰과 웨어러블기기로 다양한 건강지수를 측정하는 것이 가능하고 이러한 기기로 의료진단 업무가 바뀔 수 있음.	의료기기, 헬스, 인공지능
4	금융사무원	금융권에서 비교적 단순 업무를 하거나 데이터에 의거해 의사결정을 하는 업무가 위기에 빠질 수 있음. 인공지능 로보어드바이저는 고객의 투자성향, 목표 등을 입력하면 투자분석가보다 시황을 더 정확하고 빠르게 분석해 조언할 수 있음.	핀테크, 빅데이터, 인공지능
5	창고작업원	무인 자동운반 시스템 도입으로 관련 일자리 감소는 피할 수 없는 현실. 다양한 증강현실 스마트글라스 등을 창고관리 업무에 도입하면서 창고작업원 인력도 감소할 것으로 예상.	사물인터넷, 센서 기술, 증강현실 기술 등
6	계산원	셀프주유소와 키오스크를 설치한 패스트푸드점, 카페, 마트 등 무인화 기술 개발이 계속 진척되면서 운영을 하는 곳이 늘어남.	디지털화, 핀테크

자료: 김동규 외(2018), 〈4차 산업혁명 미래 일자리 전망〉(내용 요약)

2020년 5월부터 '자율주행자동차 상용화 촉진 및 지원에 관한 법률'을 시행하면 연구 개발용이 아닌 상용화한 자율주행 서비스가 가능합니다. 국내 기업들의 기술 수준은 어느 정도이고 언제쯤 어떤 형태로 상용화될까요?

자율주행 기술은 크게 두 분야로 살펴볼 수 있습니다. 먼저 비전 센서, 레이더, 라이다 같은 하드웨어를 설계하고 이를 직접 구동하기 위한 소프트웨어를 만드는 영역이 있습니다. 이 분야에서 한국 기업의 기술력은 해외 최고 수준 기업에 비해 다소 뒤떨어집니다. 글로벌 자동차 부품기업 그리고 정보통신 기반의 해외 기업은 오래전부터 이 분야를 연구해왔고 현재 뛰어난 기술력을 보유하고 있지요. 그다음으로 제작한 하드웨어를 조립해 자율주행 서비스가 가능하도록 하는 분야가 있습

자율주행 서비스에 필수인 정밀지도

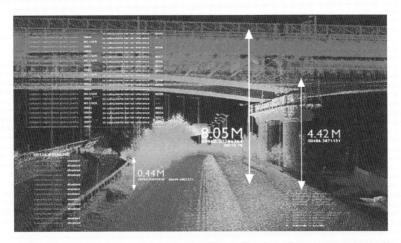

자료: 현대엠엔소프트 블로그(https://blog.hyundai-mnsoft.com)

니다. 여기서는 국내 기업이 상대적으로 강점이 있습니다. 한국 지형과 교통체계를 반영한 정밀지도, 소비자와의 접점이 이뤄지는 모빌리티 서비스 등에서 우위에 있기 때문입니다.

현재 국내 기술 수준으로는 택시처럼 어디서나 탈 수 있는 서비스를 구현하기가 쉽지 않습니다. 대신 버스와 셔틀의 중간 형태로 지정한 장소에서만 승하차하는 서비스는 가능합니다. 또한 숙련된 운전자와 동일한 수준의 승차감도 아직은 기대할 수 없습니다. 자율주행의 핵심은 안전이며 이를 담보하려면 경우에 따라 급제동이나 급감속도 해야 합니다. 그래도 데이터와 경험이 쌓이면 길지 않은 시간 내에 이들 문제를 어느 정도 해결할 수 있으리라고 봅니다.

2020년 하반기부터 2021년까지 한국에서는 자율주행 서비스를 둘러싸고 대항해 시대 같은 격변기가 펼쳐질 것입니다. 이 시기에 제한적이나마 국내에 상용 서비스가 출현할 전망입니다. 자율주행에는 여러 기술이 복합적으로 필요하기 때문에 한 회사가 모든 것을 다 할 수는 없습니다. 이종기업 사이에 합종연횡이 이어지고 스타트업 인수합병도 활발해질 가능성이 큽니다. 그 과정에서 정부와 기업 자금이 엄청나게 유입될 겁니다. 지금 핵심 기술도 없으면서 껍데기만으로 자율주행회사라고 홍보하는 가짜 기업은 이 시기를 거치면서 대부분 정리될 것입니다.

대기업은 알아서 자기 먹거리를 찾아갈 것이므로 정부는 자율주행 관련 핵심 기술을 보유한 스타트업 육성에 집중해야 합니다. 국내 스타트업 중에도 유망한 기업들이 있습니다. 가령 딥러닝 기반의 영상인식 소프트웨어를 개발하는 스트라드비전StradVision은 카메라 기반 사물 인식 기술이 세계적인 수준입니다. 트래픽 레이더로 AI 기반의 관제 시스템을 구현하는 비트센싱Bitsensing도 눈여겨볼 만한 회사입니다.

어쩐지 자율주행차가 어느 날 성큼 우리 곁으로 다가올 것만 같은 느낌인데 자율주행자동차가 불러올 미래 사회 변화에는 어떤 것이 있을까요? 자율주행차 시대에 뜨는 산업과 지는 산업은 무엇일까요?

자율주행차가 널리 퍼지려면 기술 문제 해결도 중요하지만 그보다 더 중요한 것은 사회적 합의입니다. 사고율을 어느 정도까지 낮춰야 사람들이 자율주행차에 자기 몸을 맡길까요? 그 기준은 사람마다 천차만별일 것입니다. 큰 사고가 날 때마다 금지해야 한다, 아니다 그래도 밀고 나아가야 한다 등 논쟁이 벌어질지도 모릅니다. 일반 자동차와 자율주행차가 뒤섞이는 과도기에는 그만큼 혼란도 클 테고 하나하나 만들어가야 할 규칙도 많을 겁니다. 운송 관련 노동자의 일자리 문제도 해결해야 할 산입니다. 이 모든 난관을 넘어야 비로소 자율주행차 시대가 오리라고 봅니다.

자율주행자동차라는 패러다임 변화에 능동적으로 대비해 기술 경쟁력을 쌓은 자동차회사와 정보통신회사는 시장에서 큰 기회를 얻을 수 있습니다. 자율주행차는 각종 센서와 정보처리 장치를 추가로 장착하기 때문에 자동차가격이 당연히 비싸집니다. 그만큼 부가가치가 더 큰 제품이므로 대당 매출이 증가하지요. 그동안 이동의 사각지대에 있던 어린이, 노약자, 장애인도 편리하게 이동이 가능해지면서 이동 서비스 시장 역시 커질 것입니다. 특히 전문가들은 물류 부문에서 자율주행트럭이 화물 이동 수요를 크게 높이리라고 예측합니다. 자율주행 기술의 핵심인 전자와 소프트웨어 산업에도 긍정적 파급효과가 나타날 것입니다. 특히 각종 센서, 반도체, 통신장비 산업에 큰 영향을 주리라고 봅니다. 여기에다 이동 중에 인포테인먼트Infotainment를 즐기는 사람들이 증가하면서 미디어 산업도 성장할 가능성이 큽니다.

반면 자율주행자동차가 인간보다 효율적이고 안전하게 운행한다는 특성은 어떤 산업에 부정적 파급효과를 줍니다. 일단 자율주행차가 효율적으로 운행하면 새로운 도로 인프라 건설의 필요성이 줄어듭니다. 이는 건설업에 사업 기회 상실이라는 부정적 요인으로 작용합니다. 자율주행차 시대에는 교통사고도 크게 감소합니다. 교통사고 감소 자체는 좋은 일이지만 덩달아 자동차보험, 사고 관련 의료 서비스, 자동차 수리 산업은 크게 위축될 겁니다. 개인에게는 이익인 것이 경제나 산업 관점에서는 손해로 다가오는 것이지요.

텍사스대학교 오스틴캠퍼스의 루이스 클레멘츠Lewis Clements와 카라 코켈만Kara Kockelman 교수는 긍정효과와 부정효과를 정량화해 긍정효과에서 부정효과를 모두 차감한 경제적 순파급효과가 미국 내에서 1.2조 달러(약 1,400조 원)일 것이라고 전망했습니다. 비록 경제가치만 따진 것이지만 다행스러운 결과입니다.[11]

여러 가지 서비스 로봇 중에서도 단연 눈길을 끄는 것은 반려로봇입니다. 2020년 CES에서도 귀여운 반려로봇이 등장해 많은 사람의 눈길을 끌었습니다. 반려로봇의 미래를 어떻게 전망하고 있습니까?

반려로봇 중 가장 유명한 것은 소니의 아이보Aibo입니다. 아이보는 1999년 출시한 강아지 모양의 반려로봇으로 2006년 4세대까지 진화하면서 100만 대가 팔렸습니다. 이후 잠시 생산을 중단했다가 2018년 아이보 5세대를 출시했지요. 새로운 아이보는 자연스러운 움직임과 다양한 동작 연출을 특징으로 합니다. AI 기반 학습 능력이 있어서 집 안 구조와 동선을 파악하는 것, 위험한 상황에서 스스로를 보호하는 것이 가능하죠. 사람이 오랜 시간 집을 비웠다가 돌아오면 일어나 마중을 나오기도 합니다. 한국에도 반려로봇을 생산하는 기업이 있습니다. 토룩의 리쿠Liku, 서큘러스의 파이보Pibo가 대표적이지요.

소니의 반려로봇 아이보

자료: 소니 웹사이트(https://www.sony.net)

CES 2020에서 삼성전자가 선보인 AI 기반 로봇 볼리Ballie는 공 모양으로 데굴데굴 굴러 실내 어디든 돌아다니며 음성으로 부르면 사용자에게 달려옵니다. 전면에 부착한 카메라로 집 안 곳곳을 모니터링하고 사용자를 따라다니며 학습하는 기능도 있죠. 기본적으로 사용자가 지시하는 일을 하지만 사람이 없을 때는 학습한 정보를 바탕으로 스스로 행동합니다. 바닥이 더러우면 로봇 청소기를 호출해 청소를 시키기도 하지요. 삼성전자는 2020년 내에 제품 상용화를 계획하고 있습니다.

반려로봇은 도시 환경에서 애완동물을 키우기 어려운 현대인에게 하나의 대안이자 심리치료의 좋은 기제입니다. 실제로 일본의 로봇 파로Faro는 미국 식품의약청FDA으로부터 신경치료용 의료기기로 승인을 받아 스트레스와 자폐아 치료에 쓰이고 있습니다. 고령사회에다 1인 가구가 늘어나면서 반려로봇 수요는 앞으로 크게 늘어날 전망입니다. 어쩌면 1가구 1반려로봇 시대가 올지도 모릅니다.

06

에너지,
석유 시대에서 그린 뉴딜 시대로

| 이재호 |

코로나19의 여파로 에너지 업계에서도 큰 변화가 예상된다. 단기적으로 경제활동이 위축되어 에너지 소비가 크게 감소할 것이다. 에너지 소비에 영향을 미치는 가장 큰 변수는 국내총생산이다. 2020년 4월 IMF는 2020년 세계 GDP 성장률을 -3.0%, 선진국 GDP 성장률을 -6.1%로 전망했다. 코로나19로 인해 공장이 멈추고 물류활동이 중단되면서 에너지 소비도 감소가 불가피하다. 그리고 수요의 감소는 시장에서 에너지 가격의 하락으로 이어진다. 미국 셰일가스·오일 생산의 본격화와 이에 따른 미국, 중동, 러시아 사이의 증산 경쟁으로 국제유가가 하락하고 있는 이 시점에 코로나19는 유가를 더욱 떨어뜨리는 요인으로 작용한다.

유가가 하락하면 대체에너지 투자도 위축될 수 있다. 값싼 석유를 통해 충분한 양의 에너지를 생산할 수 있기 때문에 태양광이나 풍력 등 새로운 에너지원 개발에 힘써야 할 유인이 줄어드는 것이다. 온실가스 감축이라는 국제사회의 요구에 맞춰 여러 나라들이 에너지 전환에 힘쓰고 있지만 그 전환 속도가 원래 목표만큼 빠르지 않을 수 있다.

그러나 코로나19를 극복하는 과정에서 공공 부문이 주도해 재생에너지 투자를 대폭 확대할 가능성도 있다. 각국은 침체에 빠진 경제에 활력을 불어넣고자 대규모 재정정책을 준비하고 있다. 그 중에서도 주목을 받고 있는 것이 '그린 뉴딜Green New Deal'이다. 20세기 초 미국이 뉴딜정책으로 대공황을 극복했듯이 코로나19로 인한 경제위기를 그린 뉴딜로 극복한다는 것이다. 어차피 가야 할 길인 기후변화 대응과 포스트 코로나 시대 경제 활력 제고라는 두 마리 토끼를 동시에 잡을 수 있다.

■ 중동발 석유전쟁의 종언 ■

코로나19 사태가 발발하기 전에도 국제유가는 장기적으로 하락 추세에 있었다. 미국이라는 거대 산유국이 등장하면서 중동의 석유 독점력이 점차 힘을 잃어가고 있었다. 독점이 깨지면 가격은 내려가는 것이 시장의 원리다.

원유 시장에서 중동의 중요성이 감소했음을 보여주는 사건이 최근에 있었다. 2020년 1월 이란과 미국 사이에 발발했던 갈등이다. 미국이 이란 군부의 실세인 혁명수비대 카셈 솔레이마니Qasem Soleimani를 사살하자 이란은 이라크의 미군 주둔지에 탄도미사일 15발을 발사했다.

예전 같으면 두 나라의 갈등으로 유가가 급등하고 글로벌 경제가 크게 요동쳤을 테지만 이번에는 다른 양상을 보였다. 처음에는 유가가 좀 올랐다. 솔레이마니가 사망한 1월 3일 뉴욕상업거래소NYMEX에서 2월 인도분 서부텍사스산원유WTI 종가는 배럴당 63.05달러로 전날 가격 61.18달러에 비해 3.06% 상승했고, 긴장이 고조되던 6일에는 63.27달러까지 올라갔다. 국내 일부 언론은 유가가 다시 100달러 시대로 가는 것이 아니냐며 호들갑을 떨었지만 그것은 기우에 불과했고 유가는 금세 안정을 되찾았다. 이는 과거 중동분쟁과 확연히 다른 모습이다.

2020년 초 이란과 미국의 분쟁 전후 WTI 가격 추이

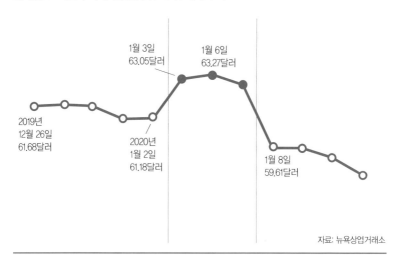

자료: 뉴욕상업거래소

중동의 영향력이 줄어들고 있다

현재 우리에게 가장 중요한 에너지원은 알다시피 석유다. 그 석유를 가장 많이 보유·생산하는 지역은 바로 중동이다. 2018년 말 기준 중동은 전 세계 석유 확인매장량의 48.3%를 보유 중이고 2018년 석유 생산의 33.5%를 담당했다. 중동에서도 사우디아라비아의 석유 생산량이 2018년 기준 일간 1,229만 배럴로 가장 많으며 이란이 472만 배럴로 그 뒤를 이었다.[1]

하지만 이제 석유업계에서 중동의 중요성은 점차 줄어들고 있다. 채굴 기술 발전에 힘입어 미국이 2010년대부터 셰일가스와 셰일오일 생산을 본격화했기 때문이다. 미국의 석유 생산량은 2008년 하루 평균 678만 배럴에서 10년 후인 2018년 1,531만 배럴까지 2배 이상 급증했다.[2]

전 세계 지역별 석유 확인매장량

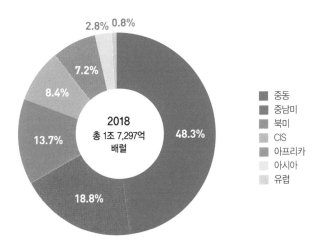

자료: British Petroleum(2019), 〈BP Statistical Review of World Energy 2019〉, 2018년 말 기준

전 세계 지역별 석유 생산량 추이

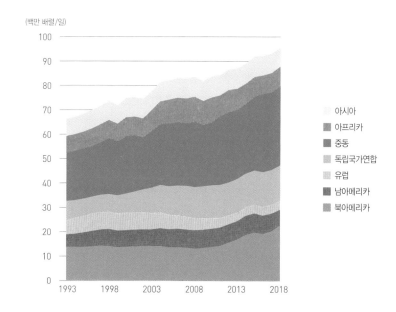

(백만 배럴/일)

아시아
아프리카
중동
독립국가연합
유럽
남아메리카
북아메리카

자료: British Petroleum(2019), 〈BP Statistical Review of World Energy 2019〉

미국은 지금 사우디아라비아, 러시아 등을 제치고 세계 최대 산유국으로 부상했다. 미국이 석유 공급자로 돌아서면서 2010년대 배럴당 100달러까지 상승했던 국제유가는 2014년 후반을 기점으로 폭락했다. 여기에 코로나19로 인해 전 세계 에너지 소비가 급감하면서 유가는 더욱 하방압력을 받고 있다. 그 탓에 석유를 팔아 경제를 지탱하던 몇몇 산유국은 국가적 위기에 봉착해 있다.

과거에는 유가가 떨어질 경우 중동 산유국을 중심으로 결성한 석유수출국기구OPEC가 생산을 줄이겠다고 발표했다. 이들의 감산 결정에

최근 10년간 WTI 장기 가격 추이

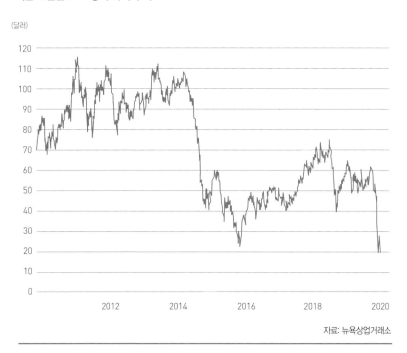

(달러)

자료: 뉴욕상업거래소

따라 원유 공급이 줄어들면 가격은 다시 올라갔다. 이처럼 OPEC은 수십 년간 감산발표와 증산발표를 반복하며 국제유가를 통제해왔다. 그러나 미국이라는 거대한 산유국이 등장하면서 중동 중심의 독점체계가 무너진 것이다. 코로나19라는 초유의 사태를 맞아 중동과 러시아가 감산을 위해 여러 협의를 하고 있지만 미국의 트럼프는 여기에 적극적으로 임하지 않고 있다.

미국 중심의 새로운 석유 시장

국제에너지기구IEA의 전망에 따르면 미국의 석유 생산량은 앞으로 계속 증가해 2025년 하루 2,090만 배럴에 이를 예정이다. 반면 미국 내 석유 수요는 1,840만 배럴로 오히려 소폭 감소한다.[3] 특히 많은 전문가가 2020년은 미국 내에서 석유 소비보다 생산이 더 많아지는 상징적인 해가 될 것으로 전망하고 있다. 코로나19로 인해 에너지 소비가 줄어들면서 그 달성 가능성은 더욱 높아졌다.

IEA 전 세계 주요국의 석유 생산량 전망

(백만 배럴/일)

국가	2000년	2018년	2025년(F)
미국	8.0	15.5	20.9
러시아	6.5	11.5	11.1
사우디아라비아	9.3	12.4	12.6
이란	3.8	4.6	3.8
OPEC 합계	30.6	37.4	36.2
OPEC 비중	41%	39%	35%

자료: International Energy Agency(2019.11.13.), 〈World Energy Outlook 2019〉

이란이 호르무즈해협을 봉쇄해도 미국은 자국 석유 소비를 감당하고도 남을 정도의 생산량을 확보한 상황이라 큰 위협이 되지 않는다. 반미 성향을 보이는 중동 산유국이 미국을 압박할 카드가 사라진 셈이다. 물론 석유를 생산하지 못하는 한국, 일본 등 미국의 우방국은 여전히 영향을 받을 수 있다. 그러나 중동 산유국이 미국이 아닌 미국 우방국에 타격을 가하려고 극단적 조치를 취할 가능성은 희박하다.

앞으로도 중동에서 크고 작은 국지 분쟁이 계속 이어질 수는 있다. 그렇지만 유가에 심각한 영향을 주는 분쟁이 발생할 확률은 낮다. 오랜 기간 우리를 괴롭혀온 중동발 석유전쟁 위협이 이제 종언을 고하고 있는 것이다. 당분간은 한국 경제의 중요한 변수였던 고유가 공포에서 벗어나 마음을 놓아도 될 것 같다. 최근에는 사우디아라비아와 러시아가 유가 하락에도 불구하고 오히려 증산 경쟁을 감행해 기름값이 더욱 떨어지는 현상이 발생하기도 했다. 일종의 치킨 게임으로 미국의 셰일가스, 셰일오일 기업들을 고사시키려는 전략이었다. 그러나 장기적으로 미국 기업들이 모두 도산하고 중동과 러시아가 다시 시장을 장악하는 것은 현실적으로 어렵다.

■ 전기자동차 시대 시작 [4] ■

앞에서 장황하게 석유 이야기를 했지만 최종에너지(소비자가 최종적으로 사용하는 에너지) 소비에서 석유가 차지하는 비율은 점차 감소하고 있다. 최종에너지로 화석연료 대신 전기를 사용하는 '전기화'가 전 세계적 트렌드로 퍼져가고 있다. 가령 가정에서는 석유난로가 아닌 전열기를, 가스레인지 대신 전기인덕션을 사용한다. 제철소에서 철을 만들 때도 석탄 용광로 대신 전기로를 사용하기도 한다. 전기는 저장과 수송이 용이하고 운동, 빛, 열로 쉽게 전환할 수 있으며 사용 장소에 오염

IEA 전 세계 최종에너지 소비 전망

에너지원	2000년	2018년	2030년(F)	2040년(F)
전기	1,092 (15.5%)	1,915 (19.2%)	2,503 (21.6%)	3,061 (24.2%)
석유	3,124 (44.4%)	4,043 (40.6%)	4,469 (38.5%)	4,561 (36.0%)
석탄	542 (7.7%)	984 (9.9%)	979 (8.4%)	954 (7.5%)
가스	1,127 (16.0%)	1,615 (16.2%)	2,032 (17.5%)	2,360 (18.6%)
재생에너지	272 (3.9%)	482 (4.8%)	696 (6.0%)	876 (6.9%)
기타	886 (12.6%)	915 (9.2%)	928 (8.0%)	860 (6.8%)
합계	7,043 (100.0%)	9,954 (100.0%)	11,607 (100.0%)	12,672 (100.0%)

자료: International Energy Agency(2019.11.13.), 〈World Energy Outlook 2019〉, Stated Policies Scenario 기준

한국의 최종에너지원별 구성비 추이

에너지원	2000년	2005년	2010년	2018년
전기	20.6 (13.7%)	28.6 (16.7%)	37.3 (19.2%)	45.2 (19.4%)
석유	93.8 (62.6%)	97.1 (56.7%)	100.5 (51.6%)	116.8 (50.2%)
석탄	19.7 (13.1%)	22.2 (12.9%)	28.1 (14.5%)	32.4 (13.9%)
가스	12.6 (10.7%)	17.8 (10.4%)	21.6 (11.1%)	26.4 (11.4%)
기타	1.6 (2.2%)	5.5 (3.2%)	7.3 (3.7%)	11.8 (5.1%)
합계	150.0 (100.0%)	171.2 (100.0%)	195.0 (100.0%)	232.7 (100.0%)

주: 기타에는 신재생 포함
자료: 에너지경제연구원, 〈에너지통계연보〉

물질을 배출하지도 않는다. 그야말로 소비자 입장에서는 아주 매력적인 에너지원이다.

전기화 트렌드의 확대

IEA의 통계에 따르면 전기는 2000년 기준 전 세계 최종에너지 소비의 15.5%를 차지했으나 2018년에는 그 비율이 19.2%까지 상승했다. 전기화 현상은 앞으로도 더욱 확대될 전망이다. IEA는 전기 소비 비율이 2030년 21.6%, 2040년 24.2%까지 증가할 것으로 예상하고 있다. 반면 현재 최종에너지 소비에서 가장 큰 비율을 차지하고 있는 석유는 2018년 40.6%에서 2030년 38.5%, 2040년 36.0%로 감소할 것으로 내다본다.

전기화는 한국에서도 급격하게 이뤄지고 있다. 한국은 전체 최종에너지 소비에서 전기 비율이 2000년 13.7%였으나 2018년에는 19.4%로 크게 증가했다. 이는 세계 평균보다 빠른 상승폭이다. 코로나19가 저유가 기조를 강화시키며 단기적으로 전기화 트렌드의 속도를 조금 늦출 수는 있겠지만 큰 틀에서 전기화의 조류를 막을 수는 없다.

전기자동차의 재등장

최근 전기화 트렌드에 새롭게 가세하고 있는 것이 전기자동차다. 한국에서도 거리에서 전기차를 드물지 않게 볼 수 있고 신축 아파트나 회사 주차장, 각종 마트와 백화점, 공공시설 주차장에 전기차 충전시설이 점점 늘어나고 있다. 코로나19 사태에도 불구하고 2020년과 2021년은

전기자동차 확산에 있어 중요한 한 해가 될 전망이다

전기자동차는 대도시에 만연한 대기오염 문제를 해결해줄 구원자로 화려하게 재등장했다. 사실 19세기 내연기관 자동차가 처음 등장했을 무렵 전기자동차도 비슷하게 세상에 나왔다. 미국 발명가 토머스 에디슨도 당시 유망한 전기자동차 사업자 중 한 명이었다. 전기자동차와 내연기관 자동차는 소비자의 선택을 받기 위해 시장에서 서로 경쟁했다.

당시 전기자동차의 성능은 어땠을까? 우선 동력을 제공하는 배터리가 너무 크고 무거웠다. 또 배터리 충전에 오랜 시간이 걸렸고 한 번 충

토머스 에디슨과 전기자동차

자료: Smithsonian Institute 웹사이트(http://americanhistory.si.edu/edison)

전하고 달릴 수 있는 거리도 상당히 제한적이었다. 그러던 차에 20세기 초 미국 텍사스에서 대규모 유전을 발견하자 휘발유가격이 크게 떨어졌다. 내연기관 자동차의 유지비가 비약적으로 감소한 것이다. 결국 전기자동차는 제대로 꽃도 피워보지 못한 채 내연기관 자동차에 밀려 시장에서 사라졌다.

이후 100여 년 동안 내연기관 자동차가 전 세계 자동차 시장을 지배하고 있다. 그런데 자동차가 크게 증가하면서 대도시 대기오염 문제가 불거졌다. 대표적인 것이 1940~1950년대 미국 캘리포니아에서 발생한 일명 '로스앤젤레스 스모그 사건'이다. 연한 갈색 스모그가 도시를 뒤덮었고 전체 시민의 절반 이상이 눈과 호흡기 고통을 호소했다. 자동차 배기가스에 포함된 질소산화물^{NOx}과 탄화수소^{HC}가 자외선과 반응해 광화학 스모그를 형성한데다 바람이 불지 않는 분지지형이라 오염물질이 도시 내에 쌓였기 때문이다. 그 후 유사한 대기오염 문제가

20세기 중반 로스앤젤레스 스모그

자료: Digital Collection of Los Angeles Public Library 웹사이트(https://tessa.lapl.org)

전 세계 대도시 곳곳에서 반복적으로 나타나기 시작했다.

각국은 자동차 배기가스를 줄이기 위한 정책을 마련했다. 그중 하나가 배기가스 허용기준치 내용을 담은 유럽연합의 '유로Euro' 시리즈 규제다. 1992년 유로1(일산화탄소 2.72g/km, 질소산화물은 기준치 없음)을 처음 시행했는데 점차 규제를 강화해 지금은 유로6(일산화탄소 0.5g/km, 질소산화물 0.08g/km)을 적용하고 있다. 기업이 이러한 환경규제를 준수하려면 막대한 예산과 기술이 필요하다. 그러자 일부 완성차 회사는 특히 오염물질을 많이 배출하는 디젤엔진 자동차의 생산을 포기하겠다고 선언한다.

전기자동차, 자동차 시장의 패러다임을 바꾸다

전기자동차는 가솔린이나 디젤을 연료로 하는 내연기관 자동차와 주요 부품이 완전히 다르다. 엔진 대신 모터가 들어가고 복잡한 변속기는 필요 없다. 내연기관 자동차 1대에 들어가는 부품은 3만 개에 달하지만 전기차 부품은 1만 개 정도에 불과하다.

조립 방식에도 차이가 있어서 내연기관 자동차는 컨베이어 벨트를 따라 순차적으로 조립하는 반면 전기차는 모듈을 끼워 맞추는 방식으로 생산한다. 따라서 기존 완성차 업체의 경쟁우위 중 상당 부분이 무의미해진다. 무엇보다 자동차 제조 난이도가 줄어들어 진입장벽이 낮아진다. 그 까닭에 기존 자동차 업체는 전기차 개발에 소극적이었고 심지어 의도적으로 지연하기도 했다.

그러는 사이 두 가지 사건이 발생했다. 하나는 실리콘 밸리 출신 테슬라의 등장이다. 영화 〈아이언맨〉의 실제 모델로 알려진 일론머스크 Elon Musk가 설립한 테슬라는 로드스터, 모델S, 모델X, 모델3 등 히트작을 내놓으며 전기차 시장의 절대강자로 떠올랐다. 두 번째 사건은 2015년 발생한 폭스바겐의 디젤 게이트다. 폭스바겐은 '클린 디젤' 개념을 내세우며 내연기관으로도 친환경차를 만들 수 있다고 주장했으나 미국에서 소프트웨어 조작으로 배기가스 배출량을 속여 왔다는 사실이 밝혀지면서 큰 어려움을 겪었다. 두 사건을 거치면서 완성차 업체들도 전기차로의 패러다임 변화를 인정할 수 밖에 없었다. 이제는 오히려 새로운 시장에서 우위를 점하기 위해 막대한 연구비를 쏟아 붓고 있다.

2019년 기준 전 세계 전기차 판매 순위를 보면 1위는 테슬라의 모델3로 30만 대 넘게 팔렸다. 2위는 중국 베이징자동차 BAIC 의 EU-시리즈, 3위는 닛산의 리프다.

2019년 전 세계 전기차 판매 순위

순위	모델	제조사	판매대수(만 대)
1	모델3	테슬라	30.1
2	EU-시리즈	베이징자동차	11.1
3	리프	닛산	7.0
4	위안/S2 EV	BYD	6.8
5	E-시리즈	바오준	6.0

주: 바오준은 GM과 상하이자동차의 합작회사
자료: Electric Vehicle World Sales Database 웹사이트(https://www.ev-volumes.com)

전기자동차 시장의 미래

글로벌 전기차 시장은 전망이 매우 밝다. 물론 코로나19로 인한 유가 하락으로 유지비 부담 때문에 전기차 구매를 고려했던 고객 중 일부는 구매 시점을 뒤로 미룰 수 있다. 그러나 실제 주유소에서 판매되는 기름값에는 각종 세금이 포함되어 있다. 국제유가의 대폭 하락에도 불구하고 소매가격의 변화는 크지 않다. 또한 전기차 소비자의 상당수가 유지비 절감보다는 얼리 어답터로서 성향과 환경보호에 동참한다는 의식 때문에 구매를 고려한다. 코로나19 이전의 예측이기는 하지만 블룸버그는 전기차 시장이 2018년 현재 200만 대 수준에서 2025년 1,000만 대, 2040년 5,600만 대에 이를 것으로 전망했다. 이는 순수 전

전 세계 전기차 판매 전망

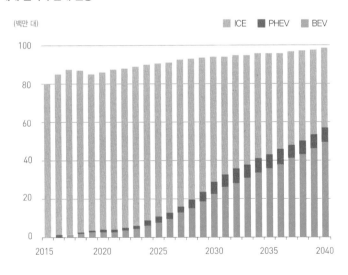

주: ICE 내연기관차, PHEV 플러그인 하이브리드 전기차, BEV 순수전기차
자료: Bloomberg New Energy Finance(2019.5.), 〈Electric Vehicle Outlook 2019〉

기차와 플러그인 하이브리드 전기차를 합산한 수치다.[5] 특히 테슬라가 중국 공장을 본격 가동하고 폭스바겐도 양산 계획을 밝히면서 2020년과 2021년에 전기차 판매가 빅뱅을 일으킬 것으로 예상하는 전문가가 많다.

전기차 확대 정책을 지속하는 한국에서도 2011년 연간 338대에 불과하던 전기차 보급이 2019년 4.2만 대까지 증가했다. 전기차를 미래의 성장 동력으로 인식하는 한국 정부는 2019년 2.3% 수준인 전기차 보급률을 2020년 4.3%, 2022년 8.5%, 2030년 24.4%까지 확대할 계획이다. 이에 따라 전기차 구매에 따른 각종 보조금 정책도 이어질 전망이다.

사람들이 전기차 구매를 꺼렸던 가장 큰 이유는 불충분한 충전시설에 있다. 2019년 12월 기준 전국에 설치된 공용 충전기는 4만 기 정도로 알려져 있다. 개인용 충전기까지 합하면 7만 기가 운영 중이다. 2019년 말까지 전국에 보급된 전기차가 10만 대 수준이므로 거의 차량 1대당 충전기 1기가 있는 셈이다.[6] 숫자로만 보면 충전시설 수가 그렇게 적은 것은 아니다. 게다가 정부와 지자체, 공공기관, 민간기업이 앞

국내 전기차 보급 로드맵

연도	2011	2019	2020	2022	2025	2030
보급대수(대)	338	4.2만	7.8만	15.3만	27만	44만
판매비율	0.0%	2.3%	4.3%	8.5%	15.0%	24.4%

자료: 관계부처 합동(2019.10.), 〈미래 자동차 산업 발전전략〉

다퉈 충전시설을 확대하는 중이라 앞으로 충전기는 더 빠르게 늘어날 것이다. 충전 인프라의 확대는 다시 전기차의 확대로 이어질 것이다. 이제 본격적으로 전기차의 시대가 열리고 있다.

■ 재생에너지, 환경보호와 코로나 극복의 동력 ■

전기차는 분명 대도시의 대기오염 문제를 완화해준다. 그러나 우리는 한 단계 더 들어가 생각해볼 필요가 있다. 만약 전기차의 동력인 전기를 생산할 때 석탄과 석유 화력발전소를 돌리면 각종 오염물질이 발생하는 것은 마찬가지다. 2011년 후쿠시마 원전 사고 이후 그 안전성을 계속 의심받고 있는 원자력도 친환경 발전원으로 부르기엔 무리가 따른다. 더구나 석탄화력발전소나 원자력발전소는 대도시에서 멀리 떨어진 지방에 위치한 경우가 많다. 대도시를 깨끗하게 유지하기 위해 지방에 오염물질을 배출한다는 비판에 직면할 수 있다.

전 세계적인 재생에너지 확대

전기는 보통 석탄, 천연가스, 원자력, 재생에너지로 생산한다. 2019년 한국의 에너지원별 발전량 구성비를 보면 석탄화력 41%, 원자력 26%, 천연가스 25%, 신재생에너지 6% 순이다.[7] 석탄화력은 상대적으로 저렴한 에너지원이지만 온실가스와 미세먼지를 뿜어내는 주범으로 꼽힌다. 이에 따라 선진국뿐 아니라 개발도상국에서도 그 비율이 점차 줄

국내 발전원별 전력 생산 비율

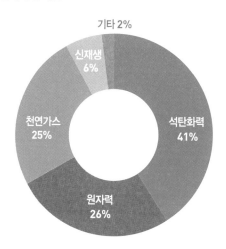

자료: 한국전력(2020.1.21.), 〈전력통계속보 제493호〉, 2019년 1~11월 누계 기준

어들고 있다. 원자력은 싸고 안정적인 전력 공급이 가능하며 온실가스나 미세먼지도 배출하지 않지만 그 안전성을 확신하기 어렵다. 원전에서 나오는 폐기물 처리에도 사실상 대안이 없는 상태다. 천연가스발전은 석탄화력에 비해 상대적으로 친환경 에너지원으로 평가받으며 최근 비율이 대폭 증가했으나 발전단가가 비싸고 소량이지만 여전히 오염물질을 배출한다는 문제점이 있다. 이유는 달라도 세 가지 모두 친환경 발전원으로 볼 수 없다.

OECD 소속 37개국의 발전원별 구성비를 보면 2018년 기준 천연가스 28%, 재생에너지 27%, 석탄화력 26%, 원자력 18% 순이다. 연도별 증감 방향성에서는 재생에너지와 가스발전이 급속히 증가하고 석탄화력과 원자력은 점차 감소하고 있음을 확인할 수 있다.

여기서 재생에너지 비율이 27%에 이른다는 것은 우리에게 시사하는 바가 크다. 그중 수력발전이 13%고 태양광, 풍력 등 수력을 제외한 나머지 재생에너지가 14%다. 국가별로 수력을 제외한 재생에너지가 전체 전력 생산에서 차지하는 비율을 보면 독일 34%, 영국 33%, 스페인 26%, 이탈리아 24%, 일본 13%, 미국 11%, 프랑스 9%다. 이들은 모두 최근 10~20년 동안 재생에너지 발전량을 급격히 늘렸다. 반면 한국은 수력을 제외한 재생에너지 비율이 4%에 불과하다.[8]

OECD 국가들의 발전원별 전력 생산

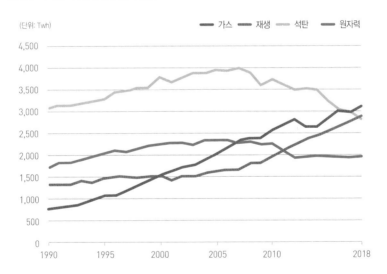

자료: International Energy Agency(2019.8.), 〈World Energy Balance 2019〉

재생에너지와 기후변화협약

선진국들이 재생에너지 비율을 높이는 것과 한국이 그 트렌드에 발맞춰야 하는 1차적 이유는 기후변화에 대응해 지구 환경을 지키기 위해서다. 국제사회는 2015년 프랑스 파리에서 기후변화협약을 체결해 전체 195개국에 감축 의무를 부과했다. 한국을 포함한 대상국들은 자율로 감축 목표를 설정해 UN에 제출했는데 2021년은 파리협약에 따라 감축 의무를 본격 이행해야 하는 해다.

정부가 제출한 2018년 수정 계획에 따르면 한국은 2030년까지 국내에서 BAU Business As Usual 대비 2.8억 톤의 온실가스를 감축해야 한다.[9] 그중 5,780만 톤을 에너지 전환, 즉 발전 부문에서 감축한다.[10] 현재의 석탄화력 중심 포트폴리오로는 당연히 달성이 불가능하며 재생에너지

2030년 국내 부문별 온실가스 감축 목표

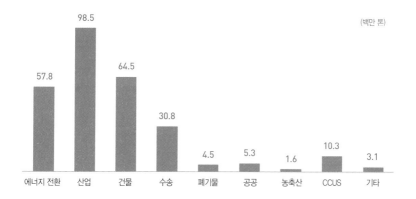

주: CCUS는 이산화탄소 포집·활용·저장 Carbon Capture, Utilization and Storage 의 약자다.
자료: 환경부 보도자료(2018.7.24.), '2030 온실가스 감축 로드맵 수정안 및 2018~2020년 배출권 할당계획 확정'

비율을 대폭 높일 수밖에 없다.

한국에서 에너지 전환을 위한 대표적인 정책이 바로 2017년에 발표한 '재생에너지 3020'이다. 이것은 2030년까지 전기 생산에서 재생에너지 비율을 20%로 끌어올리겠다는 계획이다. 이제 우리도 선진국 반열에 올라선 만큼 환경에 더욱 신경 쓰고 국제사회 요구에 부응해야 한다. 그러나 현재의 6%에서 길지 않은 시간에 20%까지 높이는 것은 분명 어려운 일이다. 정부는 태양광과 풍력을 중심으로 재생에너지 발전 시설을 대폭 확대한다는 계획이다. 특히 정책지원으로 대규모 프로젝트와 주택, 건물, 협동조합, 농가 등 소규모 사업을 함께 추진하겠다고 밝혔다. 재생에너지 보급여건 개선을 위한 각종 규제 개선도 병행한다.[11] 한 발 더 나아가 2019년 7월 발표한 〈제3차 에너지 기본 계획〉에서는 2040년 전력 생산에서 재생에너지 비율을 30~35%까지 끌어올리겠다는 보다 적극적인 목표를 세웠다.[12]

그린 뉴딜, 환경과 경제를 동시에

기후변화 대응은 지속가능한 지구를 위해 매우 중요한 과업이다. 그러나 선진국들이 재생에너지 확대에 열을 올리는 진짜 이유는 따로 있다. 재생에너지라는 새로운 산업 탄생이 경제성장의 동력으로 작용할 수 있기 때문이다. 파리협약을 지키지 않는다고 어떤 징벌을 받는 것도 아닌데 각국이 재생에너지 확대에 열을 올리는 진정한 이유가 바로 여기에 있다. 코로나19로 세계 경제가 커다란 침체에 빠진 지금 재생에너지의 성장 동력화는 더욱 주목을 받을 수밖에 없다.

선진국들은 오래전부터 환경정책을 경제발전 도구로 인식했으며 그 대표적인 것이 그린 뉴딜이다. 원래 뉴딜정책은 20세기 초 미국이 대공황을 극복하기 위해 꺼내든 카드다. 당시 루스벨트 행정부는 경제 전반에 걸쳐 적극적인 재정정책을 펼쳤고 경제 활성화와 일자리 창출을 위해 대규모 토목공사까지 벌인 결과 대공황을 성공적으로 극복했다.

그린 뉴딜은 기후 변화에 대응하고 환경을 지키고자 정부가 대규모 재정정책을 펼친다는 얘기다. 표면적으로는 환경을 지킨다는 1차 목적을 내세우지만 이를 경제성장 동력으로 삼으려는 2차 목적을 더 중요시하는 사람도 많다. 일자리를 창출하고 기업과 경제가 성장하는 등 눈에 띄는 성과가 나타나기 때문이다.

그린 뉴딜은 2008년 미국 오바마 정부가 본격 추진해 국제적인 주목을 받은 바 있다. 오바마는 공약에 따라 에너지, 교통, 건물, 인적자본 영역에 수백억 달러 규모의 재정을 집행했다. 덕분에 글로벌 금융위기로 인한 최악의 상황에서 대통령에 취임했지만 이를 잘 극복하고 재임기간인 2009년 1월부터 2017년 1월까지 8년 동안 1,160만 개의 일자리를 창출했다.[13] 이때 대규모 투자와 기술 개발로 태양광, 풍력발전 단가가 크게 떨어졌고 연비 규제나 전기차 의무판매제로 테슬라 같은 전기차회사가 성장할 기반도 만들어졌다. 여기에다 실제로 온실가스 배출이 줄어드는 효과도 거뒀다.

이후 집권한 트럼프 정부는 그린 뉴딜을 승계하지 않았다. 오히려 트럼프는 UN에 성명을 보내 파리협약에서 공식 탈퇴한다고 선언했다. 각종 환경 규제가 미국의 경제성장을 가로막는 요인으로 작용한다고 본

것이다. 그러자 미국 민주당에서는 더 급진적인 정책을 들고 나왔다.

2019년 2월 미국 하원의원 알렉산드리아 오카시오-코르테즈Alexandria Ocasio-Cortez와 상원의원 에드워드 마키Edward J. Markey 등이 공동 발의한 새로운 그린 뉴딜H. Res 109 정책은 이전보다 더 과감한 내용을 담고 있다. 이 정책은 향후 10년 내에 전력 부문에서 100% 재생에너지 사용을 목표로 하고 있다. 스마트그리드 구축과 건축물 에너지 효율화를 위한 각종 정책도 담고 있다. 민주당원 92%, 공화당원 64%가 그린 뉴딜을 지지했고 유권자 80% 이상이 그린 뉴딜의 목표에 동의했다. 이 대규모 재정정책에는 막대한 재원이 필요하기 때문에 세금 인상이 필연적이다. 그런데 미국 국민의 절반 이상이 이를 위해 세금을 인상하는 것에 찬성했다.[14]

그린 뉴딜 제안자 오카시오-코르테즈는 20대에 최연소 하원의원에 당선된 인물이다. 그는 저탄소 경제로의 전환, 깨끗한 환경을 누릴 기본권 회복, 지속가능한 국토 복원 등을 위한 구체적인 정책을 제시했고 그린 뉴딜로 신규 일자리 1,000만 개를 창출할 수 있다고 말했다. 물론 공화당의 트럼프 대통령은 이 주장을 일축했다. 하지만 코로나19로 인한 경기침체를 회복시킬 유력한 대안으로 그린 뉴딜이 언급되면서 문제가 복잡해졌다. 2020년 미국 대선에서 그린 뉴딜은 첨예한 쟁점으로 떠오를 것이다.

그린 뉴딜과 새로운 기회

한국에서도 그린 뉴딜을 둘러싼 논쟁이 확대되고 있다. 이미 몇몇 정당은 코로나19 사태 이전부터 미국 그린 뉴딜의 비전과 목표를 참고해 '한국형 그린 뉴딜' 정책을 발표했다. 제조업 위상 하락과 인공지능이 초래하는 일자리 감소에 대응하고 코로나19로 인한 경기침체를 만회할 유력한 경제정책으로 그린 뉴딜을 향한 공감대가 확대될 가능성이 크다.

IEA는 갈수록 재생에너지에 투자하는 금액이 증가할 것으로 전망한다. 선진국에서는 벌써 많은 투자를 집행했으나 개발도상국은 아직 투자할 곳이 많다. 현재의 정책을 미래에도 그대로 유지하는 시나리오Stated Policies에서 2018년 기준 3,880억 달러 수준이었던 재생에너지 투자액은 2030년 연평균 4,360억 달러, 2040년 4,770억 달러로 증가할 전망이다. 지속가능 개발정책을 더 강화하는 시나리오Sustainable Development에서는 투자액이 늘어 2030년까지 연평균 6,490억 달러, 2040년까지 8,070억 달러에 이를 전망이다. 이 모든 것이 기업에는 사

IEA 전 세계 재생에너지 연평균 투자 전망

(억 달러, 2018년 화폐가치 기준)

구분	2018년	Stated Policies Scenario		Sustainable Development Scenario	
		2019~30년	2031~40년	2019~30년	2031~40년
전력	3,040	3,470	3,820	5,240	6,610
풍력	890	1,190	1,380	1,850	2,350
태양광	1,350	1,160	1,170	1,690	1,890
최종소비자 부문	840	890	950	1,250	1,460
합계	3,880	4,360	4,770	6,490	8,070

자료: International Energy Agency(2019.11.13.), 〈World Energy Outlook 2019〉

업 기회이고 개인에게는 일자리 기회이다. 재생에너지를 새로운 성장 동력으로 인정하는 것은 전 세계적 추세다. 과거 석유 시대 패러다임에 갇혀 새로운 기회를 놓치는 우를 범하지 않아야 한다.

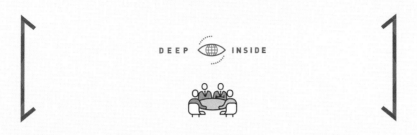

DEEP　INSIDE

미국이라는 거대 산유국의 등장과 코로나19로 인한 에너지 수요 감소로 당분간 저유가
가 유지된다는 전망은 매우 반가운 소식입니다. 그러나 수차례 원유 파동을 겪어본 입
장에서 장기적으로 유가 상승의 우려를 아주 지울 수는 없습니다. 유가 인상이라고 하
면 대체로 부정적인 생각부터 하게 되는데 실제로 유가가 올랐을 때 한국 경제에 미치
는 영향은 무엇인가요?

우선 한국은 원유를 거의 전량 해외에서 수입하므로 수입액이 증가해
무역수지 적자를 야기합니다. 또 석유와 석유제품 가격이 올라서 물가
가 상승합니다. 기업 입장에서 생산자물가가 상승할 경우 생산과 투자
를 줄일 수밖에 없지요. 가계도 소비자물가가 상승하면 구매력이 감소
하고 결국 내수 경기가 위축됩니다. 많은 경제보고서가 유가가 상승할
때 석유 수입국은 전체적으로 경제성장률이 떨어진다고 말합니다. 현
대경제연구원의 보고서에 따르면 유가가 10% 오를 경우 국내총생산
이 0.27% 떨어진다고 합니다. 경제 부문에서 이 정도 수치는 매우 큰
숫자입니다.[15]
　하지만 지금처럼 세계 경제가 저성장, 저물가의 늪에 빠져 있을 때

PART 2. 산업

2
1
3

는 약간의 유가 상승이 경제에 긍정적으로 작용할 수 있습니다. 산유국 경기가 살아나면서 세계 경제 회복에 도움을 주기 때문이죠. 산업에 따라 정유나 석유화학처럼 유가가 높을 때 마진이 큰 산업도 있습니다. 석유플랜트, 재생에너지 등 유가가 높아야 설비 발주가 활발해지는 산업도 있고요.

여하튼 큰 틀에서 볼 때 저유가 트렌드는 한국 경제에 커다란 도움을 줍니다. 앞으로도 유가가 안정적으로 낮게 형성될 가능성이 크다는 것은 한국 경제에 분명 청신호입니다.

어린 시절부터 석유자원이 얼마나 중요한지, 얼마나 아껴 써야 하는지 귀에 못이 박이도록 들어왔습니다. 세계적으로 에너지 다양화가 이뤄진 지금은 한국이 석유에너지 공급 문제를 걱정할 필요가 없는 것인가요?

석유는 여전히 최종에너지 소비량에서 전 세계 기준 40%, 국내 기준 50%를 담당하는 중요한 에너지원입니다.[16] 생산국 다변화와 코로나19 사태로 인해 유가가 상대적으로 낮게 안정적으로 형성되어 있을 뿐 생활과 산업에 필요한 막대한 양의 석유를 수입해야 하는 것에는 변함이 없습니다. 석유는 여전히 아껴써야 할 자원입니다.

우리가 에너지가 풍족한 시대를 살고 있어서 체감하지 못할 수 있지만 우리 삶에서 에너지의 중요성은 아무리 강조해도 지나치지 않습니다. 에너지를 원활하게 공급하는 것이 국가와 공공 부문의 중요한 역할이기도 하고요. 2006년 12월부터 발행한 쿠바의 10페소 지폐에는 현대중공업에서 수출한 이동식발전소 그림이 '에너지 혁명Revolucion Energetica'이라는 문구와 함께 실려 있습니다. 한국과 수교하지도 않은 쿠바에서 가장 많이 통용되는 10페소 지폐에 한국 기업의 발전소를 넣었다는 것은 의미가 큽니다. 이는 에너지 공급의 중요성을 말해주는 단적인 사례지요.

쿠바의 10페소 지폐 뒷면에 실린 현대중공업의 이동식발전소

자료: 쿠바 중앙은행 웹사이트(http://www.bc.gob.cu)

중동은 엄청난 양의 석유를 보유한 지역이지만 종교와 민족 문제가 복잡하게 얽혀 있어 분쟁이 끊이지 않는 곳이기도 합니다. 그 탓에 중동에서 작은 사건만 일어나도 세계 경제와 국내 경제에 악영향이 미치지 않을까 촉각을 곤두세웁니다. 그러나 2020년 1월 이란 사태와 3~4월 사우디아라비아, 러시아, 미국의 분쟁에서 확인했듯, 중동의 위상이 과거보다 많이 감소했습니다. 중동이 석유자원을 무기로 극단적 선택을 할 가능성이 많이 줄어들었다는 의미지요. 그럼에도 불구하고 국지적 분쟁으로 단기간 유가가 출렁이는 현상은 완전히 사라지지 않을 것입니다.

최종에너지 소비에서 석유 비율이 줄어드는 대신 전기 비율이 증가하고 있고 또 전기화를 앞당기는 요인으로 전기차가 손꼽히고 있습니다. 이제 우리 주변에서도 전기차를 흔하게 볼 수 있고요. 한국 이외에 해외 전기차 시장은 어떤가요? 어느 나라에서 전기차가 가장 급속하게 증가하고 있습니까?

현재 전기차 시장이 가장 큰 곳은 중국입니다. 미국과 유럽 각국이 그 뒤를 잇고 있지요. 중국은 전기차를 미래의 성장 동력으로 보고 국가 차원에서 오래전부터 집중 육성해왔습니다. 그 결과 상하이자동차, 베이징자동차, BYD, 체리Chery, 지리Geely 등 중국 업체들이 전기차 시장

2019년 상반기 전 세계 전기차 시장 규모

순위	국가	판매대수(만 대)	전년 동기 대비 증감
1	중국	43.1	+111%
2	미국	11.6	+87%
3	노르웨이	3.6	+74%
4	독일	3.3	+72%
5	프랑스	2.4	+38%
6	네덜란드	1.8	+118%
7	한국	1.8	+63%

주: 순수전기차, 2019년 상반기 기준
자료: JATO Dynamics(2019.7.29.), 〈Global Sales of Pure Electric Vehicles Soar by 92% in H1 2019〉

의 강자로 부상하고 있습니다.

유럽에서는 노르웨이, 독일, 프랑스, 네덜란드를 중심으로 전기차가 급속히 확산되고 있죠. 특히 노르웨이는 인구 500만 명 남짓한 작은 나라임에도 불구하고 전기차 보급 속도가 매우 빠릅니다. 노르웨이는 전기 생산도 대부분 수력을 비롯한 재생에너지로 하고 있지요. 진정한 의미에서 친환경 자동차를 실현하고 있는 셈입니다. 우리나라에서도 꽤 빠른 속도로 전기자동차가 확산되고 있습니다. 시장 규모로는 세계 7위로 작지 않은 시장입니다.

2020년 한국에서 전기차를 구매하면 차종에 따라 승용차의 경우 최대 820만 원까지 보조금을 받습니다. 여기에 더해 지자체별로 400~1,000만 원까지 추가 보조금을 주지요. 국고 보조금과 지자체 보조금을 합치면 차종과 지역에 따라 최대 1,820만 원의 보조금을 받는 셈입니다. 보조금은 정부가 목표로 한 8.4만 대가 모두 팔릴 때까지 유지됩니다. 또 전기차는 차량을 등록할 때 납부하는 각종 세금도 감면받습니다. 개별소비세는 최대 300만 원, 교육세는 최대 90만 원, 취득세는 최대 140만 원까지 감면됩니다.

전기차 보조금은 해마다 규모는 늘어나지만 대당 지원금은 줄어듭니다. 혹시 구매를 염두에 두고 있다면 서두르는 것이 좋습니다.

현대자동차에서 생산하는 수소연료전지자동차는 일반 전기차와 어떻게 다른가요? 특히 수소차의 미래는 어떻게 전개될까요?

일반적인 전기차는 스마트폰처럼 전기 플러그를 꽂아 배터리를 충전하고 여기서 방전되는 에너지로 자동차 바퀴를 굴리는 구조입니다. 반면 수소연료전지자동차는 수소를 탱크에 압축해 싣고 다니면서 공기중의 산소와 화학반응을 일으켜 연료전지에서 전기를 만들고 그 전기로 자동차 바퀴를 굴립니다.

소비자 관점에서 수소차의 가장 큰 장점은 충전시간이 엄청 빠르다는 것입니다. 완전 충전하는 데 가솔린차와 비슷하게 5분 정도밖에 걸리지 않습니다. 전기차는 급속충전의 경우 20~30분, 완속충전은 4~5시간이 걸립니다. 상대적으로 충전시간이 길죠. 한 번 충전했을 때 달릴 수 있는 거리도 수소차가 일반 전기차에 비해 더 깁니다. 현대자동차 넥쏘는 항속거리가 600킬로미터인 반면 요즘 전 세계에서 가장 많이 팔리는 테슬라 모델3는 항속거리가 400킬로미터 정도입니다.

하지만 수소차에는 단점도 있습니다. 우선 연료전지에 들어가는 촉매 재료인 팔라듐, 백금, 세륨 등이 비싼 금속이라 수소차는 일반 전기차에 비해 차량가격 자체가 비쌉니다. 현대자동차의 준중형 SUV 넥쏘의 경우 보조금을 제외한 소비자가격이 6,890만 원부터 시작합니다. 비슷한 크기의 폭스바겐 티구안 전기차가 3만 유로(약 3,900만 원) 이하인 것과 비교가 되지요. 수소차에 연료로 들어가는 수소를 어떻게 만드느냐 하는 문제도 있습니다. 현재 수소를 생산하는 가장 일반적인 방법은 부생수소를 이용하거나 천연가스를 개질하는 것인데 그 과정에서 온실가스인 이산화탄소가 대량 발생합니다. 환경오염을 줄이기위한 친환경 자동차가 또 다른 환경오염을 유발한다는 오명을 쓸 수 있지요.

　현재 전 세계의 대세는 일반 전기차입니다. 현대자동차 넥쏘 외에 도요타의 미라이, 혼다의 인사이트 등 다른 수소차도 있지만 전기차에 비하면 판매 규모가 작습니다. 그러나 앞으로 수소충전 인프라가 늘어나고 차량가격이 떨어지면 수소차에도 기회가 올 수 있습니다. 특히 일반 승용차가 아니라 트럭, 버스 같은 상용차 시장에서는 수소차가 위력을 발휘할 것이라는 전망도 있으며 용도에 따라 두 가지가 공존할 가능성도 큽니다.

지금은 전 세계가 에너지 전환과 재생에너지 확대 추세를 따르는 모양새입니다. 코로나 19를 극복하는 과정에서 그린 뉴딜이 이를 더욱 가속화할 가능성도 높습니다. 만약 투자자라면 이러한 흐름 속에서 어떤 산업이나 기업에 주목해야 할까요? 투자 관점에서 기업가치가 상승할 만한 회사를 알고 싶습니다.

자동차회사 중에는 전기차 시장에서 새로운 강자로 떠오른 기업이 있습니다. 대표적인 회사가 테슬라죠. 테슬라는 최근 대규모 양산시설을 갖추면서 그동안 단점으로 지적받아온 생산 측면의 품질도 계속 개선하고 있는 모습입니다. 우리가 반자율주행이라고 부르는 '오토파일럿' 기능도 많은 사람에게 신선한 충격을 안겨주고 있습니다. 현재 전 세계에서 가장 많은 전기차를 판매하는 회사이고 후발주자와의 격차가 큰 만큼 당분간은 기업가치가 계속 상승할 것입니다. 지난 겨울 주가 급등 이후 코로나 사태를 겪으며 부침이 계속되고 있기는 하지만 장기적 관점에서는 보유해도 좋은 주식이라고 생각합니다. 요즘에는 앱으로도 해외주식 거래가 가능하니 한 주, 두 주 사면서 추세를 지켜보는 것도 좋습니다.

태양광, 풍력 같은 재생에너지와 직간접으로 연관이 있는 기업도 중장기적으로 성장할 가능성이 큽니다. 태양광에서는 중국 기업이 대거 상위권을 차지하고 있지만 한국의 한화큐셀, 미국의 퍼스트 솔라 같은 기업도 선전하고 있습니다. 태양광은 이미 많은 국가에서 그리드 패리티Grid Parity에 도달한 만큼 더 빠르게 확산되겠지만 단가가 워낙 저렴해져서 기업이 돈을 벌 수 있을지는 더 두고 봐야 합니다. 풍력은 덴마크의 베스타스, 스페인의 지멘스-가메사, 미국의 GE가 강자로 자리 잡고 있습니다.

IEA의 전망에 따르면 2019~2040년 전 세계 전력 시설용량 신규 건설 중 절대다수가 재생에너지 시설로 채워진다고 합니다. 현재의 정책 기조를 그대로 이어가는 시나리오대로라면 전체 발전용량 중 중국과 유럽은 80% 내외, 일본은 70% 이상, 미국은 60% 이상을 재생에너지로 채웁니다. 그리고 재생에너지의 대부분을 차지하는 것은 태양광과 풍력입니다. 이 모든 것이 관련 기업에 사업 기회가 될 수 있습니다.

반면에 전통 에너지원인 석유, 석탄, 원자력 등과 관련된 기업은 어려움을 겪을 수 있습니다. 이제 한국 정부가 에너지 전환 정책을 시작한 지 만 3년이 되었는데 이는 기존에 수주한 발전시설 물량이 소진될 시점입니다. 전통 에너지원 수주 절벽이라는 이 난관에서 벗어나기 위해 기업 차원에서 다양한 신사업을 찾고 있으나 그리 쉬워 보이지는 않

IEA 전 세계 전력시설 신규 용량에서 재생에너지 비율 전망

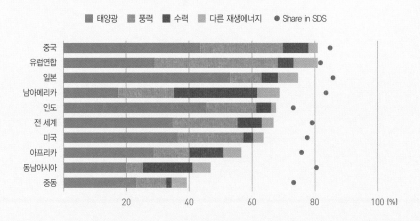

주: 2019~2040년, Stated Policies Scenario 기준, 그래프에서 점은 Sustainable Development Scenario 기준
자료: International Energy Agency(2019.11.13.), 〈World Energy Outlook 2019〉

습니다.

　에너지 전환은 전 세계적 추세입니다. 그리고 우리에게는 이 기회를 적극 활용하려는 자세가 필요합니다. 지금이라도 정신을 똑바로 차리고 따라가면 우리도 국제사회에서 에너지강국으로 우뚝 설 수 있을 겁니다.

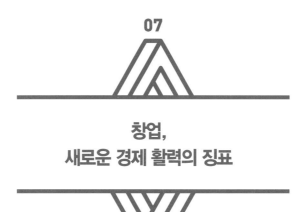

07

창업,
새로운 경제 활력의 징표

| 박정호 |

최근 선진국과 신흥국 모두 공통으로 노력하는 것 중 하나는 창업 활성화다. 창업은 본래 경제발전의 원동력이자 경제 활력을 보여주는 대표적인 전통 지표다. 특히 OECD 회원국은 모두 창업을 저성장 기조 탈피, 신성장 동력 확보, 신규 일자리 창출 같은 문제를 해결하는 가장 효과적인 대안으로 인지하고 있다. 창업은 금융위기 이후 심각해지고 있는 청년층 고용 문제의 대안이기도 하다. 창업 지원이 청년층을 노동시장으로 유인하는 잠재적 동인 역할을 하기 때문이다.

실제로 OECD 회원국은 현재 창업 기업 규모(개수)가 2008년 글로벌 금융위기 이전 수준을 상회하는 모습을 보이고 있다. 그중에서도 오스트리아, 벨기에, 프랑스, 헝가리, 아이슬란드, 네덜란드, 노르웨이, 스웨덴, 미국의 창업 증가세가 가장 뚜렷하다. 창업뿐 아니라 파산 기업

규모(개수)도 2016년 기준으로 볼 때 글로벌 금융위기 이전 수준으로 회복되거나 그 이하로 떨어졌다.

창업은 코로나19를 극복하고 경제를 다시 활성화하기 위한 효과적인 수단으로도 주목받고 있다. 각국은 무너진 경제를 회복하는 과정에서 대규모 정책자금을 창업 분야에 지원할 것으로 전망한다. 창업을 위한 정부 지원은 소비 활성화를 위한 기본소득 제공, 기존 기업에 대한 금융 및 일자리 지원과 함께 코로나 국면을 벗어나기 위한 중요한 축으로 작용할 것이다. 따라서 현 시점에 창업 시장의 동향과 현안을 숙지하는 것은 의미가 있는 작업이다.

■ 주요국은 인재 영입을 위해 치열하게 경쟁 중 ■

최근 창업으로 집중 육성하려 하는 분야는 흔히 4차 산업혁명으로 불리는 AI, 빅데이터, 클라우드, 증강현실, 가상현실, 스마트팩토리, 블록체인이다. 그런데 이들 분야를 집중 육성하려 하는 국가에는 한 가지 공통된 고민거리가 있다. 바로 해당 분야 전문가를 찾기 어렵다는 점이다. 과학기술정보통신부에 따르면 한국도 2022년까지 AI, 클라우드, 빅데이터 등 소프트웨어 인력이 3만 명 부족할 전망이다.

현재 많은 국가가 이들 분야 전문가를 육성할 때까지 기다릴 수 없다고 판단한 듯하다. 이는 많은 국가가 해외 우수 인력이나 창업가를 유치해 해당 산업을 활성화하고자 적극 노력하는 것으로 알 수 있다.

이들은 해외 인재 영입으로 부족한 인력을 보완하고 있다.

해외 인재 영입과 창업 활동은 국내 기업과의 교류나 연계로 각 산업이 새로운 아이디어와 창의성을 확보하는 원천으로 활용이 가능하다. 특히 외국인 창업자 네트워크를 활용할 경우 글로벌 협업 중심의 기업 문화와 환경을 조성하고 해외 수출의 교두보를 마련할 기회도 얻는다. 글로벌 국가들이 외국인 예비창업가를 적극 유치하는 이유가 바로 여기에 있다. 현재 여러 국가가 외국 인재를 원활히 영입하기 위한 제도 개선을 적극 검토하고 있다.

미국은 자국의 경제발전에 기여하고 고용을 촉진하기 위해 H-1B(취업비자) 등 외국인 취업 제한은 강화하지만 창업은 장려한다는 취지를 유지하고 있다. 특히 미국은 자국에 일자리를 창출하는 창업자에게 7만 5천 개 쿼터 내에서 스타트업 비자를 발급하고 있다. EB-5(투자이민)는 벤처캐피털이나 엔젤투자자의 투자를 받은 창업자에게 발급하는데, 2년 거주할 수 있고 이후 요건을 충족할 경우 영주권 취득도 가능하다. 2017년에는 미국 내에 스타트업을 설립해 운영하는 외국인 기업가에게 비자 없이 최대 5년간 임시 체류 자격을 부여하는 새로운 규정도 마련했다.

싱가포르는 자국 내에서 창업을 희망하는 창업자를 위해 회사 설립 후 6개월 이내에 'Entre Pass' 비자 신청이 가능하도록 운영한다. 만료 2개월 전에 갱신하는 Entre Pass 비자는 갱신 횟수에 제한이 없다. 또 총사업비 15만 싱가포르달러(약 1억 3천만 원) 이상 투자하거나 현지인을 4명 이상 고용하는 경우 동반가족 비자(배우자와 21세 미만 미혼자녀)

혹은 장기거주 비자를 발급해준다.

중국은 베이징시 공안부가 2016년 3월 '베이징 혁신 발전을 위한 출입국 정책 조치 20조항'을 제정해 새로운 비자와 영주권 정책을 시행하고 있다. 이는 베이징시를 중심으로 미래 신산업 동력을 확보하기 위해 해외 우수 인력의 출입국 환경 원활화, 효율적인 출입국 서비스 제공, 해외 고급 인재와 혁신 창업 인재 영입으로 기술혁신 달성 등을 목표로 삼고 있다.

유럽에서는 프랑스가 가장 적극적으로 외국인 창업가를 유치하고 있다. 제2의 실리콘 밸리 육성을 목표로 2013년부터 IT 창업 지원 프로그램인 '라 프렌치 테크La French Tech'를 시작한 프랑스는 해외 스타트업 지원 프로그램 '프렌치 테크 티켓French Tech Ticket'을 중심으로 해외 IT 분야 창업자를 유치한다. 프렌치 테크 티켓에 당선된 창업자는 연간 보조금 2만 5천 유로와 함께 프랑스 비자 취득 혜택을 제공받는다.

이러한 주요국의 사례만 봐도 최근 국제사회가 신산업 육성에 필요한 인재 영입과 창업 활성화를 위해 얼마나 노력하는지 실감할 수 있을 것이다.

■ 창업 활성화하려면 인수합병이 활발해져야 ■

창업문화의 활성화를 위해서는 무엇보다 인수합병이 활발해져야 한다. 가장 손쉬운 창업은 기업 인수이기 때문이다. 하지만 수많은 예비

창업자가 창업을 준비할 때 기존 회사 인수보다 신규 회사 설립을 당연시한다. 물론 예비창업자는 회사명과 로고, 사무실, 집기뿐 아니라 직원 하나하나까지 모두 자신이 직접 결정하고 싶을 것이다.

경우에 따라서는 사업 내용이 혁신적이라 기존 회사 인수로는 사업을 수행하기 어렵거나 적합한 인수 기업을 찾지 못해 신규 회사를 설립할 수도 있다. 그런데 현장을 자세히 들여다보면 업무 특수성이나 적합한 인수 기업을 찾지 못해서가 아니라 신규 회사 설립만 창업이라고 착각해서 창업을 하는 창업가가 많다. 모든 것을 하나하나 직접 구축하려는 열의도 좋지만 그 과정에는 상당한 비용과 시간이 들어간다. 즉, 신생회사를 건실한 조직체로 만드는 데는 커다란 조직 구축 비용이 필요하다.

먼저 필요한 직원을 완벽히 구성하기까지 많은 시간이 든다. 어쩌다 한 명씩 찾아오는 구직자를 인터뷰하느라 시간을 비워야 하고 어렵게 채용한 직원이 관련 분야를 익힐 때까지 또 시간이 소요된다.

여기에다 초기 조직 구축에는 다양한 분야 지식과 노하우가 필요하다. 가령 엔지니어 출신 창업가는 재무회계 업무 처리에 필요한 스펙이 어느 정도 수준인지 알기 어렵다. 반대로 마케팅이나 재무 출신 창업가는 적정한 회사 서버와 전산장비 구축 규모를 가늠하기가 쉽지 않다. 결국 조직 구축에 많은 시행착오가 따른다.

그뿐 아니라 회사 행정을 원활히 처리하기 위한 결재문서 양식과 결재체계를 구축하는 데도 많은 고민과 노고가 들어간다. 그 밖에 회사 사무실과 사무기기 구입 등 모든 것이 시간과 비용을 투입해야 가능하다.

반면 기존 회사를 인수할 경우 이 모든 비용을 상당 부분 줄일 수 있다. 대개는 신규 사업에 적합하도록 부분 수정·보완으로도 충분하다. 이 관점에서 가장 손쉬운 창업은 기존 기업의 인수합병이다.

모든 것을 직접 기획해 창업한 창업가에게도 인수합병은 중요한 요소다. 창업가는 누구나 자신이 설립한 회사가 향후 인수합병 대상이 될 가능성을 고민한다. 창업 목적을 영속적인 사업 활동이 아니라 추후 매각에 두는 창업가도 많다. 나아가 인수합병은 창업 이후 회사를 일정 규모 이상으로 확장하는 유용한 수단 중 하나다.

창업자에게 단순히 자금회수 차원에서만 인수합병 시장이 필요한 것은 아니다. 인수합병은 진출한 산업 부문에서 공급 과잉이 발생했을 때 이를 해소하는 방법이자 사업 규모 확대 과정에서 신제품을 가장 쉽게 개발하는 방법이다. 신규 산업이나 신규시장에 효과적으로 진출하는 방법 역시 인수합병이다. 그 밖에 인수합병은 회사가 보유하지 않은 역량, 유통망, 명망 있는 브랜드, 자체 연구개발 역량 확보를 위한 의미 있는 수단이다. 이처럼 인수합병은 기업의 생존과 성장 전략 수단으로 그 중요성이 나날이 커지고 있다. 국내 중소기업 역시 인수합병을 단순히 회수전략 차원이 아닌 기업의 성장전략 일환으로 간주한 지 오래되었다.

인수합병 가능성 여부는 '창업→성장→회수→재투자·재도전' 순환을 구축하는 데 중요한 요인 중 하나다. 인수합병이 창업 생태계 조성뿐 아니라 신규 산업 성장에 지대한 역할을 한다는 사실은 해외 사례로 쉽게 확인이 가능하다.

구글, 아마존 등 미국 5대 IT기업이 지속적인 성장을 구가하는 가장 큰 이유는 신기술이나 새로운 아이디어를 확보한 벤처 스타트업을 끊임없이 인수합병했기 때문이다. CB 인사이츠의 자료에 따르면 미국 5대 IT기업은 2012~2016년 420개 스타트업에 투자했다. 구글은 사내에 벤처캐피털 구글벤처스를 설립해 유망 스타트업을 꾸준히 모니터해 인수하고 있다.

IT기업만 스타트업이나 벤처기업과의 인수합병으로 지속가능한 성장모델을 구축하려 애쓰는 것은 아니다. 월마트, GE 같은 전통 기업도 스타트업이나 벤처기업과의 인수합병으로 혁신 역량을 높이고 있다.

이와 달리 한국에서는 인수합병 시장이 일부 대기업만의 리그에 국한되어온 것이 사실이다. 블룸버그 자료에 따르면 국내 인수합병 건수는 2000년 106개였지만 2015년 623개로 5.9배 증가했다. 거래 규모도 같은 기간 13.9조 원에서 118.8조 원으로 8.5배 증가했다. 그렇지만 그 내용을 보면 신생 벤처기업이나 중소기업의 인수합병이 아니라 대기업 간 인수합병 혹은 대기업 계열사 간 합병이 주를 이루고 있다. 인수합병 평균 금액은 1,795억 원으로 나타났다.

현재 한국의 벤처기업 회수 시장은 장외에서 해당 기업 주식을 매각하는 방식과 영화, 공연 같은 프로젝트성 사업에 투자한 금액을 회수하는 방식이 70%를 차지하고 있다. 한국벤처캐피털협회 자료에 따르면 해외에서 가장 보편적 회수 방식으로 꼽히는 기업공개IPO, 인수합병은 30%도 채 되지 않는다. 그중에서도 특히 인수합병을 활용한 회수는 전체의 2%에도 미치지 못한다. 반면 미국은 벤처기업의 80% 정도가 인수합병으로 투자자금을 회수한다.

국내 벤처기업을 대상으로 한 설문조사 결과를 보면 국내 중소벤처기업은 인수합병을 활용한 기업가치 증대를 선호한다. 그 이유로는 시너지 창출, 신규시장 진출 시간 단축, 규모의 경제, 시장지배력 확대 순으로 나타났다.

결국 한국에서 창업 활성화와 함께 신산업 육성 교두보를 마련하기 위해서는 하루빨리 견실한 인수합병 시장을 형성해야 한다.

■ 창업자금 확보 경로 다변화 ■

OECD는 〈2018 중소기업 자금조달 보고서〉[1]에서 기업의 창업자금 조달 경로가 바뀌고 있음을 보여주는 연구 결과를 제시했다. 해당 보고서는 중소기업의 경영 환경 개선에도 불구하고 조사 대상 25개국 중 15개 나라에서 중소기업 신규대출이 감소했다고 설명했다. 이 보고서는 그 원인이 투자 수요 위축과 함께 중소기업의 자금 조달 경로가 바뀐 데 있다고 지적했다.

실제로 2016년 이후 은행부채 이외의 다른 금융수단을 활용하는 비중이 증가하고 있다. 이는 전통적인 은행대출 의존에서 벗어나 리스와 팩터링factoring, 벤처캐피털 투자, 크라우드펀딩 등을 활용한 새로운 자금 수혈 경로가 활성화하면서 유발된 현상이다.

예를 들면 개인 간 거래P2P 대출, 지분투자형 크라우드펀딩 같은 온

기업이 신규 조달한 자금의 원천별 비중

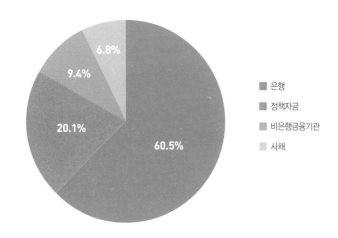

자료: 2017년 중소기업 금융실태조사 보고서

라인상의 대안금융 규모는 2013년 이후 2016년까지 매년 거의 2배씩 증가했다. 리스와 임차구매lease and hire purchase는 2015년 대비 10% 이상 늘어났고 2016년에도 대다수 국가에서 상승했다. 이러한 추세는 2019년까지도 지속되어왔다.

반면 한국 중소기업들은 전통적인 은행대출에 의존하는 비율이 점점 고착화하고 있다. 전체 기업 대비 중소기업 대출은 2007년 86.8%에서 2016년 78.6%로 줄었지만 국제 기준에 비하면 여전히 높은 비중을 차지하고 있다. 〈2017년 중소기업 금융실태조사 보고서〉에 따르면 2016년 기업이 신규로 조달한 자금의 원천별 비중은 은행이 가장 높고 뒤이어 정책자금, 비은행금융기관, 사채 순으로 나타났다. 자금 조달 방식의 90% 정도가 전통 대출 방식이다.

그뿐 아니라 한국 중소기업의 은행 신규대출 규모는 계속 증가하는 추세다. 국내 5대 은행, 즉 KB국민, 신한, KEB하나, 우리, NH농협 은행의 기업대출 규모는 2015년 말 420조 원, 2016년 말 427조 원, 2017년 말 456조 원으로 꾸준히 늘어났다. 이처럼 국내 창업자금 흐름은 앞서 설명한 해외 사례와 크게 대조를 이룬다.

■ 가장 효과적인 창업 지원 대상은 재창업자 ■

해외 주요국은 창업 지원으로 소기의 성과를 거두기 쉬운 대상은 창업에 실패한 뒤 재창업을 시도하는 사람들이라는 사실을 인지하고 있다. 사실 창업은 실패 가능성이 높다. 관련 통계만 봐도 2010~2014년 신규 창업은 대략 77만 개였는데 같은 기간 폐업이 69만 개나 발생해 5년 생존율이 27.3%로 나타났다. 한데 이 내용을 조금 다른 관점에서 살펴보면 흥미롭게도 첫 창업 실패율은 높지만 재창업 실패율은 현격히 떨어진다는 사실이 드러난다. 2015년 중소벤처기업부 조사에 따르면 창업 이후 5년 생존율을 기준으로 첫 창업에 비해 재창업 생존율이 2배 이상 높은 것으로 밝혀졌다.

사실 첫 창업에서 실패할 확률이 높은 것은 지극히 당연하다. 흔히 안정적인 직업으로 알려진 의사, 변호사 같은 전문직 종사자는 개업하기 전에 짧게는 3년, 길게는 10년 가까이 관련 공부를 한다. 사전에 실패율을 낮추기 위한 오랜 숙련기간을 거친다는 말이다. 그러니 사전 예행연습이나 장시간 숙련기간을 거치지 않고 도전한 창업에서 실패할 확률이 높은 것은 당연하다.

글로벌 기업가는 대부분 뼈아픈 사업 실패를 경험해본 사람들이다. 미국과 중국 기업인은 평균 2.8번 실패를 경험한다. 도널드 트럼프 대통령도 한때 4번이나 개인파산을 신청한 경력이 있다. 마윈 회장도 8번의 사업 실패 후 알리바바로 성공한 것이다.

그러나 한국 기업인의 사업 실패 경험은 평균 1.3회에 그친다. 폐업한 CEO가 자신의 이름으로 다시 창업하는 비율은 3% 수준이다. 폐업한 대표이사가 임원으로 참여하는 경우도 4.2% 수준이다. 이 조사 결과는 한국 기업인이 사업 실패를 성공의 밑거름이나 일종의 숙련기간으로 생각하기보다 실패 그 자체로 여기는 경향이 크다는 것을 의미한다.

어찌 보면 이것은 한국에서 창업 후 5년 생존율이 OECD의 다른 회원국보다 현격히 떨어지는 원인 중 하나인지도 모른다. 2010~2014년 5년 생존율을 보면 조사대상 OECD 17개국 중 한국이 최하위를 기록했다. 영국 37.5%, 독일 41.0%, 스웨덴 62.6%와 달리 한국은 30%에도 채 미치지 못한다.

창업에 실패하는 과정에서 쌓은 경험과 노하우를 보유한 사람이 재창업에 도전하지 못하는 상황이니 5년 생존율이 낮은 것은 당연한 일이다. 이는 우리가 재창업자 지원 프로그램을 더 많이 만들어야 한다는 사실을 일깨워준다.

■ 기업가정신과 창업 교육 활성화 추세 ■

창업 활성화를 위해 여러 국가에서 추진하는 또 다른 주요 정책은 기업가정신과 창업 교육 보편화다. 기업가정신과 창업 관련 내용을 특정 집단이 아니라 모든 학생이 전체 교육 시스템 내에서 적절히 배우도록 만드는 방안을 도입하고 있는 것이다. 이러한 움직임은 특히 유럽 국가들을 중심으로 정책 사례가 늘어나고 있는 추세다.

대학생, 대학원생뿐 아니라 청소년에게도 기업가정신과 창업 교육을 하는 이유는 청소년에게 제공할 수 있는 사회적 기회가 점차 줄어들고 있기 때문이다. 실제로 기존 전통 산업에서 제공하던 일자리 기회는 자동화, 전산화, 해외 이전 등으로 점차 줄어들고 있다. 어렵게 특정 회사에 들어가도 해당 회사와 산업의 지속가능성이 크게 낮아진 상황이다. 이런 까닭에 창업 혹은 창직創職으로 스스로 일자리를 발굴하거나 창출하는 능력을 미래 세대인 청소년이 갖춰야 할 중요한 덕목 중 하나로 판단하고 있다.

또한 청년층이 새로운 비즈니스를 시작하면 다른 청년층에게 롤모델 역할을 할 수 있다. 특히 취약 지역에서 비즈니스를 시작할 경우 취약한 환경에 있는 청년들이 사회적 배제에서 탈출하도록 돕는 메커니즘으로 기능할 수도 있다. 이는 경제활동에서 벗어나 있는 청년층의 경제적 취약성을 자체 해결하는 동시에 경제성장과 사회 통합에도 긍정적 효과를 주는 해결책이다.

청년층이 노동 시장에서 배제될 경우 경제적 손실이 매우 크다. 예를 들어 EU는 전체 니트족NEET (일하지 않고 일할 의지도 없는 청년 무직자) 의 10%가 노동 시장에 들어오면 EU 납세자들의 부담이 연간 약 100억 유로 줄어들 것으로 추정하고 있다. [2]

이러한 맥락에서 적극 도입한 기업가정신 교육은 대학생과 성인을 대상으로 실질 창업 과정을 알려주는 창업 교육과는 그 내용이 사뭇 다르다. EU를 중심으로 한 기업가정신과 창업 교육은 학생들의 실제 창업 준비를 지원하는 협의의 개념에서 벗어나 광의의 개념으로 활용하고 있으며 국가별로 그 지향점과 내용도 다르다.

기업가정신 함양과 창업 교육을 지원하는 정책은 크게 학교 시스템 내의 학교교육과 학교 이외의 직업훈련 지원으로 구분할 수 있다. 지원정책의 특성은 국가별로 기업가정신과 창업 교육의 주안점을 어디에 두느냐에 따라 달라진다.

가령 오스트리아, 폴란드, 체코, 이탈리아는 그 초점을 경제성장과 일자리 창출에 두고 있다. 미국은 성장 중심의 벤처 활성화에 목표를 두는 것으로 변화하고 있다. 덴마크, 영국, 핀란드는 개인 개발에 초점을 두고 기업가적 사고방식을 형성하는 한편 학생들이 자영업자나 근로자로 일할 때 필요한 스킬과 역량을 갖추도록 하는 데 주안점을 둔다.

OECD는 2014년부터 EU와 함께 초중등학교, 직업훈련기관의 기업가정신과 창업 교육 활동을 지원하기 위해 새로운 프로젝트 'Entrepreneurship 360'을 진행해오고 있다. 이 프로젝트에서는 기업가정신과 창업 교육의 의미, 교사와 행정가들을 위한 가이드라인을 개발하는 한편 관련 역량 개발 연구나 우수 사례를 EU국가와 활발하게 공유하고 있다.

실제로 유럽의 많은 나라에서는 교육기관이나 교사가 실험적인 학습, 관찰, 실행으로 기업가정신과 창업 교육을 활발하게 추진하고 있다. 기업가정신과 창업 교육이 창의력이나 혁신을 촉진하고 학생들에게 자신의 프로젝트를 구상, 계획, 관리할 기회를 제공하기 때문이다.

이를 배경으로 Entrepreneurship 360은 이들 학교와 개인에게 다른 기관이나 개인의 사례를 제공해 배우고 경험을 공유하게 한다. 여기에는 현장 전문가가 적극 참여하고 있는데 이 프로젝트는 이들이 서로 네트워크를 형성하도록 지원하고 있다. 또한 전문가와 학교 현장에서 서로 공유하도록 관련 문서도 꾸준히 개발하고 있다. 현재 OECD는 웹사이트(www.oecd.org/site/entrepreneurship360)에 우수 사례, 기업가정신 관련 연구 결과, 자체 진단 도구를 제공한다.

최근 한국 경제는 저성장 고착화, 고용 없는 성장, 지역 간 불균형, 사회적 신뢰 부재 등 경제·사회 측면에서 위기에 직면해 있다. 코로나19로 인한 글로벌 경제의 붕괴는 이러한 현상을 더욱 가속화했다. 구조적 위기상황 속에서 경제 반등을 위한 근본적 대안으로 창업의 역할이 더욱 주목받고 있다.

그동안 한국 경제를 지탱해온 주요 산업 부문이 이미 저성장 국면에 진입한 상태라 우리에게는 새로운 성장 동력이 절실히 필요하다. 한국은 1인당 GDP가 2만 달러에서 3만 달러를 넘어서는 데 12년이 걸렸고 (2006년→2018년) 이는 일본(5년), 독일(5년), 미국(9년) 등 여타 선진국에 비해 꽤 더딘 속도다. 그런 만큼 신성장 동력으로 한국 경제에 활력을 불어넣어야 한다.

지금껏 한국 경제를 지탱해온 반도체, 자동차, 철강, 조선 같은 주력 산업군은 저성장 기조로 접어든 데 반해 이를 대신할 신성장 분야는 아직 뚜렷하게 가시적 성과를 확인하기 어렵다. 그 탓에 한국은 국제경영개발대학원IMD 국가경쟁력 순위에서도 2000년 29위, 2005년 27위, 2010년 23위, 2015년 25위로 정체 상태에 놓여 있다. 특히 2013~2017년 국가경쟁력 순위 세부항목을 보면 경제 성과, 정부 효율, 인프라 분야는 20위권이지만 경제혁신 주체인 기업 부문 효율성 순위는 30~40위로 크게 뒤처져 있다.

이러한 상황을 종합할 때 앞으로 한국 경제는 코로나19를 극복하고 산업 전반에서 혁신성을 높이기 위해 창업을 꾸준히 활성화해야 한다. 우리가 현재 국제사회가 추진하는 창업 활성화 전략·전술에 주목해야 하는 이유가 여기에 있다.

DEEP INSIDE

지금은 기술 환경 변화로 창업도 그 전개 형태가 크게 달라진 것으로 보입니다. 취업이 갈수록 어려워지면서 상대적으로 창업에 관심을 보이는 사람이 많은데 최근 전개되는 창업 형태는 이전과 어떤 점에서 다른가요?

우선 창업 형태가 자기 고용, 즉 1인 창업이 많아졌습니다. 사람을 더 고용하지 않고 혼자 사업자로 활동하는 사람이 많이 늘고 있지요. 원래 업태가 그럴 수밖에 없는 경우만 그런 것이 아니라 지금까지 누군가를 고용해야 했던 분야도 이렇게 바뀌고 있습니다. 이러한 변화를 유발한 것은 IT 솔루션입니다. 지금은 앱으로 회계 처리나 수출 선적까지도 가능하다 보니 더 이상 고용을 유발하지 않는 창업이 많아지는 것입니다. 그러니까 창업해서 회사가 성장하면 더 많은 사람을 고용하는 형태를 기대하기 힘든 구조입니다.

그다음으로 고용 형태가 정규직 채용이 아니라 파트타임으로 많이 바뀌었습니다. 사업자등록을 내고 회사 대 회사로 계약하는 건수가 늘어나고 있기 때문에 단순히 숫자상으로 창업이 활성화된다고 해서 일자리가 창출될 거라고 보면 안 됩니다.

창업한 지 3~4년이나 5년이 지나 기업이 성장 혹은 도약해도 10명 이하를 고용하면서 계속 그 상태를 유지하는 경우도 많습니다. 사실 요즘 대표적인 형태는 극소화 기업입니다. OECD에서 극소화 기업을 대상으로 왜 매출이 30억 정도에 머물고 있는지, 20~30명을 더 고용해서 50억 이상으로 갈 계획이 있는지 조사한 결과 이들 기업에서 싫다는 답변을 들었다고 합니다. 10명 정도면 사장이 여유롭게 일하면서 지낼 수 있지만 사업 규모가 커지면 관리하느라 자신의 라이프스타일이 깨져 부담스럽다는 것이 그 이유입니다.

전통적으로 회사는 '소기업→중기업→중견기업→대기업'으로 발전하는 형태였지만 지금은 현재 상태에서 더 크게 규모를 확장할 생각이 없다는 사람이 늘고 있습니다. 이것이 지금 새로운 창업 트렌드입니다.

성별 창업 현황도 상당히 특이합니다. OECD는 이것을 중요하게 생각하는데 여성의 자기 고용 비율이 남성의 절반 수준에 불과합니다. 칠레와 멕시코는 여성의 자기 고용 비율이 남성과 비슷한 수준이지만, 나머지 국가는 대부분 여성의 자기 고용 비율이 낮은 편입니다.

창업할 때 직면하는 가장 큰 어려움은 창업자금 마련입니다. 여전히 많은 창업자가 은행대출에 의존하는 비율이 높다고 들었는데, 창업자금 측면에서 현재 한국이 가장 주목해야 할 부분은 무엇인지요?

스타트업은 보통 창업자금을 마련할 때 P2P 플랫폼을 많이 활용합니다. 그래서 정부가 P2P 플랫폼을 적극 육성하고 있지요. 여기에는 2가지 목적이 있는데 하나는 핀테크 산업 육성이고 다른 하나는 일자리 창출입니다. 워낙 국가적으로 일자리 창출이 어렵다 보니 스스로 알아서 창업하라는 의미죠.

P2P 플랫폼은 창업 아이디어와 기술은 있지만 자금이 없는 사람과 자금이 있는 사람을 연결해주는 역할을 합니다. 사실 아이디어와 기술이 있는 사람이 담보 없이 은행에서 자금을 대출받는 것은 굉장히 어렵습니다.

정부는 창업자들을 돕기 위한 P2P 플랫폼을 활성화하기 위해 대략 세 가지 방법을 사용했습니다. 첫째, P2P 사업자에게 B2B 사업을 열어주었습니다. 이전까지 금융 산업은 P2P 플랫폼을 하지 못했지만 이제는 그것이 가능합니다. 둘째, 투자자 규제를 완화했습니다. 과거에는 500만 원까지 투자할 수 있었죠. 평균 투자수익률이 6~7%라 사람들이 많이 투자했는데 정부는 이것이 위험하다고 본 겁니다. 사업이 실패할 경우 원금을 보장받을 수 없으니까요. 이후 1,000만 원으로 상향 조정했다가 2019년 다시 2,000만 원으로 조정했는데 이것도 P2P 플랫폼 확대에 기여를 했지요. 마지막으로 P2P 투자 대상 규제를 완화했습니다. 처음에는 스타트업만 가능했으나 지금은 중소기업도 할 수 있습니다.

정부는 세 가지 측면의 규제를 완화하면서 리스크를 줄이기 위해 '정보 투명화' 규제는 오히려 강화했습니다. P2P 플랫폼에서 제공하는 정보가 악의적인지, 객관적이지 않은지 등을 검수하는 의무를 강화한 것이지요. 투명도가 높아지면 자연스럽게 P2P 투자의 신뢰도와 의존도도 높아집니다.

물론 아직은 P2P로 가시적인 성과를 거둔 회사가 많지 않으며 P2P를 명확히 이해하지 못해 법률 분쟁까지 발생하는 사례도 있습니다. P2P로 누군가의 창업자금에 투자할 경우 그 판단과 성패는 철저히 개인의 책임입니다. 이는 국가가 법적으로 관리하는 금융상품과 현격히 다른 점입니다. 그런데 이것을 제대로 인지하지 못한 투자자 때문에 사기, 배임 등의 사유로 법률 분쟁 중인 경우가 많습니다. 이러한 소요나 불협화음이 일어나는 초기 단계를 지나면 P2P를 정확히 이해하고 활용하는 사람이 늘어나리라고 기대합니다. 다만 일부 관련 전문가가 P2P 분야의 다양한 분쟁 사례로 인해 시장이 크게 위축될까봐 걱정하는 것도 사실입니다.

한편 많은 전문가가 이번 코로나19 사태를 극복하는 과정에서 창업자에 대한 정부의 정책지원이 크게 늘어날 것이라고 전망합니다. 경기부양을 위해 돈을 쏟아 부을 곳이 필요한데 창업만큼 명분과 실리에 있어 좋은 영역이 없는 것이지요. 사실 이전에도 한국에서 공공 부문의 창업지원은 이미 엄청난 규모로 진행되었습니다만 더욱 증가한다는 전망입니다. 창업을 준비하고 계시다면 P2P를 통한 자금 마련 외에도 정부의 정책자금에 관심을 가져 보면 좋을 것입니다.

Future Scenario 2021

PART 3

Future Scenario 2021

사회

Society

미래
시 나 리 오
2 0 2 1

08

사회복지,
제3의 성과 자살방지 문제

| 김상윤 |

■ 세계는 제3의 성을 허용하는가? ■

2020년 1월 22일 지금껏 보지 못한 뉴스 하나가 국내 언론을 장식했다. 육군에 복무 중이던 변희수 하사관의 커밍아웃 소식이다. 그가 오랜 기간 자신의 성 정체성을 고민해온 끝에 이를 밝히기로 하고 언론 앞에 서자 국내뿐 아니라 BBC 등 해외 언론도 큰 관심을 보이며 이 소식을 보도했다.

이보다 1년 앞선 2019년 1월 1일 독일은 유럽 국가 최초로 제3의 성을 허용했다. 이에 따라 출생증명서와 여권은 물론 각종 공공서류에 남성도 여성도 아닌 간성intersex1에 해당하는 성별을 표기할 수 있도록 '다양성diverse' 항목을 만들었다. 독일뿐 아니라 다른 여러 국가도 최근

제3의 성을 법과 제도로 인정하려는 움직임을 보이고 있다. 2019년 6월 오스트리아 대법원은 독일과 비슷한 판결을 내렸고 뉴질랜드, 몰타, 인도, 캐나다도 제3의 성을 인정하는 제도를 검토하고 있다. 2019년 이후 전 세계에서 이런 움직임이 활발해지고 있다는 점에서 '제3의 성' 허용은 국제적으로 중요한 이슈임이 분명하다.

한국은 2019년 3월 국가인권위원회가 진정서의 성별란에 남성, 여성, 트랜스젠더 남성, 트랜스젠더 여성 외에 '지정하지 않은 성별' 칸을 추가하기로 결정했다. 이는 국가인권위원회가 남성과 여성 외에 다양한 성 정체성이 있음을 인정한 셈이다. 이 발표 이후 한편에서는 제3의 성 인정은 의학이나 생물학상 근거가 없고 사회적 합의도 이뤄지지 않은 사안이라며 우려하는 목소리도 있었다. 이제 우리 사회는 제3의 성을 어떻게 받아들여야 할지 심도 있는 고민과 사회적 합의가 필요한 시점을 맞이했다.

최근 UN이 발표한 통계에 따르면 제3의 성에 속하는 LGBT, 즉 레즈비언Lesbian, 게이Gay, 양성애자Bisexual, 트랜스젠더Transgender는 전 세계 인구의 약 0.5~1.7%를 차지하며 이들의 비중은 꾸준히 증가하고 있다.[2] UN과 OECD 같은 국제기구는 성소수자 관련 통계뿐 아니라 다양한 의견도 제시하고 있다. 특히 이들은 인권과 결부해 성소수자를 향한 인식, 차별과 평등에 관한 국제 기준을 제안했다. 유엔인권사무소[3]는 국제인권법에 따라 모든 국가에 성 소수자를 고문, 차별, 폭력으로부터 보호해야 할 의무가 있다고 밝혀왔다. 성적 지향에 따른 차별금지를 인권 문제로 규정하고 그 책임이 국가에 있다고 명시하기도 했다.

그러나 전 세계적으로 성소수자를 향한 인식이 부족하다는 것은 OECD의 설문조사 결과에도 여실히 드러난다. 2017년 OECD는 전 세계인을 대상으로 '동성애자를 인정하느냐'는 설문조사를 실시한 적이 있다. 그 결과 응답자들은 동성애자를 50% 정도 인정한다(10점 만점에 평균 5점)고 답했다. 같은 설문조사를 1980년대에 했을 때는 40%가 나왔다. 현 시대에도 여전히 성소수자를 바라보는 인식이 부족한 것은 사실이지만 시대가 흐를수록 개선되고 있음을 확인할 수 있다.

　　국가별로 보면 아이슬란드 국민은 동성애자를 90% 정도 인정한다는 압도적인 응답 결과를 보였다. 주로 북유럽 국가, 선진국일수록 동성애자를 인정하는 비율이 높았다(북유럽 국가 평균 약 7점 상회). 한국은 1980년대 20% 수준에서 2010년 30% 수준으로 인식이 높아지긴 했지만 아직 OECD 국가들 중 최하위 수준이다(최하위 국가부터 나열하면 터키, 리투아니아, 라트비아, 에스토니아, 한국 순).

OECD의 동성애자 수용 정도에 관한 설문조사 결과4

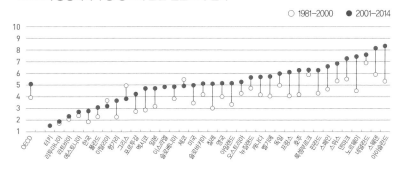

주: 1981~2000년, 2001~2014년 두 기간의 인식 차이를 보여줌. 전반적으로 개선

OECD의 또 다른 통계에서 발견한 흥미로운 것은 젊은 세대가 동성애자를 비교적 잘 수용한다는 점이다. 다음 그래프가 보여주듯 밀레니얼 세대라 불리는 15~29세는 동성애자를 60% 인정한다는 응답(10점 만점에 평균 6점)을 보인 반면 30~49세는 55%, 50세 이상은 43%로 응답했다. 이를 고려하면 시대가 흐르고 세대가 바뀔수록 성소수자를 향한 사회적 인식은 지속적으로 개선될 것이라는 예측이 가능하다. 또한 여성그룹(54%로 남성 대비 6% 높은 수준)과 고학력자 그룹(60%, 저학력자는 40%, 중학력자는 53% 수준)에서 동성애자 수용도가 높은 것으로 나타났다.

여성/젊은/교육 수준 높은/도시 거주 계층에서 동성애자 수용도가 높음(2001~2014년 조사) 5

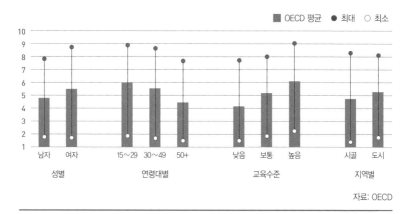

자료: OECD

■ 성소수자를 향한 편견: 유리천장은 여전하다 ■

'양성평등이냐, 성평등이냐 갈등 … 뭐가 문제?'(KBS, 2020년 2월 18일)
'성 정체성 인정받고 싶지만 … 커밍아웃 순간, 가족·직장 모두 멀어
져'(《한국일보》, 2019년 8월 13일)
'성소수자라서 … 벌점받은 적 있습니다.'(《한겨레》, 2017년 9월 4일)

전 세계적으로 성소수자 비중이 늘어나고 그들을 바라보는 인식이
점차 개선되고 있는 것은 사실이지만 아직도 다수의 성소수자가 법적
차별을 당하거나 사회적 편견으로 부당한 대우를 받고 있는 것도 사실
이다. 한국 사회에도 커밍아웃 이후의 편견과 부당한 대우를 우려해
자신의 성 정체성을 드러내지 못하고 고통받는 사람들이 여전히 존재
한다.

OECD는 성소수자 그룹을 대상으로 사회적 편견, 부당한 대우, 차별
관련 설문조사를 주기적으로 실시하고 있다. 2017년 발표한 조사 결
과에 따르면 성소수자 그룹이 자신의 성적 취향 때문에 개인적으로 차
별받는다고 느꼈거나 부정적 인식을 받고 있다는 응답이 여전히 높다.
먼저 고용 측면을 보면 성소수자 그룹은 타 그룹에 비해 7% 정도 차별
을 받는 것으로 나타났다. 그리고 경제적 대우 측면에서 성소수자 그
룹은 4% 정도 차별을 받는다고 응답했다. 가뜩이나 취업난이 심각한
요즘 자신의 성적 취향 때문에 취업 문턱이 더 높아졌거나 취업을 했어
도 금전적 대우 측면에서 차별을 받는다는 얘기다.

성소수자가 사회적 편견, 차별, 부당 대우를 경험한 비율[6]

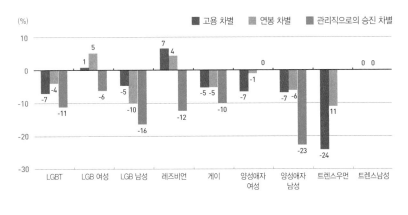

특히 취업 이후 소속 기업이나 기관에서 관리 직급 혹은 임원으로 올라가는 데 큰 제약(11% 차별)을 받는 것으로 나타났다. 그들은 자신의 업무수행 능력이나 성과와 상관없이 성적 취향으로 인해 승진에서 배제되고 있다.

차별 대우를 받거나 편견 등 차별적 인식을 받는다고 느끼는 성소수자들은 다양한 집단행동으로 자신의 권리를 주장하고 있다. 성소수자 권리 운동이란 성소수자의 사회문화적 수용을 목표로 의견을 공유하고 개선을 요구하는 행동을 말한다. 오늘날 성소수자 운동은 정치 운동과 문화 운동 성격을 띠고 있으며 로비 활동, 시위, 커뮤니티 활동, 학술 연구부터 비즈니스 활동에 이르기까지 다양한 영역에서 조직적으로 일어나고 있다.[7]

그중 대표적인 것이 미국의 트레버 프로젝트Trevor Project다. 트레버 프로젝트는 1998년 설립된 미국의 비영리 기구로 성소수자 인권 운동, 성소수자 청소년 자살 예방 프로그램 등 성소수자의 사회적 수용·보호를 위해 다양한 캠페인과 교육 활동을 주도하고 있다. '트레버'는 1994년 개봉한 영화 〈트레버Trevor〉의 주인공 이름에서 따온 것으로, 이 영화는 청소년 동성애자의 사랑과 사회적 편견 그리고 그로 인한 주인공의 자살 시도를 다룬다. 아카데미상을 수상한 이 영화의 흥행은 미국 전역에 청소년 성소수자를 보호해야 한다는 인식을 널리 확산하는 계기가 되었다.

개인이 성 정체성을 공개적으로 표현할 수 있도록 보장하고 그들이 사회적으로 차별을 받거나 공격받지 않도록 성소수자의 사회적 수용도를 높이는 것은 적어도 세 가지 이유에서 중요하다.

첫째, 성 정체성은 개인의 인권이다. 개인은 성적 취향과 성 정체성을 스스로 선택하고 존중받을 수 있어야 한다. 성 정체성 존중은 개인의 인권을 보장하고 존중하며 차별하지 않아야 한다는 인식과 동일시해야 한다. 이는 건강한 사회를 유지하는 데 필수적인 부분이다.

둘째, 성소수자를 사회적으로 배제하는 것은 경제발전 측면에서도 부정적일 수 있다. 4차 산업혁명 시대는 인적자본, 인적역량에 투자하는 것이 무엇보다 중요하다. 같은 맥락에서 성소수자들이 사회의 일원으로서 아무런 배제 없이 역량을 발휘하는 것은 우리 사회의 생산성 향상에 중요한 동력으로 작용한다. 일례로 성소수자의 수도로 불리는 샌프란시스코에서는 성소수자로 커밍아웃한 하비 밀크가 1977년 미

국가 사회의 동성애자 수용 정도와 성평등 수준은 비례 관계에 있다[8]

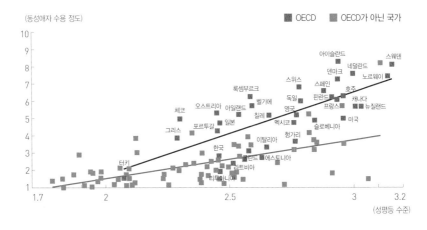

셋째, 국가와 시민 사회가 성소수자 공직자가 되었다. 이후 샌프란시스코는 인권, 자유, 다양성을 상징하는 도시로 자리 잡았으며 이곳에 위치한 실리콘 밸리는 개방과 혁신을 대표하는 산업 클러스터가 되었다.

셋째, 국가와 시민 사회가 성소수자를 적극 수용하는 것은 국가 전체의 인권 존중과도 연결된다. OECD가 발표한 통계를 보면 국가별 동성애자 수용 정도는 그 사회의 성평등 수준과 비례 관계에 있음을 알수 있다. 즉, 제3의 성을 더 많이 이해하고 포용하는 사회일수록 남녀 간의 성평등도 잘 자리 잡고 있다.

■ 한국, 자살률 세계 최상위권 오명을 벗을 것인가? ■

2019년 10월 K-POP 팬뿐 아니라 많은 대한민국 국민에게 안타까움을 안겨준 소식이 있었다. K-POP 스타 설리가 20대 나이에 자살로 생을 마감한 것이다. 사실 한국은 공인은 물론 일반인의 자살률도 상당히 높은 편이다. 자살은 우리 사회의 어두운 뒷모습을 보여주는 거울이자 우리가 해결해야 할 문제 중 늘 우선순위에 꼽히는 중요한 이슈다.

또한 자살은 한국을 비롯해 다른 OECD 국가에서도 중요한 사망 원인 중 하나다. OECD 국가 전체를 보면 2016년 한 해 동안 15만 2천 명이 자살했는데 이는 인구 10만 명당 약 12명에 해당한다.

한국의 자살률은 2016년 현재 인구 10만 명당 약 27.5명으로 2009년과 2010년 세계 1위의 불명예를 얻었으나 현재는 리투아니아에 이어 세계 2위다. 이는 OECD 국가 중 자살률이 제일 낮은 터키(10만 명당 약 4.5명 수준) 대비 6배 높은 수치다. 1990년대 후반 IMF 구제금융을 경험한

OECD 주요국의 자살률 변동 추이(인구 10만 명당)[9]

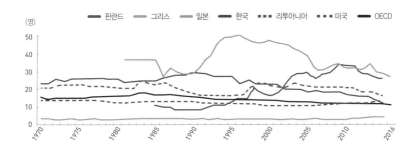

한국은 경제위기가 정점이던 1998년 자살자가 무려 1만 2,458명[10]에 달했는데 이는 전년 대비 36.7% 증가한 수치였다. 이후 IMF를 극복한 2000년대 초반 점차 자살률이 떨어지다가 2010년대 즈음 다시 세계에서 가장 높은 수준으로 올라섰다.

OECD 주요국의 남녀 간 자살률 차이 비교[11]

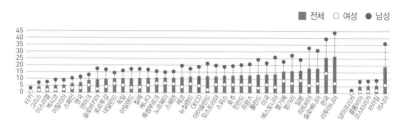

흥미롭게도 자살률은 전 세계적으로 남성이 여성보다 월등히 높다. 그러나 성별 외의 분류로는 자살률이 차이 나는 원인을 명확히 밝히기 힘들다. 심지어 권역별, 소득별, 인종별로도 구분하기가 곤란하다. 예를 들어 소득 최상위 그룹인 북유럽 국가들 사이에서도 핀란드는 지난 수십 년간 높은 자살률을 기록한 반면, 덴마크는 자살률이 낮은 국가 그룹에 속한다. 소득 수준이 다소 낮은 국가들을 비교하면 남유럽 권역(스페인, 터키, 그리스, 이탈리아), 중남아메리카 권역(브라질, 멕시코, 칠레) 국가는 대체로 낮은 자살률을 보인 반면 동유럽 일부 국가(리투아니아, 슬로베니아, 라트비아)는 매우 높은 자살률을 보였다.

그렇다면 자살률을 낮추기 위해 우리는 어떻게 해야 할까?

우리가 주목해볼 필요가 있는 나라는 핀란드다.[12] 핀란드는 20세기 내내 세계에서 자살률이 가장 높은 나라였다(1970년부터 2000년까지 세계 1~2위권). 그러나 1990년대 이후 국가가 대대적으로 자살 예방 캠페인을 시행하면서 1990년 인구 10만 명당 30명까지 치솟았던 자살률이 2016년 13.8명까지 낮아졌다.

사람들은 핀란드가 지리적으로 극지방에 인접해 겨울에 해를 보기 어렵고, 인구밀도가 낮아 사람 간 교류가 부족한 탓에 고립감을 느끼기 쉬울 것이라고 생각했다. 정치적으로 주변 열강의 침입으로 많은 어려움을 겪은 데다 경제적 위기가 여러 번 닥쳤다는 점도 높은 자살률의 원인일 것으로 추정했다. 하지만 누구도 딱 꼬집어 정확한 원인을 밝혀내지 못했다. 특히 핀란드의 산업화와 도시화가 가속화한 1965년부터 1990년까지 25년 동안 핀란드의 자살 사망률은 3배나 늘어났다. 한없이 치솟는 자살률로 위기의식을 느낀 핀란드 정부는 1986년 세계 최초로 국가가 주도하는 거국적 '자살 예방 프로젝트'를 시행했다. 핀란드 정부가 자살을 국민 정신건강 문제를 넘어 국가경쟁력을 위협하는 요인으로 인식했기 때문이다.

프로젝트 1단계는 자살 원인을 자세히 밝히는 '심리적 부검'[13]을 실시하는 것이었다. 사회·경제·개인 요인이 실타래처럼 뭉친 자살 원인을 정확히 알아내야 종합적인 자살 예방 대책을 세울 수 있다는 판단에서였다.

핀란드는 1986년부터 1992년까지 무려 6년간 학교, 병원, 사회복지기관, 군대, 교회 등 각계각층 전문가 5만 명을 동원해 1,337명의 심리적 부검을 진행했다. 그런 다음 자살 원인을 유형별로 분류하고 자살 예방 프로그램을 마련한 뒤 4년간 핀란드 전역에서 이를 실행했다.

핀란드의 일곱 가지 자살 예방 지침14

1 | 자살 시도자를 지원하고 치료하는 방법을 개발한다.

2 | 중증 우울증 환자를 위한 돌봄 서비스를 개선한다.

3 | 문제 해결을 위해 알코올을 남용하지 않는 방법을 배운다.

4 | 정신장애를 일으킬 수 있는 신체질환(만성질환 등) 치료를 위한 심리·사회적 지원을 강화한다.

5 | 삶의 위기에 처한 사람들이 서로 돕고 전문가의 지원을 받도록 장려한다.

6 | 청년층 소외를 예방하고 그들에게 삶의 어려움을 해결할 기회, 방법을 제공해 보람 있는 경험을 하도록 돕는다.

7 | 사람들이 삶에 관한 믿음, 열정, 확신, 인내, 서로 돕고자 하는 마음을 갖도록 격려한다.

이 프로그램의 핵심은 자살 가능성이 있는 사람을 조기에 파악해 빠르고 적절하게 치료받도록 하는 데 있다. 여러 경로로 자살 위험군에 속한 사람을 파악하면 국가는 이들에게 상담치료와 약물치료를 제공했다. 상담치료를 받기 어려운 경우에는 약물치료만 시행했는데 이것만으로도 환자의 우울증이나 자살 충동 증세가 놀랄 정도로 완화되었다.

핀란드 언론기관도 자살 예방 프로그램에 동참해 동반자살 충동을 불러일으키거나 사회적 파장을 일으킬 수 있는 자살 관련 기사를 자제했다. 가령 핀란드 언론은 개인의 죽음과 관련된 보도에 '자살'이란 단어를 사용하지 않으며 구체적인 자살 관련 방법도 보도하지 않는 것을 원칙으로 삼고 있다.

핀란드의 자살 예방 프로젝트는 상당히 효과가 있었던 것으로 평가받고 있다. 1990년 10만 명당 30명이던 핀란드의 자살률은 해마다 줄어들어 2005년 18명, 2016년 14명으로 떨어졌다. 자살국 순위는 세계 3위에서 13위(2016년)로 내려오면서 '자살공화국'이란 오명을 벗게 되었다.

핀란드의 자살 예방 프로젝트는 인근 스칸디나비아 국가를 비롯해 미국, 영국, 호주 등 10여 개국에서 비슷한 프로젝트를 만드는 데 큰 영향을 주었다. 세계보건기구까지도 핀란드 모델을 본뜬 자살 예방 모델을 만들 정도로 이 프로젝트는 자살 예방정책의 모범 사례로 꼽히고 있다.[15]

■ 코로나 블루를 극복하고, 삶의 만족도를 높여라 ■

최근 코로나19 사태가 장기화하면서, '코로나 블루'(코로나19 사태로 인해 우울감을 느끼는 것을 일컫는 신조어)가 확산되고 있다. 사회적 거리두기로 인한 외로움, 바이러스에 대한 불안감, 야외활동 부족으로 인한 활력 저하로 평소 아무 문제가 없던 일반인들조차 우울감을 호소하고 있다. 최근 한 설문조사에 따르면 국내 성인 4,000명을 대상으로 조사한 결과 절반 이상인 약 2,100여 명(54.7%)이 코로나 블루를 겪었다고 응답했다.[16]

특히 젊은 층인 30대 응답자의 경험 비율이 높았고(58.4%), 남성보다는 여성이 훨씬 높았다(62.3%). 우울감이 지나치면 자살로 이어질 가능성이 높다는 점에서 코로나 블루를 겪고 있는 사람들에 대한 사회적 관심이 필요하다.

코로나19가 개인이 어찌 할 수 없는 인류의 재앙이라 할지라도 개개인의 삶의 만족도에 깊숙이 영향을 끼치고 있다는 점에서 중요하게 생각해봐야 한다. 인간을 자살로 내모는 동기는 다양하지만 결국 삶의 만족도 문제로 귀결되기 때문이다. OECD는 한국을 "지난 10년간 한국인의 삶의 만족도는 소폭 개선됐지만 여전히 OECD 평균 이하에 머물고 있다"라고 진단했다. 한국인의 낮은 삶의 만족도를 높은 자살률의 직접적인 원인으로 지적한 것이다.

실제로 OECD 국가별 삶의 만족도 수준을 보면 한국은 라트비아, 에스토니아와 함께 최하위권에 위치해 있다. 중요한 것은 조사기간인 2006년 대비 2016년에도 거의 순위가 오르지 않았다는 점이다. 한국보다 하위에 있는 국가는 에스토니아, 헝가리, 포르투갈, 터키, 그리스 정도에 불과하다.

그렇다면 OECD가 한국 국민의 삶의 만족도를 낮게 보는 이유는 무

OECD 국가별 삶의 만족도17

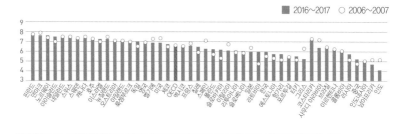

엇일까?

첫째, 직업 관련 스트레스다. OECD는 한국인의 직업 관련 스트레스가 타 국가 대비 매우 높은 것으로 평가했다. 여기에다 소득과 고용률은 OECD 평균 아래다. 일자리를 구하기도 힘든데다 막상 취업을 하더라도 직장 내 스트레스가 많다는 의미다.

둘째, 낮은 건강 만족도에 따른 삶의 질 저하다. 한국인의 기대수명은 82세로 OECD 평균 이상이지만 한국인 중 스스로 건강이 좋다고 여기는 사람은 32%에 그쳤다. 한국인은 자신의 건강에 해를 끼치는 원인으로 수면시간(평균 6.3시간), 체중 불만(74%), 불건전한 식습관(31%), 재정 상황(81%), 업무 관련 높은 스트레스(80%)를 꼽았다.

한국인 자살의 주요 동기18

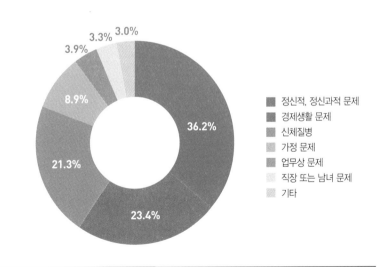

한국인의 자살 원인을 조사한 국내 자료에서도 비슷한 결과가 나타났다. 2016년 경찰청이 발표한 통계에 따르면 자살자의 주요 동기는 개인의 정신질환과 질병이 가장 상위지만, 다른 선진국과 달리 소득 불평등이나 경제적·사회적·문화적 요인도 자살에 큰 영향을 끼치고 있다.

대부분의 전문가는 자살률을 낮추려면 '자살은 개인이 아닌 사회 문제'라는 인식 전환이 필요하다고 지적한다. 중장기적 관점으로 자살 예방 캠페인을 펼치고 사회 곳곳에 안전장치를 만들어온 핀란드 사례처럼 우리도 자살을 사회 문제로 인식하고 다각적인 노력을 기울여야 한다.

DEEP INSIDE

세계적 추세로 볼 때 한국에서 성소수자를 바라보는 인식은 그 수준이 매우 낮은 편입니다. 시대가 흐를수록 개선되고 있다고는 하지만 그 속도가 매우 더디다는 생각이 드는데 우리는 어떤 노력을 기울여야 할까요?

최근 성소수자 이슈가 점차 사회 문제로 부상하고 있는데 특히 한국이 선진국 대열에 들어서면서 인권, 평등 이슈와 결부되어 더 크게 주목을 받고 있습니다. 결국 이것은 사회적 대합의가 필요한 부분이라 할 수 있지요.

다행히 연예인 하리수나 홍석천을 비롯해 많은 사람이 노력한 덕분에 현재 성소수자를 향한 인식은 계속 개선되고 있습니다. 카카오에서 만든 캐릭터 중 갈기가 없는 수사자 '라이언'도 일반적이지 않은 행동을 많이 합니다. 다른 캐릭터들도 각각 하나씩 핸디캡을 안고 있지요. 예를 들어 '튜브'는 오리인데 발이 너무 작아서 오리발을 꼭 착용하고 다닙니다. 가장 인기가 높은 라이언은 수사자이면서도 갈기가 없다는 치명적 단점을 안고 있고 치마를 입거나 보라색을 좋아하는 행동을 보입니다.

이것을 공개적으로 게이라고 하면 사람들이 공감하기 힘들지도 모르겠다는 생각에 스토리에 넣지는 않았지만 예전 같으면 반감을 보이며 '왜 저렇게 하나' 싶은 행동도 이제는 사람들이 다 받아들이고 캐릭터를 좋아해줍니다. 이런 변화만 봐도 과거에 비해 인식이 많이 개선되었다고 생각합니다. 시간이 지나면 분명 OECD 평균 수준으로 올라서리라고 봅니다.

카카오의 캐릭터 카카오프렌즈19

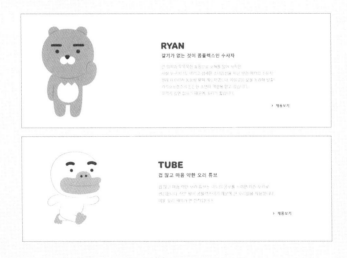

자료: 카카오 홈페이지

한국 사회는 2020년부터 '격차' 문제 해소를 위한 노력을 많이 기울이고 있습니다. 가령 밀레니얼 세대·베이비붐 세대·X세대 간의 격차, 빈부격차, 지역 간 격차를 해소하려는 움직임이 두드러지고 있지요.

이는 선진국으로 가는 과정으로 이때 중요한 접점이 다양성을 향한 인식 문제입니다. 선진화한 국가는 다양성을 강조하므로 우리 역시 그런 사회로 가는 과정에서 성소수자 인식 문제가 개선되리라고 봅니다. 제도나 콘텐츠, 문화 측면에서 말이지요.

필리핀과 태국은 성소수자 비중이 높습니다. 한국은 상대적으로 비중이 낮은데 이는 커밍아웃을 하지 않아서 그럴 뿐 실은 비중이 비슷할 거라고 보는 사람도 있습니다. 즉, 성소수자가 차지하는 비중은 세계적으로 비슷한데 단지 커밍아웃 여부에 따라 다를 뿐이라는 것이지요. 커밍아웃이 창피한 일이 아님을 인식하는 사람이 늘어나면 커밍아웃이 점차 많아지면서 성소수자를 향한 인식이 개선되는 방향으로 갈 것이라고 봅니다.

대표적인 문제로 동성 간 결혼 허용이 있습니다. 두 사람이 결혼제도로 묶이면 누군가가 다치거나 사망선고를 받았을 때 당당히 가족의 역할을 할 수 있습니다. 재산상속도 가능하고요. 이런 문제 때문에 미국의 많은 주와 유럽에서는 동성 간 결혼을 허용하고 있지만 한국은 그렇지 않아서 함께 살아도 법적 가족이 아니라는 이유로 배제되는 문제가 발생하고 있습니다. 성적 다양성을 존중하는 사회의 장점과 즐거운 삶을 누릴 권리 부여라는 인권 차원에서 결혼제도를 손볼 필요가 있습니다.

개인의 성을 바꾸는 것은 법원 허가로 가능하지만 그 과정이 굉장히 어렵고 복잡합니다. 따라서 선진 유럽 국가들이 그런 것을 전향적으로 수용하고 허용하는 이유를 더 깊이 들여다보고 우리가 무엇을 바꿔가야 할지 고민해봤으면 합니다. 기본적으로 유럽형 선진국은 다양성을 존중하는 방향으로 제도나 문화를 개선해갑니다. 우리 역시 글로벌 인식 함양으로 그것을 사회적으로 요구하고 따라가야 하지 않을까요?

재밌게도 경제학자들은 어떤 도시가 얼마나 창의력을 내포하고 있는지 측정하는 대용변수에 LGBT, 즉 성소수자를 포함합니다. 성소수자 비율이 그 도시에 예술가가 많이 사는지, 특허출원을 많이 하는지 설명해준다는 의미입니다. 성소수자가 많은 도시와 국가는 창의성이 배가되는데 이는 그만큼 다양성을 용인하기 때문일 겁니다. 지금은 아예 국제사회에서 도시 경쟁력 지수에 성소수자 비율을 넣습니다.

특이하게도 선진국의 경우 소득이 높아지면 성소수자 비율이 같이 높아집니다. 국민소득 5천 달러 이하에서 1만 달러, 3만 달러로 갈수록 점점 성소수자 숫자가 늘어납니다. 그 이유를 많은 사람이 궁금해 하지만 아직 정확히 밝혀지지 않았습니다.

대표적으로 성소수자 비율이 높은 직업군은 금융업입니다. 가령 세계적인 금융도시 런던과 뉴욕만 보더라도 성소수자, 특히 동성애자 비율이 높은데 그 인과관계는 아직 찾지 못했습니다. 다만 모계사회에서는 성소수자 비율이 굉장히 떨어지기 때문에 단순히 생물학적 요인은 아닐 거라는 추측은 있습니다. 자신은 원래 여성인데 남성으로 잘못 태어났다는 경우는 많아도 자신은 원래 남성인데 여성으로 잘못 태어났다는 경우는 많지 않거든요. 그래서 통상 남성 혐오 의식도 이와 연결해서 작용하지 않았을까 하는 접근도 있습니다.

한국의 자살률은 상당히 심각합니다. 주변에서 자살을 너무 흔하게 목격하다 보니 사람들이 거기에 무덤덤해지는 것 또한 심각한 문제입니다. 도대체 한국의 자살률은 왜 떨어지지 않는 걸까요? 구체적으로 무엇이 문제입니까?

한국의 자살률이 높은 원인을 한마디로 진단하기는 매우 어렵습니다. 전문가들은 그 원인이 여러 가지 복합적인 문제에 있다고 판단하지요.

연구 결과만 놓고 보자면 자살률에 가장 큰 영향을 미치는 첫 번째 원인은 기후입니다. 전통적으로 자살률이 가장 높았던 곳은 북유럽 국가인데 가령 아이슬란드, 그린란드, 노르웨이는 일조량이 적습니다. 노르웨이에서는 자살률을 낮추기 위해 저녁 6시 이후에는 술을 팔지 않습니다. 그 원칙 덕분인지 모르지만 노르웨이는 자살률을 극단적으로 낮췄지요. 두 번째 이유는 고도성장입니다. 경제가 급속도로 발전하다 보니 여기에 적응하지 못한 사람들이 자존감이 떨어지거나 회의감을 느끼면서 자살률이 높아지는 것입니다. 이로 인해 한동안 자살률이 가장 높았던 국가가 일본입니다. 그다음으로 한국이 2등이었지요. 자살 예방을 위해 제도적으로 엄청난 노력을 기울인 일본은 많이 나아졌습니다.

이처럼 자살률은 일조량 같은 기후나 경제성장률의 영향을 많이 받습니다. 기후 문제는 구조적인 것이므로 2021년을 전망하면서 논의하기는 어렵습니다. 경제성장률 부분에서는 중요한 문제가 양극화에 따른 상대적 빈곤입니다. 취약 계층을 넘어선 극빈층은 양극화 때문에 발생하죠.

현재 1,600조에 달하는 한국의 가계부채 중 절대 비중을 차지하는 쪽은 고소득층입니다. 하지만 문제는 저소득층의 부채입니다. 부채 규모는 작지만 저소득층에게는 절대적이지요. 이는 고소득층과 달리 투자형 대출이 아니라 생계형 대출이기 때문입니다. 이들은 생활비 마련을 위해 대출을 받는데 이처럼 부채에 의존해 생활비를 마련하는 탓에 채무상환 능력이 떨어집니다. 더구나 채무 변제를 위해 또 다른 대출에 의존하기 일쑤입니다. 극빈층은 신용도마저 떨어지는 바람에 제1금융권에서 대출받지 못해 어쩔 수 없이 대부업체나 고금리 대출에 의존합니다. 그 과정에서 상대적 빈곤감을 느끼고 자살로 이어지는 경우가 많습니다.

예를 들면 소비에트연방에 속하던 리투아니아, 라트비아, 에스토니아는 자살률이 상당히 높습니다. 그 이유 중 하나는 이들이 소련에 속해 있다가 자본주의 사회에 편입되면서 빈부, 문화, 사회 격차를 느끼며 엄청나게 혼란을 겪었기 때문입니다. 일반적으로 빈부격차가 크면 자살률이 높게 나오는데 이들은 여기에다 서유럽의 선진화한 문화와 충돌하면서 상대적으로 문화·사회적 박탈감까지 심했을 것입니다.

자살 원인 중에는 기후처럼 우리가 통제할 수 없는 것도 있지만 정책으로 통제가 가능한 것도 있습니다. 특히 경제 부분에서는 극빈층을 위한 신용회복제도를 더욱 활성화할 필요가 있습니다. 정신적인 문제에서는 독거노인을 위한 인공지능 돌봄로봇이나 맞춤형 가사로봇 등 삶의 만족도를 높여줄 기술을 활용해야 합니다. 1인 가구 하면 보통 젊은층 1인 가구를 생각하지만 사실 노인 1인 가구가 더 많이 늘어나고 있거든요.

물론 젊은 세대의 자살률을 낮추기 위한 고민도 필요합니다. 요즘 연애, 결혼, 출산을 포기하는 3포세대三抛世代로 시작해 집과 경력까지 포기한 5포세대五抛世代를 넘어 모든 것을 다 포기한 N포세대까지 등장했습니다. 이들을 흔히 '新386세대'라고 부르는데 이는 30대, 80년대생, 6포세대(연애, 결혼, 출산, 취업, 내 집 마련, 인간관계 포기)라는 의미입니다. 30대의 위기는 한국을 비롯해 일본의 사토리 세대, 중국의 바링허우 세대처럼 전 세계적인 문제입니다. 세대 갈등을 일으키는 사례가 적지 않은 이들 세대의 위기는 저성장 사회로의 급격한 이행과 파편화한 인간관계가 그 원인으로 꼽힙니다.

이처럼 한국의 높은 자살률은 세대별, 계층별로 다양한 양상을 보이고 있으므로 원인을 다각적으로 분석해 중장기적 해결책을 시급히 마련해야 합니다.

또한, 코로나19 사태의 출구 전략으로 바이러스로 인한 사회적 부작용을 최소화하는 노력이 필요한 시기입니다. 이번 사태를 겪으면서 우리나라 국민들은 그 어느 선진국보다도 성숙한 시민의식을 발휘하여 자가격리, 사회적 거리두기, 철저한 보건 원칙 등을 지키며 코로나19를 극복하고 있습니다. 다만, 철저한 원칙 준수로 인한 부작용으로 오히려 코로나 블루가 걱정되는 상황입니다. 심각한 증상자의 경우 자살로 이어질 수도 있기 때문입니다.

2021년에는 코로나로 인한 정신질환자, 정신박약자에 대한 사회적 관심과 해결이 필요합니다. 국가적으로는 우울증 치료, 트라우마 상담과 같은 정신적 우울감이나 무기력증을 갖고 있는 국민들에 대한 정책적 지원을 강화할 필요가 있습니다. 2015년 메르스의 아픈 경험을 토대로 코로나19에 대한 대처를 철저히 할 수 있었듯이, 이번 사태를 계기로 바이러스로 인한 정신질환자에 대한 상담, 치료, 관리 체계와 인력 그리고 관련 인프라를 다시 한 번 점검하는 계기가 되길 바랍니다.

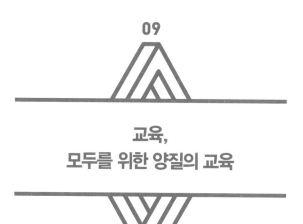

09

교육,
모두를 위한 양질의 교육

| 박정호 |

경제 수준 향상으로 교육이 사회 전반에서 차지하는 비중은 더욱 커지고 있다. 과거 교육 기능은 국가 구성원으로서 공동체 의식을 형성해 국가를 안정적으로 유지하는 데 국한되어 있었다. 국가 구성원에게 공통된 도덕 기반과 가치를 주입하고 이를 바탕으로 안정적인 국가체계를 유지할 기반을 만드는 기능을 교육이 담당해온 것이다.

가령 고려시대나 조선시대의 교육 과정은 불교와 유교를 바탕으로 한 도덕철학과 예법이 주를 이뤘다. 이 도덕철학은 법률, 제도, 문화 형태로 구체화해 당시 국가의 주요 시스템을 형성하는 결정적 역할을 수행했다. 국가 최고 인재를 선발하던 과거시험의 주요 과목도 유교, 불교 같은 도덕철학이었다.

이러한 전통 교육 기능에 경제 기능을 추가한 계기가 산업혁명이다.

산업혁명은 생산활동에서 지식이 결정적 역할을 하게 만들었다. 물론 농경사회에도 효율적인 생산활동에 지식이 필요했으나 산업혁명 시대에 필요한 지식에 견줄 만한 정도는 아니었다. 산업혁명 이후에는 기계를 만들거나 다룰 공학 지식이 필요해졌고 그 밑바탕에 언어, 수학, 기초과학 같은 기초지식을 갖춰야 했다. 이런 상황이 교육에 경제와 투자 기능을 부여한 것이다.

오늘날에는 대다수 나라가 국가 차원에서 교육 시스템을 관리, 감독한다. 이는 교육체계가 얼마나 원활히 작동하느냐에 따라 해당 국가의 지속가능한 경제발전 여부가 결정된다고 해도 과언이 아니기 때문이다. 실제로 국가가 개개인에게 어떤 교육 기회를 제공하느냐에 따라 사회계층 형성과 계층 간 이동 가능성이 달라진다.

더욱이 교육은 최근 세대 간, 계층 간의 사회통합 방편이자 사회 안정에 필요한 공동체 의식과 세계 시민의식의 확립 수단으로 주목받고 있다. 국제사회가 각국의 교육 시스템에 주목하는 이유가 여기에 있다. 이미 많은 국가가 보다 나은 교육 시스템 안착으로 국가의 지속적인 성장과 안정을 도모하고자 교육 분야에 꾸준히 투자하고 있다. OECD 회원국의 초등과 중등 학생당 지출액이 2006년 이후 20% 이상 상승했다는 점은 이러한 사실을 뒷받침한다.

코로나19로 전 세계가 마비된 시점에서도 교육 시스템은 멈추지 않았다. 사상 초유의 온라인 개학을 통해 현장은 계속 돌아가고 있다. 전쟁이 나거나 자연재해가 일어나도 마찬가지다. 그만큼 우리 삶에서 교육은 절대적인 중요성을 갖고 있다.

■ 국제 학업성취도에서 가장 약진 중인 중국 ■

국가 간 교육 현황을 계속 모니터해온 OECD는 산하에 교육정책위원회 Education Policy Committee, EDPC를 상설 운영하면서 회원국과 비회원국을 대상으로 다양한 교육 통계와 분석 자료를 제시하고 있다. 그 대표적인 지표가 PISA Programme for International Student Assessment 지수다. OECD는 공신력 있는 교육 통계인 PISA지수로 국가별 청소년의 학업성취도를 비교한다.

OECD가 3년 주기로 집계하는 PISA는 만 15세 학생의 수학과 읽기 능력, 과학 소양 추이를 국제적으로 비교하고자 실시하는 국제학업성취평가 통계다. 가장 최근 발표한 2018년 조사에서 OECD는 회원국 37개국[1]과 비회원국 42개국[2]을 비롯한 총 79개국을 대상으로 해당 국가의 기초 학업성취도를 집계했다. 이때 71만 명의 학생이 참여했는데 조사 결과 가장 눈에 띄는 부분은 중국의 약진이었다.

중국과 중화권 국가는 특히 수학 영역에서 1위부터 5위까지 모두 휩쓸었다. 1위는 중국 본토의 주요 도시가 차지했고 3~4위권은 마카오와 홍콩, 5위권은 대만이 차지했다. 2위인 싱가포르도 화교가 구심점 역할을 하는 국가로, 전반적으로 중화권이 높은 위치를 차지한 셈이다.

이 추이는 다른 영역도 비슷하다. 읽기 영역에서는 중국 본토와 싱가포르가 1위를 기록했고 3위권에 마카오와 홍콩이 위치하고 있다. 과학 영역에서도 중국 본토가 싱가포르와 함께 1위를 차지했으며 마카오가 그 뒤를 잇고 있다. 이처럼 중국 본토는 수학, 읽기, 과학 영역에서

PISA 2018 OECD 회원국의 영역별 국제 비교 결과

수학			읽기			과학		
OECD 국가순위	평균	국가명	OECD 국가순위	평균	국가명	OECD 국가순위	평균	국가명
1	591	중국	1~2	555	중국	1~3	547	중국
2	569	싱가포르	1~2	549	싱가포르	1~3	545	싱가포르
3~4	558	마카오	3~5	525	마카오	2~4	541	마카오
3~4	551	홍콩	3~7	524	홍콩	2~4	538	에스토니아
5~7	531	대만	3~7	523	에스토니아	5~9	526	일본
5~8	527	일본	4~8	520	캐나다	5~8	525	핀란드
5~9	526	대한민국	4~9	520	핀란드	5~10	524	대한민국
6~9	523	에스토니아	5~9	518	아일랜드	5~11	522	캐나다
7~11	519	네덜란드	6~11	514	대한민국	6~11	522	홍콩
9~13	516	폴란드	8~12	512	폴란드	7~11	521	대만
9~14	515	스위스	10~19	506	스웨덴	10~14	516	폴란드
10~16	512	캐나다	10~17	506	뉴질랜드	10~15	515	뉴질랜드
OECD 평균	489		OECD 평균	487		OECD 평균	489	

모두 가장 높은 순위를 기록했다.

중국의 이러한 학업성취도는 교육 분야에 지속적으로 투자한 덕분이라고 할 수 있다. 중국의 교육 부문 투자액을 보면 1992년 총액이 867억 위안(약 16조 원)으로 상당히 적었으나 2012년 2만 7,696억 위안(약 497조 원)으로 거의 32배나 늘어났다. 그중 가장 큰 비율을 차지하는 재정예산의 교육지출이 538.7위안에서 20,314.17위안으로 거의 40배 증가했다.[3] 중국에서 교육은 2011년부터 공공재정 부문의 가장 큰 지출 분야로 떠올랐다. 2006~2010년 공공재정 교육지출의 연평균 증가율은 23%로 같은 시기 재정지출 증가율보다 높았다. 이 일련의 사실은 중국 중앙정부와 지방정부가 교육을 가장 우선시하고 있음을 보여준다.

그 밖에 눈에 띄는 국가로는 에스토니아를 꼽을 수 있다. 최근 IT 분야가 급성장 중인 에스토니아는 수학 5~9위권, 읽기 3~7위권, 과학 2~4위권을 차지하고 있다. 국토 면적이 한국의 절반 수준이고 인구가 130만 명인 에스토니아는 1991년 구소련에서 독립한 이후 정보통신기술을 국가의 핵심 산업으로 삼고 고급 인재를 양성해왔다. 특히 1996년부터 일찌감치 코딩coding 교육을 의무화했다. 2012년에는 학년별 맞춤형 코딩 교육 프로그램인 '프로지 타이거Proge Tiger'를 개발해 코딩 교육을 더욱 세분화했다.

■ 한국의 기초 학업성취도가 낮아진다 ■

2015년 PISA지수에서 한국은 OECD 회원국 34개국 중 수학 1위, 읽기 1~2위, 과학 2~4위 수준을 유지했다. 비회원국을 포함해 65개국을 대상으로 한 집계 결과에서도 한국은 수학 3~5위, 읽기 3~5위, 과학 5~8위로 최상위 국가에 해당했다. 그러나 2018년 집계 결과에서는 수학 5~9위, 읽기 6~11위, 과학 5~10위로 대폭 낮아졌다.

2000년 이후의 PISA지수와 비교할 때 한국은 계속 최상위권을 유지했다. 수학과 읽기는 5위권 이상 순위를 유지했고 과학은 전체 1위를 기록했다. 그런데 2003년 PISA지수에서는 4위, 2006년에는 7~13위로 뚜렷한 하락세를 보였다. 그 뒤 2009년 4~7위, 2012년 5~8위로 소폭 올라 안정세를 유지하다가 최근 하락세를 보이고 있는 것이다.

국내 학업성취도 측면에서 또 하나 주목해야 할 부분은 성취도 하락 비중이 상위권 학생보다 하위권 학생에게서 더 크게 증가했다는 점이다. 읽기를 보면 2012년 대비 상위권 학생 비중은 14.2%에서 12.7%로 떨어졌지만 하위권 학생 비중은 7.6%에서 13.6%로 크게 증가했다. 수학 역시 상위권 학생 비중은 30.9%에서 20.9%로 하락한 반면 하위권은 9.1%에서 15.4%로 증가했다. 특히 과학은 상위권 학생 비중이 11.7%에서 10.6%로 소폭 감소한 데 반해 하위권 학생 비중은 6.7%에서 14.4%로 크게 증가했다. 이는 상위권 학생과 하위권 학생 간의 학업성취도 차이가 더 크게 벌어지고 있음을 의미한다.

■ 학업성취도 양극화가 가장 큰 문제 ■

상위권 학생과 하위권 학생의 학업성취도 편차는 한국만의 문제가 아니다. 약간씩 정도의 차이는 있지만 모든 조사 대상 국가가 비슷한 상황이다. PISA 조사 결과에서 드러난 기초학력 미달 학생 현황을 보면 OECD 회원국의 15세 학생 4명 중 1명 이상이 1개 영역 이상에서 기초 수준 이하의 성취도로 나타났다. 이들은 PISA 조사 참여국인 65개국 전체에서 1,300만 명에 달한다. 3개 과목 모두 기초학력에 미달하는 학생 비율도 전체 학생 대비 12%에 이른다.

이처럼 상위권 학생과 최하위권 학생의 격차가 점차 커지면서 학업 성취도에 양극화 현상이 뚜렷이 나타나고 있다. 이 때문에 많은 국가가 교육을 토대로 기회균등 사회를 실현할 방법을 모색하고자 다양한 정책적 노력을 기울이고 있다. 그 이유는 교육 불평등이 노동 시장에서 임금격차를 심화하는 요인으로 작용하고 있기 때문이다.

OECD에 따르면 고교교육을 이수하지 못한 성인의 2014년 취업률은 60% 이하지만 고등교육을 이수한 성인의 취업률은 80% 이상이다. 대졸은 고졸보다 상위 25% 이내 임금을 받을 확률이 23%p 정도 더 높은 것으로 나타났다. 이 일련의 결과는 교육 불평등이 경제 불평등을 야기하는 요인임을 보여준다. 특히 초기 교육 단계의 불평등은 한 개인의 삶 전반에 꾸준히 영향을 준다.

불평등이 발현하는 초기 시기는 청년기다. 학업성취도가 미진할 경우 숙련공으로 성장할 기회가 초기부터 제한을 받는다. 현재 한국을 비롯한 대부분의 OECD 회원국이 청년실업 문제에 직면해 있다. 2007 ~2012년 OECD 회원국 청년층(15~29세) 고용자 수는 750만 명 줄었고 해당기간 고용률은 4.6%p 감소했다. 현재 한국의 청년실업률은 23.3%로 OECD 국가 중 제일 높은 수준이다. 한국의 청년실업률이 극심했던 글로벌 금융위기 당시에도 OECD 국가의 평균 청년실업률이 10.4%였다는 사실과 비교할 때 그 심각성을 쉽게 가늠해볼 수 있다. 더구나 코로나19로 기업 활동이 위축되고 신규 채용이 줄어들면서 청년실업 문제는 더욱 심화될 것이다.

OECD 고용전망 자료에 따르면 그나마 존재하는 청년 일자리조차 질적 측면에서 영속적, 미래지향적 일자리로 분류하기 어려운 것이 많다. 실제로 청년 일자리는 파트타임 고용이나 임시 고용이 다른 연령층에 비해 높다. 저학력 청년층의 고용 상태는 더 불안정해 비정규직에 머물거나 실직 확률이 높은 것으로 나타났다.

OECD 주요국은 청년층의 노동 시장 성과를 높이기 위해 청년층 인적자본의 역량 향상을 위한 교육 개혁을 꾸준히 추진하고 있다. OECD가 일자리 데이터베이스(임금, 고용, 실업, 근로시간, 자격)로 스킬 현황을 평가한 결과 직업마다 스킬 부족 혹은 과잉이라는 불균형이 나타났기 때문이다. 영국은 대졸자가 학문과 경제 역량을 모두 갖추도록 교육 과정을 직업 중심으로 개편하고 있다. 독일은 교육 프로그램을 개발할 때 현장 목소리를 반영하기 위해 현업 재직자가 참여해 훈련기간과 최종 합격 기준을 정한다. 프랑스는 인턴 과정을 이수해야 고등교육 학위를 받을 수 있게 의무화했고 스위스는 노동조합, 경영자연합이 직업 훈련 과정과 교육 과정 설계에 적극 참여한다.

각국의 이러한 노력은 일부 청년층이 노동 시장에 필요한 스킬을 갖추지 못한 채 교육기관을 떠나는 것을 방지하기 위함이다. 다시 말해 청년층이 일정 소양 이상의 능력을 갖춰 졸업과 동시에 숙련 노동자로 활동할 기회를 얻도록 하려는 노력이다.

실제로 청년 일자리 문제를 해결하는 가장 실효성 높은 방법은 사회적 수요에 부합하는 인력을 양성하는 데 있다. 한국 역시 교육 과정을 설계할 때 다양한 산업 현장의 목소리를 적극 반영해 졸업 후 곧바로 현장에 투입할 수 있는 인력을 양성해야 한다. 더구나 한국은 학업 포기자 비중이 점차 늘어나면서 대안교육 제도도 도입해야 하는 실정이다.

학업성취도 양극화의 원인은 무엇일까

국제기구가 여러 국가에서 학업성취도 양극화 현상이 나타나는 이 유를 연구한 결과 크게 두 가지 요인이 드러났다. 하나는 '학교'고 다른 하나는 '부모의 사회경제적 지위'다. 국가마다 차이는 있지만 한국을 포함해 학업성취도에서 높은 성과를 보이는 나라는 학생이 어느 학교 에 재학하느냐가 학업성취도에 결정적 요인으로 작용한다.

한국도 중국, 일본, 싱가포르보다는 낮지만 어느 학교에 진학하느냐 가 학업성취도에 적지 않은 영향을 주고 있다. 다만 한국은 같은 학교 를 다닌다고 반드시 비슷한 학업성취도를 보이는 것은 아니다. 오히려 같은 학교 내 학생들 간의 성취도 차이가 OECD 회원국 평균보다 높아 편차가 큰 편이다. 다시 말해 한국의 경우 중국, 일본, 싱가포르와 달리 같은 학교를 다녀도 학업성취도에 상이한 결과가 나타날 수 있다.

OECD는 부모의 사회경제적 요인socio-economic background이 학업성취도 에 미치는 영향도 조사했다. OECD가 말하는 사회경제적 요인은 부모 의 직업, 교육, 보유자산 수준 등을 종합해서 고려한 것이다.

PISA 조사에 따르면 대다수 OECD 국가에서 학생의 사회경제적 환 경이 불우할 경우 학교 성적도 낮았다. OECD 회원국은 전반적으로 저 소득층 학생이 고소득층 학생에 비해 최저 학력일 확률이 2배 높았고 고소득층 학생은 저소득층 학생에 비해 학교 공부를 2년 정도 더 한 것 과 동일한 성취도를 보였다. 단적인 예로 이번 코로나19로 유래 없는 온라인 개학을 맞이한 시점에 학생 개인별로 컴퓨터를 보유한 가정과 그렇지 못한 가정 사이에는 격차가 발생할 수밖에 없다. 교육에 대한 부모의 관심과 사교육을 위한 경제적 여유까지 생각한다면 당연한 결과다.

학업성취도가 사회경제적 수준에 어느 정도 비례한다는 사실은 OECD 연구뿐 아니라 다수의 유사한 연구에서도 동일하게 나타나고 있다. 관련 전문가는 대부분 표준화·규격화한 시험으로 평가할 경우 사회경제적 수준과 성취도 간의 비례 관계는 피해가기 어렵다고 보고 있다.

■ 학습동기와 참여도 제고 ■

OECD가 추가로 발견한 흥미로운 사실은 부모의 사회경제적 배경과 학업성취도 간의 비례 관계가 국가별로 상이한 수준을 보인다는 점이다. 다음 도표는 수학 영역의 국가별 학업성취도가 OECD 평균 이상인지로 알아낸 전반적인 학업성취도 그리고 상위집단과 하위집단 간의 점수 차이가 OECD 평균 이상인지로 확인한 학업성취도의 형평성 정도를 나타낸 것이다. OECD 평균보다 높은 학업성취도를 보이는 국가는 대부분 상위권 학생과 하위권 학생 간의 격차가 크다. 하지만 에스토니아, 폴란드, 핀란드 등 일부 국가는 높은 학업성취도를 보이면서도 상위권 학생과 하위권 학생 간의 점수 편차가 크지 않다.

동아시아 국가 중에서도 한국과 일본, 중국, 홍콩, 마카오는 OECD

회원국에 비해 부모의 사회경제적 요인에 상대적으로 영향을 덜 받는 것으로 나타났다. 반면 싱가포르, 대만은 부모의 사회경제적 배경에 따라 학생들의 학업성취도가 OECD 평균에 비해 크게 영향을 받았다.

이러한 현상의 원인은 학교 운영 제도에 있다. 같은 학교 내에서 성적에 따른 분반 제도를 운영하는 나라는 학생들의 학업성취도에 따라 학교를 구분해 운영하는 나라에 비해 부모의 사회경제적 영향을 덜 받는 것으로 나타났다. 특히 성취도에 따라 학교를 구분할 경우 취약계

국가별 수학 점수 평균과 상·하위 집단의 점수 차이

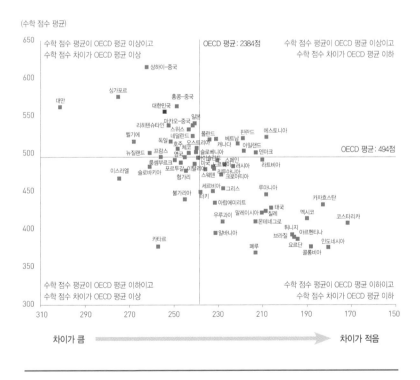

층 학생들의 학습 기회와 의욕이 급격히 떨어졌다. 거주지나 임의 배정 등으로 학교를 배정하는 국가도 부모의 사회경제적 배경이 학업성취도에 미치는 영향이 덜했다.

OECD는 학업성취도 양극화 현상을 해결하려면 학생 개개인의 사회경제적 배경이나 학교 간 상이한 교육 환경 차이보다 학생의 내적 요인을 먼저 고려해야 한다고 강조한다. 여타 OECD 회원국과 비교할 때 유사한 학습 환경과 유사한 사회경제적 환경에 있으면서도 상이한 학업성취도를 보이는 주된 원인은 내적 요인에 있다는 얘기다.

특히 OECD가 높은 학업성취도를 이끌어내는 주요 동인으로 제시한 것은 학습동기와 참여도다. 실제로 조사 대상 OECD 회원국은 학습동기가 높은 학생과 낮은 학생 간의 성적 차이가 18점 이상으로 드러났다.[4] 이 정도 격차는 학교를 반년 정도 더 다닌 효과와 동일하다. 학습동기가 학업성취도에 미치는 영향은 상위권 학생들에게 더 큰 것으로 나타났다. 상위권 학생 중 학습동기가 높은 학생은 그렇지 않은 학생에 비해 성적이 21점 높은 데 반해, 하위권 학생은 11점 정도 차이를 보였다.

한국의 교육 현실은 학생들에게 수준 높은 동기부여를 해 자가 참여도를 높인다고 보기 어렵다. OECD가 한국 학생들의 수학 성취도에 영향을 주는 학습동기와 신념을 조사한 결과를 보면 OECD 회원국 평균보다 부정적이다. 학업성취도를 높여주는 흥미, 즐거움, 가치부여 같은 긍정적 내적 동기도 OECD 회원국 평균보다 부정적이다. 여기에다 학습계획을 스스로 수립하지 못하고 수학공부에 불안감을 느끼며, 배운 내용을 활용해 주어진 과제를 성공적으로 수행할 수 있다는 믿음이 부족한 것으로 나타났다. 한국은 학습동기가 높은 학생과 그렇지 않은 학생 간의 성적 차이가 30점이 넘는다. 이는 앞서 말한 여타 OECD 회원국의 성적 차이인 18점보다 현저히 높은 수치다.

■ 지속가능한 경제성장과 사회 진보를 위해 ■

인적자원이 경제성장에서 차지하는 비중이 점차 높아지는 오늘날 우수한 인적자원을 배출할 경쟁력 있는 교육 환경을 구축하는 것은 지속가능한 성장 환경의 중요한 토대다. 그런데 이 과정에서 빚어지는 학생들 간의 학업성취도 편차가 또 다른 사회 문제로 불거지면서 경제성장 저해 요인으로 부상하고 있다.

국제기구는 학교 운영 시스템을 어떤 방식으로 전개하느냐에 따라 이 현상을 크게 개선할 수 있다고 본다. 우리는 앙헬 구리아 OECD 사무총장이 "양질의 교육을 제공하지 못하는 것은 경제성장과 사회 진보의 수혜를 막는 요인이다. 아직 우리 사회는 모두를 위한 양질의 교육이라는 꿈을 달성하지 못했다"라고 말하며 교육 개혁에 계속 관심을 보이도록 독려하는 이유를 되짚어봐야 한다.

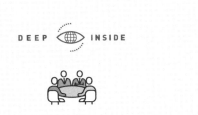

DEEP INSIDE

코로나19로 온라인 교육에 대한 관심이 뜨겁습니다. 온라인 교육의 확대는 우리 교육 시스템에 어떤 영향을 미칠까요?

코로나19라는 외부의 충격은 전국의 초·중·고등학교뿐 아니라 대학과 대학원, 심지어 사설 학원과 평생 교육에 이르기까지 교육의 모든 영역을 온라인 교육이라는 장으로 끌어들였습니다. 물론 온라인 교육은 대면 교육에 비해 한계가 있습니다. 아무리 훌륭한 강의라고 하더라도 서로 눈을 마주보며 작은 몸짓 하나하나에 반응할 수 있는 대면 강의에 비해서는 부족한 점이 있겠죠. 물리적으로 같은 공간에서 숨 쉬며 얻을 수 있는 가치는 분명히 존재합니다. 또한 실습 교육 중 상당수는 아예 온라인 방식이 불가능한 경우도 있습니다.

그러나 온라인 교육만이 갖는 장점도 많습니다. 학생들 입장에서는 이해하지 못했던 부분을 뒤로 돌려보거나 반복해서 듣는 것이 가능합니다. 필요한 과목만 듣거나 목차에서 필요한 부분만 골라서 수강하는 것도 얼마든지 할 수 있죠. 오프라인에서는 상상하지 못했던 다양한 시청각 자료를 활용하는 것도 가능합니다. 학생 스스로가 주도권을 갖게 되고 교육의 효율성이 올라갈 수 있습니다. 학교를 오가는 시간도 사라지고요. 또한 온라인 강의는 교육의 양극화를 줄일 수 있는 기회이기도 합니다. 전체 수업 중 일부를 평상시라면 만나기 힘든 유명한 교사나 강사를 초빙해 들을 수 있습니다. 공간상의 물리적 제한 없이 수천 명의 학생이 동시에 수강하는 것도 가능합니다.

지금 어린 학생들은 디지털 네이티브 세대입니다. 태어나면서부터 컴퓨터와 스마트폰을 사용하고 이메일과 PC게임을 즐기는 세대죠. 성인들과 비교해 이들에게 온라인 교육은 그리 낯선 환경이 아닙니다. 온라인 강의는 코로나19가 종식된 후에도 새로운 교육의 방식으로 이어질 것입니다. 강의자와 수강자 양쪽 모두의 편의성을 높인 더욱 고도화된 온라인 교육 시스템이 계속해서 등장할 것으로 전망합니다.

교육 혜택과 성과를 국가 단위로 비교했는데 좀 더 구체적으로 살펴보면 국가 안에서도 지역마다 교육 환경이 크게 다릅니다. 교육 측면에서 특정 지역에 수혜가 집중되고 있다는 인상을 지우기가 어렵습니다. 이 문제를 어떻게 생각합니까?

교육 성과를 국가가 아니라 도시 단위로 파악해야 한다는 점은 많은 관련 전문가도 동의하는 의견입니다. 사실 도시는 시대 흐름에 따라 번성하기도 하고 쇠퇴하기도 합니다. 미국의 경우 디트로이트시는 1960년대만 해도 미국 4대 도시 중 하나였습니다. 지금은 시 전체 인구의 85%에 해당하는 100만여 명이 타 지역으로 이주했고 남아 있는 디트로이트 시민의 연평균 소득은 여타 미국 도시의 절반 수준에 불과합니다. 그 과정에서 디트로이트는 실업률이 여타 지역 대비 2배를 넘고 범죄율이 뉴욕의 10배 이상이던 적도 있습니다. 이와 함께 대학진학률이 하락하고 박사 학위 내지 전문직 배출 숫자도 함께 떨어지는 현상이 발생했죠. 심지어 2013년 미국 역사상 지방자치단체 도시 최초로 파산보호 절차를 밟는 불명예를 안았습니다. 한때 미국 최고 도시였던 디트로이트의 몰락에는 자동차 산업의 쇠퇴가 커다란 영향을 미쳤습니다. 2000년대 들어 자동차 산업의 쇠퇴와 함께 거주 인구가 절반 이하로 줄어들면서 지자체 세수가 감소한 데다 방만한 도시 운영으로 무려 20조 원에 달하는 부채를 떠안았지요. 이로 인해 해당 지자체는 지역 내 교육 환경을 개선하기 위해 꾸준히 투자하기가 어려웠습니다.

이 사실을 종합할 때 지역경제의 부강은 분명 지역 내 교육 환경을 개선하는 데에 중요한 요건입니다. 그러면 한때 미국 내에서 가장 부유한 도시였던 디트로이트는 그 경제적 풍요로움을 바탕으로 교육뿐 아니라 우수한 인재들이 모여들 수 있는 환경을 구축했음에도 불구하고 왜 지자체 파산 위기로 내몰린 것일까요? 왜 어떤 도시는 흥하고 또 어떤 도시는 쇠퇴하는 걸까요? 이 문제에 단 하나의 답변을 내놓기는 어렵습니다. 그러나 도시의 또 다른 변화 양상을 보면 한 가지 힌트는 얻을 수 있습니다. 그것은 특정 분야에 종사하는 사람들이 같은 도시에 거주하는 경우가 늘어나고 있다는 점입니다.

저명한 도시학자 리처드 플로리다Richard Florida에 따르면 미국에서는 영화배우, 방송인, 코미디언 등 전체 연예인의 75% 이상이 LA에서 일하며 LA 인근에 거주하고 있습니다. 워싱턴DC 거주자는 경제학자, 수학자, 천문학자 비율이 높을 뿐 아니라 전체 정치인의 78%가 이곳에 삽니다. 그 밖에 패션디자이너의 절반 이상이 뉴욕에 거주하며 석유공학 분야 엔지니어의 30% 이상이 휴스턴에 삽니다.

이 일련의 사실은 도시의 흥망성쇠가 특정 직업이나 산업의 실업률과 관련될 수 있음을 보여줍니다. 동시에 특정 분야에 편향된 도시구조는 해당 지역의 교육 환경이 한순간 급락하게 만드는 요인으로 작용하기도 합니다. 특정 지역을 기반으로 높은 교육 성과를 달성해온 지역은 한국에도 존재합니다. 대표적으로 울산, 구미, 포항, 창원 지역은 특정 산업군을 중심으로 성장하고 발전해온 지역입니다. 그 과정에서 이들 지역은 소위 좋은 학군으로 분류되기도 했지요. 하지만 해당 산업군이 경쟁력을 잃으면 쾌적한 교육여건을 만들기 위한 가정과 지자체 차원의 노력도 빛을 잃고 맙니다.

국제기구는 다양한 교육지표에서 한국을 성과가 높은 국가로 분류합니다. 그렇다고 한국의 교육 환경이 모두 좋은 것은 아닐 겁니다. 국제기구가 한국의 교육 환경을 두고 개선사항으로 지목하고 있는 부분은 무엇입니까?

OECD는 〈인적 역량 보고서OECD Skills Strategy Diagnostic Report〉에서 한국 사회가 양질의 인적자원을 꾸준히 육성하려면 무엇을 개선해야 하는지 제시한 바 있습니다. 먼저 역량 개발에서는 학력 중심과 입시 위주의 교육 환경을 지양하고 기업가정신을 발현하도록 창의 교육을 구현할 것을 권고했습니다. 이와 함께 공교육 이수 과정에서 학습한 내용으로는 평생 역량을 발휘하기 어려우므로 평생학습과 평생교육으로 성인 역량을 제고할 기회를 확충해야 한다고 했습니다. 특히 평생학습의 중요성을 제시한 내용은 우리에게 중요한 시사점을 줍니다.

전 세계에서 일본 다음으로 평균수명이 긴 국가가 한국이고 한국의 주력 산업은 와해성 혁신을 기반으로 한 정보통신기술 분야입니다. 이 상황은 한국 국민에게 지속적인 학습을 요구합니다. 즉, 학교 교육을 이수한 뒤 일정 기간 사회생활을 수행하고 다시 학습해야만 견실한 인적자원 자질을 유지할 수 있습니다. 그렇지만 아직까지 한국은 평생교육으로 인적 역량 지속화를 도모할 만큼 충실한 교육 환경을 갖추지 못했습니다. 현재 각 대학과 공공 부문에서 제공하는 평생교육 과정도 복지, 교육, 스포츠 등 일부 직업군에 국한되어 있습니다.

그다음으로 OECD가 개선을 권고한 것은 역량 활성화입니다. 일과 가정의 양립으로 여성 인력을 활성화하라고 구체적으로 요구했습니다. 고령층을 대상으로 역량 제고 프로그램을 제공해 이들을 충실한 인적자원으로 활용할 것도 권고했지요. 한국 정부는 정부지출로 고령층과 경력단절 여성의 일자리를 추가로 제공하기 위해 대규모 예산을 편성하고 있습니다. 하지만 현재 제공하는 고령층 일자리는 직업군으로 따지면 가장 하급 수준에 국한되어 있습니다. 아직은 고령층과 경력단절 여성을 원활히 활용한다고 보기 어려운 상황이죠.

마지막으로 그동안 한국 경제의 중요한 성공 요인으로 평가받아온 것은 양질의 고학력 노동력입니다. 그런데 지금은 높은 교육 성취가 높은 고용률로 이어지지 않는 상황입니다. 이제는 대학진학률이나 대

성인 역량 조사 연령대별 문해력 비교

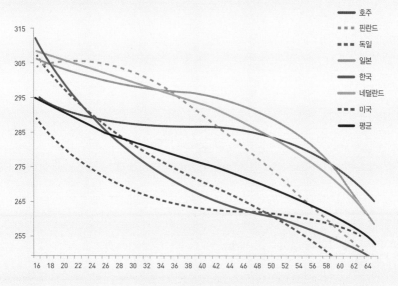

자료: 〈OECD 인적 역량 보고서 OECD Skills Strategy Diagnostic Report〉

학원진학률이 한국의 지속 발전에 얼마나 기여할 수 있는지 고민해봐
야 합니다.

앞으로 한국의 지속적인 발전 여부는 인적 역량이 노동 시장에 얼마
만큼 긍정적인 성과로 기여하는가에 달려 있습니다. 결국 학교에서 일
기반 학습work-based learning을 장려하고 직업교육과 훈련 참여도 제고해
야 합니다.

PART4

Future Scenario 2021

정책

Policy

미래
시 나 리 오
2021

10

식량자원,
농업과 수산업 그리고 물자원

| 박정호 |

코로나19는 농업 분야에도 큰 타격을 주었다. 노동집약적 소규모 농가가 대부분인 한국은 외국인 노동자의 입국이 어려워지면서 사실상 농사 지을 인력이 너무나도 부족한 상태다. 결혼식, 장례식 등 많은 사람이 모이는 행사가 축소되면서 화훼농가도 큰 어려움을 겪고 있고 학교 급식이 중단되고 외식이 감소하면서 관련 농가도 힘든 상황이다.

선진국들은 농업에 대한 체계적 투자로 글로벌 기업들을 키워내고 있다. 반면 우리는 농업 정책의 대부분이 고령화된 시골 어르신들에 대한 보조금 정책에 머물러 있다. 소규모 영세농과 취약한 유통구조는 외부 충격에 쉽게 흔들린다. AI, 빅데이터, 자율주행차만 신산업이 아니다. 이제 우리도 미래 새로운 성장동력으로 식량산업을 바라볼 때다.

■ 국제기구가 최근 먹거리에 관심을 보이는 이유 ■

최근 OECD를 비롯한 국제사회는 신기술·신산업 못지않게 가장 전통 산업이라고 할 수 있는 농업 부문에 꾸준히 관심을 기울이고 있다. OECD가 계속 농업 관련 리포트를 내며 관심을 보이는 이유는 무엇일까? 주된 이유는 인구증가율이 농업 생산성 증가율보다 높기 때문이다. OECD 연구 자료에 따르면 최근 농업 생산성 증가율은 연평균 2.6% 수준을 유지하고 있다. 같은 기간 전 세계 인구는 매년 8,000만 명 증가해 연평균 증가율이 3%를 웃돈다. 그 주요 원인은 여러 신흥국의 인구 증가에 있다. 특히 앞으로 10년간 세계 인구 증가의 95%는 신흥국에서 발생할 것으로 보인다. 현재 추세를 유지할 경우 2025년 전 세계 인구 81억 명 중 67억 명이 신흥국 인구에 해당하며 이는 세계 인구의 82.7%를 차지한다. 이러한 신흥국의 인구 급증은 국제 농산물 수급 문제의 직접적인 요인으로 꼽힌다.

아래 도표는 주요 농산물의 연평균 소비증가율과 같은 기간 인구증가율을 비교한 것이다. 그 내용을 보면 2007~2016년과 2017~2026년 모두 인구증가율보다 곡물, 고기, 생선, 설탕, 야채 등의 농산물 소비증가율이 훨씬 높은 것으로 나타나 있다. 이것은 앞으로 국제사회가 극심한 먹거리 부족 현상에 직면할 수 있음을 시사한다.

먹거리 부족 현상은 인구 증가에 따른 소비총량 증가뿐 아니라 식습관 변화로도 확인할 수 있다. 우선 아시아 지역 개도국을 중심으로 1인당 국민소득이 높아지면서 이들 지역의 식습관이 변했다. 무엇보다 기존의

주요 농산품 연평균 소비증가율 비교

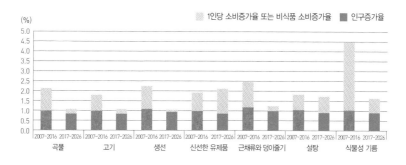

자료: 〈Mitigating Droughts and Floods in Agriculture: Policy Lessons and Approaches〉, OECD, 2016.

탄수화물 섭취를 줄이는 대신 동물성 단백질 섭취가 증가했다. 물론 저개발국 1인당 육류 소비량은 아직 선진국에 비해 절반 수준이지만 향후 10년간 연평균 1.4% 수준으로 꾸준히 증가할 것으로 전망하고 있다.

낙농품 수요 역시 신흥국을 중심으로 급증하고 있다. 선진국의 소비는 큰 변화가 없는 반면 신흥국은 우유, 치즈, 버터 등 낙농품 소비가 지속적으로 증가해 향후 10년 동안 전 세계 낙농품 소비량이 23% 가까이 증가할 것으로 보인다.

이러한 농산물 수요 변화는 자연스럽게 농산물 생산 부문에 커다란 변화를 유발하고 있다. 가장 큰 변화는 곡물 쪽에서 찾을 수 있다. 국제적으로 식습관이 곡물의 탄수화물 섭취에서 동물성 단백질 섭취로 변하면서 곡물 생산자들이 식용보다 옥수수, 오일 작물 같은 사료 목적의 곡물을 재배하는 비중이 높아지고 있기 때문이다. 앞으로 10년간 추가로 늘어날 곡물 소비 중 70%가 사료용일 것으로 예상한다. 바이오 연료용 작물의 경우 국제 유가 하락으로 수요가 크게 위축될 것으로 보인다.

이 같은 추세는 육류뿐 아니라 여타 주요 농산물에서도 동일하게 나타나고 있다. 즉, 농산물의 공급과 수요 분리로 소수의 수출국이 공급을 담당하고 다수의 수입국이 이를 소비하는 형태로 진화하고 있다. OECD는 현재 추세를 유지할 경우 2024년 무렵 미국은 돼지고기 부문에서 전 세계 수출 점유율의 32%를 차지하고, 브라질은 설탕·닭고기·쇠고기 부문에서 각각 50%, 31%, 20% 수준을 점유할 것으로 보고 있다. 낙농품은 뉴질랜드가 버터 48%와 전지분유 56%를 차지하고 호주는 양고기, 태국은 뿌리작물 분야에서 전 세계 수출의 40% 이상 점유율을 보일 것으로 전망한다.

현재 국제사회는 농산물 소비총량 증가와 농업 부문의 국제 분업화로 많은 국가가 향후 필요한 식량을 안정적으로 조달할지 쉽게 단정하기 어려운 상황으로 바뀌고 있다. 앙헬 구리아 OECD 사무총장도 현 추세가 이어질 경우 국제사회가 식량 수급에 어려움을 겪을 뿐 아니라 국가 간 식량 안보 문제도 우려된다고 진단하고 있다.

특히 한국은 곡물 자급률이 24% 수준으로 OECD 회원국 34개국 중 32번째로 낮은 수준이다. 한국은 필요 곡물이 1년 기준 대략 2,000만 톤이지만 이 중 쌀 400만 톤을 포함한 500만 톤 정도만 국내에서 생산하고 나머지 1,500만 톤은 수입하고 있다. 여기에다 그동안 한국에 주요 식자재를 공급해온 중국이 2004년부터 식량수입국으로 바뀌면서 식량 자급을 국가 최우선과제로 추진하고 있다. 이런 상황에서 한국이 앞으로 먹거리를 어디서 어떻게 구해야 할지 걱정이다.

■ 급변하는 농업 환경 ■

OECD는 전 세계의 식량 수급 상황을 모니터할 목적으로 전 세계 농업 GDP에서 88% 비중을 차지하는 49개국을 대상으로 현재 추진 중인 농업정책을 조사했다.[1] 조사대상 49개국의 국민소득과 농업 환경은 전혀 다르지만 그럼에도 불구하고 이들 국가의 지향점은 유사한 것으로 나타났다.

먼저 조사대상 국가는 모두 농업 분야 지원을 지속적으로 늘려왔다.[2] 특히 신흥국 중 인도네시아, 카자흐스탄, 중국, 콜롬비아, 우크라이나, 터키는 1995~1997년 대비 2012~2014년 농업 관련 지원 규모를 연평균 10%p 이상씩 지속적으로 확대해왔다. 반면 한국을 비롯한 캐나다, 노르웨이, 호주, EU, 일본 같은 OECD 회원국은 신흥국보다 지원 상승폭이 적었다. 그렇지만 일본과 스위스를 제외한 대부분의 조사대상국이 농업 부문 지원 규모를 꾸준히 늘려온 것으로 나타났다.

이 결과만 보면 많은 국가가 농업 부문에 정책 우선순위를 부여해 지속적으로 관심을 보였다고 오해할 수 있다. 한데 실상을 자세히 들여다보면 그 평가와 전혀 상반된 결론에 이르게 된다.

앞서 말한 농업 부문의 지원 규모를 해당 국가 전체 GDP와 비교할 경우 오히려 지원 규모가 크게 감소했음이 드러난다. 중국과 브라질을 비롯한 일부 신흥 농업생산국을 제외하고 대다수 국가가 1995~1997년에 비해 2012~2014년 GDP 대비 농업 지원 규모를 줄여왔다. OECD 평균을 보면 전체 GDP 대비 농업 지원 규모가 1.5%(1995~1997년)에서 0.8%(2012~2014년)로 절반 가까이 줄어들었다.

이와 함께 대부분의 국가가 농산물가격 보조, 관세 같은 보호정책처럼 농산물의 시장가격을 왜곡하는 요인을 줄이고 시장 메커니즘에 따라 결정되도록 유도하는 추세다. 주요 농산물의 시장가격 왜곡 정도를 확인하기 위해 국내 농산물가격과 관세 등으로 발생한 국경가격border price의 차이를 비교한 결과 1995~1997년 대비 2012~2014년 아이슬란드 2.32→1.61, 일본 2.31→1.94, 한국 2.97→1.96, 스위스 2.79→1.45로 크게 줄어든 것으로 나타났다.

이 과정에서 주목할 만한 변화는 많은 국가에서 농업 기반이 크게

국가별 농업 관련 총지원 규모 변화(1995~1997년 대비 2012~2014년, 연평균 실질성장률)

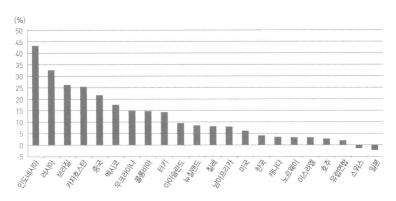

자료 : 〈OECD-FAO Agricultural Outlook 2018-2027〉, OECD

위축되고 있다는 점과 농업 기반이 소농 중심에서 기업농 중심으로 재편되고 있다는 점이다. 이는 다시 농업의 국제 분업화 추세를 가속화하는 요인으로 작용하고 있다.

그동안 대다수 국가에서 농업 생산자는 다수의 소농small and medium-sized farm[3]과 소수의 대농이 공존해왔다. 전 세계 농가의 약 85%가 2헥타르 미만을 경작하는 소농이며, 약 95% 수준이 5헥타르 미만인 중소농에 속한다. 토지를 기준으로 할 경우 전 세계 농지의 절반 이상은 100헥타르 이상을 소유한 대규모 기업농이 경작하고 있고 2헥타르 미만의 소농이 소유한 토지는 12% 수준에 불과하다. 특히 선진국과 남아메리카 지역은 대규모 기업농이 농업을 주도하는 반면 저소득 국가에서는 소농이 주를 이루고 있다.

농업 규모 변화는 가속화

OECD는 대농과 소농의 격차가 점차 심화할 것으로 전망하고 있다. 이는 전 세계에서 농가의 평균 경지 규모가 점차 감소 추세에 있기 때문이다. 1950년대만 해도 농가당 평균 경지 규모는 11헥타르 수준이었으나 2000년대 들어 그 절반 이하인 5헥타르 수준으로 줄어들었다.

소농 중심의 신흥국에서 계속 평균 경지 규모가 줄어드는 원인은 농촌 인력이 타 분야로 진출하는 데 있다. 농업 이외의 분야에 다양한 기회가 생기면서 많은 농촌 인력이 다른 분야로 진출하고 있는 것이다. 이에 따라 인력 수급이 어려워진 기존 소농은 자연스럽게 경지 규모를 줄이고 있다. 하지만 대규모 기업농 중심인 선진국은 농가당 평균 경지 규모가 오히려 증가하는 추세다. 선진국 농업은 기술 발달로 탈고용 형태의 대규모 영농이 가능해지면서 규모의 경제를 실현하고 있다. OECD는 소농의 극소농화와 대규모 기업농의 초대규모화를 환경오염 문제를 야기하는 새로운 요인으로 평가하고 있다. 소농의 경우 인력 부족에 따른 생산성 하락을 막기 위해 화학비료를 과대 사용하려는 경향이 높다. 초대규모화한 기업농 역시 생산성 향상 수단으로 화학비료를 과대 사용하려는 움직임이 늘고 있다.

한국의 농업은 기업화된 대규모 농업으로 발전하기 못하고 다른 신흥국들과 마찬가지로 대부분 소농 형태로 남아 있다. 그나마도 인력을 구하기 어려워 농번기가 되면 외국인 근로자를 대거 투입한다. 코로나 사태가 장기화되면서 외국인 입국이 어려워지자 우리 농업은 직격탄을 맞고 있다. 기계화를 앞세운 대규모 농업 시스템을 갖추지 못한 부작용이 나타나고 있는 것이다.

종자기업의 변화

초대형 농업기업은 생산성 향상을 위해 무엇보다 종자 산업에 주목해왔다. 지금 금보다 비싼 고가의 물건으로 변한 것이 바로 '씨앗'이다. 실제로 씨앗은 거래가격이 금보다 비싸다. 최근 금 1그램 가격은 5만 원 수준이지만 토마토 씨앗 1그램 가격은 15만 원 내외다. 건강식품으로 주목받는 파프리카 씨앗도 그램당 12만 원선에서 거래가 이뤄지고 있다. 그야말로 길을 가다가 금과 씨앗이 떨어져 있으면 금보다 씨앗을 먼저 주워야 하는 상황이 온 것이다.

과거 선조들은 씨앗을 인근 농가에서 공짜로 얻거나 자연에서 수확해 농사를 지었다. 즉, 씨앗은 원하면 언제든 얻을 수 있는 자유재에 가까웠다. 그러나 지금 씨앗은 비싼 로열티를 내고 구매해야 하는 고부가가치 재화로 바뀌었다. 어쩌면 씨앗은 한번 구매하면 그다음 해부터는 자신의 농작물이나 열매에서 적출해 사용하면 되지 않느냐고 생각할지도 모른다. 실상은 그렇지 않다. 자신의 수확물에서 나온 새끼씨앗 내지 새끼종자를 활용할 경우 어미종자와 다른 유전적 특성이 섞여 있어 당초 기대하는 정상적인 열매가 열리지 않는다. 결국 씨앗은 계속 다시 구매할 수밖에 없다.

현재 세계 종자 산업 규모는 40조 원대에 이른다. 이처럼 거대 산업으로 성장한 종자 산업은 지금도 연평균 5%씩 지속적으로 성장하는 미래 산업 중 하나다. 현재 전 세계 종자 산업은 10여 개 다국적기업이 전체 시장의 67%를 장악한 상태로 이들은 막대한 수익을 거두고 있다.

대표적인 글로벌 종자회사 몬산토는 세계에서 가장 일하기 좋은 기업에 3년 연속 선정될 만큼 국제적으로 인지도가 높다. 이 사실만 봐도 종자 산업이 내포하고 있는 경제성과 부가가치를 쉽게 확인할 수 있을 것이다.

그럼 고부가가치 미래 산업인 종자 산업에서 한국은 어디에 위치하고 있을까? 한국이 국제 종자 산업에서 차지하는 비중은 1% 수준에 불과하다. 아직까지 한국은 종자 산업 분야에서 후진성을 면치 못하고 있다.

물론 한국에도 수천 년 동안 이 땅에서 자생해오며 독특한 유전적 형질을 담고 있는 토종작물이 많이 있다. 그럼에도 불구하고 이를 국제적으로 상품화하지 못한 이유는 토종작물과 토종씨앗에 어떤 부가가치가 담겨 있는지 일찍부터 자각하지 못한 데 있다.

이처럼 한국이 작물의 시장가치를 몰라보는 상황에서 1997년 외환위기 때 한국의 많은 씨앗회사가 외국 기업에 팔리면서 지금 우리의 토종작물이자 중요 먹거리인 무, 배추 같은 토종채소 씨앗을 외국에 돈을 내고 구매하는 상황에 놓여 있다. 토종작물의 부가가치를 미처 인지하지 못하고 해당 분야에 제대로 관심과 지원을 보내지 않은 것도 이런 일이 발생한 원인이다.

초대형 농업기업은 농산물 수급 불균형과 가격 급등에 따른 어려움을 금융으로 해결하고 있다. 사실 인류는 농산물 수급 불균형의 어려움을 늘 금융으로 해결해왔다. 농업 관련 기업이 금융 계열사를 대거 거느리고 있는 이유가 여기에 있다. ADM, 번기, 카길, 드레퓌스 같은 메이저 4대 곡물기업은 아예 금융 계열사를 설립해 금융활동까지 하고 있다. 여기에다 최근에는 농지에도 투자하고 있다. 특히 자산운용회사와 사모펀드가 농지에 투자하고 있는데 2007년부터 농지에 투자하기 시작한 미국의 거대 연금 미국교직원연금기금TIAA-CREF은 현재 세계에서 가장 많은 농지를 보유한 기관이다.

기업농과 소농 중심의 농업 개편은 농산물의 국제 분업화를 가속화하고 있다. 이는 농산물 수급을 특정 국가에 과도하게 의존하는 상황을 우려해야 할 만큼 발전해왔다. 더구나 농산물 공급과 수요 분리로 소수의 수출국이 공급을 담당하고 다수의 수입국이 이를 소비하는 형태로 진화하고 있다. 이에 따라 농산물 품목별로 수출 상위 5개국이 전

체 수출 물량에서 70% 이상을 점유할 것으로 예상하고 있다.[4]

　우리는 최근 OECD가 주요 국가들을 대상으로 농업 생산성 향상을 위해 일관성 있게 노력할 것을 독려한다는 사실에 주목해야 한다.

■ 양식업을 중심으로 재편 중인 수산업 ■

OECD는 2년 주기로 수산 분야 현황을 파악하고자 〈수산업 보고서OECD Review of Fisheries〉를 발간한다. 해당 보고서는 OECD 주요국의 어획량 변화 추이를 면밀히 추적하는데 그 내용을 보면 한국을 비롯한 OECD 주요국의 바다 생태계가 황폐화하고 있음을 쉽게 가늠할 수 있다. OECD 주요국의 어획량은 1995년 이후 계속 줄어들어 2015년 어획량이 1995년 대비 30% 정도 감소했다. 해당 보고서는 그 주요 원인으로 수산자원 고갈과 함께 수산자원을 지속가능한 형태로 이용하기 위한 정책적 노력이 미흡하다는 점을 지적하고 있다.

　현재 OECD 주요국은 바다 생태계 복원과 수산자원 확보를 위해 개별 어업인 지원은 줄이는 반면 수산자원 회복을 위한 인프라 투자와 연구개발, 어업인 교육·훈련 지원은 꾸준히 늘리고 있다. 나아가 야생 개체 수 증대를 위해 치어 방류와 생태계 기능 복원을 도모하는 인공조형물 설치 등 인프라 투자를 적극 모색하고 있다.

　우리와 바다를 접하고 있는 주변 국가들도 예외는 아니다. 일본은 치어 방류를 포함해 수산자원 조성 방안을 담은 제7차 양식 산업 기본

계획을 수립해 추진하고 있고, 중국은 수산자원 산란 지역을 파악해 해당 지역을 보호 지역으로 설정하는 정책을 추진하고 있다. 대만 역시 지속가능한 어족자원을 확보하고자 치어를 꾸준히 방류하고 있다.

현재 대다수 OECD 국가는 바다 생태계 보존 작업과 함께 부족한 어획량을 벌충하고 수산자원을 안정적으로 확보하기 위한 방법으로 양식업에 주목하고 있다. OECD 회원국의 전체 양식업 생산량은 2006년 이후 연평균 1.5% 성장세를 보이다 2011년 이후 연평균 성장률이 2.1%로 가속화하고 있다. 현재 양식업 생산액 전 세계 1위는 중국으로 1,320억 달러에 이른다. 그 뒤를 이어 칠레, 노르웨이, 일본이 높은 양식업 생산액을 보이고 있으며 한국은 5위를 차지하고 있다. 미국은 지속가능한 양식업 발전계획을 수립해 2020년까지 양식업 생산을 최소 50% 이상 확대하는 전략을 추진 중이다. 유럽연합 역시 양식업 육성을 위한 유럽해양수산펀드를 설정하고 지속적으로 투자하고 있다.

현재 한국은 그 어느 때보다 바다 생태계가 황폐화되고 있다. 한국수산자원관리공단FIRA에 따르면 동해 연안의 62%, 남해 연안의 33%, 제주 연근해의 35%에 달하는 면적이 사막화되고 있다. 면적으로 따지면 서울 여의도의 65배에 달하는 1만 8,791헥타르의 바다가 사막화되고 있다는 얘기다. 바다 사막화란 기후 변화에 따른 수온 상승과 연안 오염 등의 영향으로 해조류가 사라지고 흰색 무절석회조류가 달라붙어 암반 지역이 흰색으로 변하면서 어장이 황폐화되는 현상을 말한다. 이 경우 어류의 산란장과 서식 공간의 역할을 하는 대형 해조류가 사라지면서 수산자원이 고갈되고 만다. 당연히 이것은 어획량 감소와 어업

소득 감소로 이어진다.

지금 바다 생태계 보존과 수산자원 확보를 위해 한국이 기울이는 노력은 여타 OECD 국가의 방식과 크게 다르지 않다. 먼저 어획 생산량과 생산액이 모두 감소하는 상황에서 이를 벌충하기 위해 양식업에 주목하고 있다. 덕분에 양식 부문 생산량과 생산액은 각각 연평균 3.2%, 4.5% 증가하고 있다. 어업 부문 지원도 OECD와 마찬가지로 개별 어업인 지원(5,300만 달러)보다 인프라 투자와 연구개발 등 일반 서비스 형태의 지원(3억 7,300만 달러)이 대부분(88%)을 차지한다.

한국은 2013~2015년 기준 1인당 수산물 소비량이 연간 58.4킬로그램으로 세계 1위에 해당하는 국가다. 수산물을 많이 소비하는 국가인만큼 수산자원을 효율적으로 보존·관리하는 것이 그 어느 국가보다 절실한 상황이다.

■ 석유보다 더 중요한 자원, 물 ■

모든 먹거리 산업의 근원은 물이다. 물은 인류의 생존을 위해서라도 원활한 수급이 필수적이다. 이 때문에 UN은 물의 중요성을 일깨우기 위해 1992년 '세계 물의 날'을 제정했다. 한국은 이보다 앞선 1990년 '물의 날'을 제정했다. 당시 한국이 제정한 물의 날은 7월 1일이었으나 UN의 요청에 따라 1995년부터 3월 22일 '세계 물의 날'로 일원화했다. 한국을 포함해 국제사회가 물의 날을 제정해 경각심을 일깨우려 하는 이유는 단연 '물 부족' 현상 때문이다.

어쩌면 지구 표면의 70%가 물인데 정말로 물이 부족한지 의아하게 여기는 사람이 있을지도 모른다. 사실 지구상의 물 중 인간이 사용할 수 있는 담수량은 2.5% 수준에 불과하다. 그중에서도 우리가 실제로 사용 가능한 담수량은 0.8% 수준이다.

공급은 제한적인 데 반해 물 수요는 계속 증가하고 있다. 수요 증가의 가장 큰 요인으로는 인구 증가를 꼽을 수 있다. 세계 인구는 매년 8,300만 명씩 증가하고 있는데 이 추세가 이어지면 지구상 인구는 76억 명에서 2050년 100억 명에 육박할 전망이다.

산업 발달도 물 부족을 야기하는 주요 요인이다. 저소득 국가는 용수 사용량의 80% 이상이 농업용수지만 고소득 국가는 60% 정도가 산

지역별 가뭄 현황

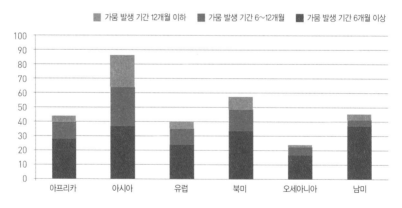

자료: Sheffield, J., K., M. Andreadls, E. F. Wood, amd D. P. Lettermaier, 2009: Global nad comtinental drought in the second half of the 21th century; severity-area-duration analysis and temporal variability of large-scale events, J. Climate, 22(8), 1962-1981.

업용수다. 예를 들어 미국은 지난 30년간 물 사용량이 3배 가까이 증가
했는데 그중 60% 이상이 산업용 수요 증가 때문이다.

그러므로 물을 확보하기 위한 일련의 제도와 기술 요소는 산업 관점
에서 살펴봐야 한다. 이른바 '물 산업'이 형성될 환경이 조성되었으니
말이다. 물 산업이란 물을 취수하고 정수해 사용한 뒤 하수·폐수 처리
와 재활용 과정에 투여하는 산업 관련 서비스 분야를 말한다. 2016년
현재 전 세계 물 시장 규모는 800조 원으로 추산하며 향후 연평균 3%
수준의 성장세를 전망한다. 특히 OECD 주요국은 2030년까지 국가 인
프라 확충 사업에 투자하기로 한 규모가 통신 8조 2,000억 달러, 교통 5조
2,000억 달러인 데 비해 각종 용수 확보에 투자할 예정인 금액은 18조 달
러에 달한다.

일련의 상황에 주목한 세계적인 미래학자 앨빈 토플러는 20세기가
석유의 시대였다면 21세기는 물의 시대일 것이라고 전망한 바 있다.
최근 한국도 뒤늦게 물 산업에 주목하고 있는데 가장 큰 이유는 부족한
각종 용수 확보 때문이다. 이 과정에서 해외수출과 신규 일자리 창출
효과도 함께 거둘 것으로 보인다. 지리적으로 인접한 중국과 일본은 세
계 물 시장에서 차지하는 비중이 무려 30%에 달한다.

▪ 고부가가치 산업으로 바뀌고 있는 먹거리 산업 ▪

현재 국제사회는 먹거리의 중요성뿐 아니라 다양한 먹거리를 기반으

로 한 생물자원이 반도체, 디스플레이 이상의 고부가가치 상품을 개발하는 중요한 원천임을 인식하기 시작했다. 이에 따라 해외 토착 생물자원을 무단으로 사용하려는 시도가 늘어나는 한편 자국 토착 생물자원을 보존하고 이를 활용하는 과정에서 정당한 권리를 행사하기 위한 노력도 증가하고 있다.

가령 일본 화장품회사 시세이도는 인도네시아의 자생식물 자무에서 추출한 원료를 사용해 'UV White' 브랜드의 미백, 노화 방지 화장품을 개발하고 51건의 자무 추출물 관련 특허를 출원했다. 그러나 2001년 인도네시아 민간 환경단체가 토착민에게 대가를 지불하지 않은 생물해적행위라고 비난하며 거세게 반발하자 자사 이미지와 브랜드의 중요성을 고려해 2002년 특허를 자진 철회했다.

마히코-몬산토 역시 인도의 6종류 '가지' 종자를 허가 없이 습득해 'Bt가지'를 생산했는데, 2010년 인도의 환경지원단체 ESG는 마히코-몬산토를 생물다양성법 위반으로 고소했다. 또한 인도는 생물다양성법에 근거해 마히코-몬산토를 생물 해적행위로 기소해 법적으로 대응했다.

영국 레스터대학교 미생물학자 윌리엄 그랜트 William Grant 와 바이오 전문회사 제넨코 Genencor (현재는 듀폰)는 1992년 케냐의 호수에 사는 미생물에서 표백제 효소 활성을 발굴해 화학표백제 대체재를 개발했다. 그러자 케냐 정부의 야생동식물서비스 KWS 는 아무런 승낙 없이 샘플을 수집하고 생물자원에 접근한 점을 비난하며 로열티를 요구했다.

덴마크의 효소 개발업체 노보자임 Novozymes 은 케냐 야생동식물서비스와 생물 다양성 조사·개발에 관한 파트너십을 맺고 기성금 milestone payment과 러닝 로열티를 지불하고 있다. 박테리아를 채취하는 지역 거주자들에게도 사용료를 지불하고 있는데 현재까지 그 금액이 2만 6,000달러에 이른다.

이러한 해외 사례는 우리가 반도체, 디스플레이, 조선 같은 산업재뿐 아니라 우리 땅에 오랫동안 자생해온 토착작물도 지켜야 한다는 사실을 깨닫게 한다.

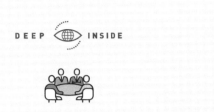

최근 식량 수출이 줄어들고 있는 추세를 어떻게 봐야 할까요? 그리고 현재 한국 농업구조에는 어떤 문제가 있는지요?

농업은 그 특성상 수확 후 무조건 일주일 내에 유통 바이어의 손에 넘겨줘야 합니다. 그래야 신선도가 제일 좋아 제값을 받을 수 있지요. 그 기간이 넘어가면 가격이 반값 정도로 떨어져서 대체로 한 달 안에 처분합니다. 그것마저 어려울 경우에는 마지막으로 식품가공 쪽으로 넘겨 첨가물로 쓰입니다. 가령 건포도가 빵에 들어가는 것처럼 말이지요.

한국에서 품질이 떨어지는 딸기를 많이 사는 곳이 SPC그룹입니다. 그곳에서 딸기잼을 만들거나 빵에 넣어 활용하죠. 그러나 농민은 딸기를 식품가공용으로 파는 걸 원치 않기 때문에 단단한 품종으로 개량하고 있습니다. 예전에는 물러서 수출이 불가능했지만 이제는 품종을 바꾼 덕분에 수출도 가능합니다.

토마토도 많이 개량한 상태입니다. 1960년대 토마토는 땅에 떨어지면 팍 터졌지만 지금은 튕겨 올라옵니다. 전 세계에 판매하기 위해 바깥껍질이 단단한 것으로 개량한 종이라서 그렇습니다. 현재 우리가 먹는 바나나도 본래의 바나나가 아닙니다. 기존 바나나는 1980년대에 다 멸종했고 지금 우리가 먹는 바나나는 신품종입니다.

중요한 것은 왜 한국은 농업을 산업으로 여기지 않고 복지로 여기느냐 하는 점입니다. 농업을 하나의 산업으로 보고 농업 혁신을 위해 무엇을 해야 하는지, 농산물을 전략적으로 팔려면 무엇을 상품화해야 하는지 논의해야 합니다.

현재 한국의 농업을 보면 시골에서 어르신들이 외국인 노동자를 데리고 일하는 구조입니다. 도시와 달리 시골은 고령화가 더 진전되었기 때문입니다. 지금은 해외 인력과 함께 일하지만 앞으로 고령화가 더 진행되는 10여 년 후의 모습은 어떠할지 생각해봐야 합니다.

결국 답은 대기업화에 있습니다. 농업의 현재 상태를 방치했다가 해외 농산물이 더 많이 들어올 경우 식량 안보 문제와 관련해 타격이 심해집니다. 노동력 부족 관점에서도 농업을 기업화하는 것이 바람직합니다. 인식을 전환해 농업을 그냥 농업이 아니라 식량자원으로 보고 그 자원을 어떻게 하면 견고하게 지켜낼지 고민해야 하지요.

한국 농업이 발전하려면 농어민을 사회복지 차원에서 취약 계층으로 보고 지원하는 게 아니라 정책 방향을 바꿔야 한다고 했는데요. 예를 들면 농업 분야에서 거대기업, 유니콘기업을 육성해 그 기업이 일자리를 창출하도록 만드는 구조로 가려면 어떻게 해야 할까요?

세계적인 추세는 농업을 농업 안에 가두지 않고 최첨단 산업으로 육성하는 것입니다. 얼마 전 독일의 거대기업 바이엘이 몬산토를 인수합병

했습니다. 제약회사 바이엘이 종자회사 몬산토를 인수한 것인데 그 이유는 앞으로 제약의 미래는 농업이라고 확신했기 때문입니다.

이제 의학이 예방의학으로 바뀌는 추세라 병이 생긴 뒤 약을 먹는 게 아니라 질병을 예방하는 식품을 먹는 것에 관심이 집중되고 있습니다. 가령 당뇨가 걸리기 전에 사람들에게 당뇨를 예방하는 먹거리를 제공하는 식이죠. 이미 바이엘은 전 세계에서 종자·품종 라이선스를 가장 많이 보유한 몬산토를 엄청난 가격에 인수해 제약의 미래 100년을 설계하는 중입니다.

마찬가지로 우리도 농업을 그냥 농업에만 국한하지 말고 바이오 산업으로 봐야 합니다. 그런데 왜 한국 대기업은 농업에 들어가지 못하는 걸까요? 그 이유는 엄청난 텃세 탓입니다. 현재 농림부가 보유한 모든 예산을 우리는 'FTA 자금'이라고 부릅니다. FTA를 체결한 대가로 주는 피해 보상금이라는 의미지요. 농림부 예산의 모든 자금이 그 용도에 쓰입니다.

결국 농민에게는 피해 보상금이라는 생각이 들 수밖에 없는데 이는 휴대전화, 자동차를 팔려고 그들이 피해를 보게 만들었다는 의미입니다. 그러다 보니 대기업이 농업에까지 들어오는 것은 절대 안 된다는 입장이라 대기업이 농업에 들어가지 못하는 거죠.

글로벌 움직임은 한국과 정반대 방향입니다. 농업이 변화를 일으켜 다른 산업과 융합한 결과물이 바이오농업기업과 화학농업기업입니다. 2015년 중국의 캠차이나(국영화학회사)가 약 430억 달러(약 55조 원)에 스위스의 종자기업 신젠타를 인수했습니다. 이것은 중국 역사상 가장 큰 인수합병으로 당시 전 세계 산업에 커다란 반향을 불러일으켰습니다.

현재 바이오 산업 구도는 1위가 바이엘-몬산토, 3위가 캠차이나-신젠타입니다. 2위는 2016년 합병한 미국 기업 듀폰과 다우케미컬이고요. 종자 산업 1~3위 기업이 모두 최근 5년 안에 합병한 것입니다. 다른 어떤 산업에서도 상위 1~3위 기업이 이처럼 커다란 변화를 겪은 경우는 없습니다. 농업은 바이오든 화학이든 디지털 전환뿐 아니라 다른 산업과의 융합으로 커다란 변화를 겪고 있는 단계입니다.

한국은 국가의 방어적인 자세로 농업 경쟁력이 있지만 이는 소규모, 소자본입니다. 지금껏 대규모 자본, 대기업이 참여할 수 없도록 국가 정책 사업으로 막아왔으나 세계 3대 기업이 변모하는 것으로 보아 농업이 부가가치를 더 올리려면 바이오, 화학 기업과 결합할 수밖에 없습니다. 아무리 방어를 해도 다자간 FTA 등의 영향으로 농업은 계속 침투받을 전망입니다.

이런 상황에서 농업을 고부가가치 산업으로 끌어올리려면 다른 영역과의 융합이나 대자본 유입이 필요합니다. 나중에 주도권을 빼앗긴 후가 아니라 바로 지금 농업이 인구구조, 국가 경제에 미치는 영향을 최소화하면서 산업경쟁력을 높일 방안을 적극 모색해야 합니다. 현재 농업은 아주 중요한 기로에 서 있습니다.

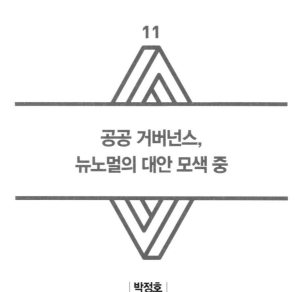

공공 거버넌스,
뉴노멀의 대안 모색 중

|박정호|

■ 저성장 기조 속에서 ■

지금 세계 각국 거버넌스는 코로나19라는 충격에서 조속히 벗어나는 것을 최우선 과제로 삼고 있다. 각국은 대규모 공적 자금을 투입하고 세금신고 납부기한 연장, 사회보장기여금 면제 내지 유예, 보건 분야에 대한 조세혜택 결손금 공제 확대 등의 정책을 앞 다퉈 추진하고 있다.

이러한 한시적 조치 이후에는 부족해진 재정과 세원을 확보하기 위한 노력이 이어질 수밖에 없다. 코로나 이전부터 전 세계 주요국들은 이미 저성장의 늪에 빠져 있었고 이에 대응하기 위한 새로운 거버넌스를 준비하고 있었다. 향후 전개될 저성장 기조 속에서 코로나로 인해 추가적인 재정 부담까지 떠안게 된 각국은 예정되어 있던 거버넌스 개편 논의를 더욱 가속화할 것이다.

2020~2021년 세계 경제는 코로나에 따른 충격 외에도 장기간 잠재되어 있던 무역·지정학적 갈등 및 불확실성으로 인해 전반적으로 저성장 기조를 이어갈 전망이다. 코로나라는 변수를 걷어낸다 하더라도 무역분쟁에 따른 투자 감소와 중국발 수요 하락이라는 변수는 여전히 글로벌 경제에서 무역 성장을 저해하는 요인으로 남아 있다.

2020년 4월 IMF는 중국의 2020년 경제성장률을 1.2%로 전망했다. 중국이 국제사회에 경제를 개방한 이후 최악의 수치다. 2021년 성장률은 기저효과에 의해 9.2%로 전망했지만 평균으로 따지면 5%대의 낮은 성장이다. 장기적으로도 미국과의 무역전쟁 같은 대내외적 요인 때문에 중국 경제의 전망은 그리 밝지 못하다. 2019년 중국은 재정정책을 적극 감행해 감세와 인프라 투자에 나섰으나 기대한 효과를 얻지 못했다. 중국 내수경기를 견인해온 부동산 시장과 자동차 시장마저 좀처럼 소비 움직임을 찾기 어려울 정도로 급격히 경색된 상태다. 중국 경제의 또 다른 취약점은 부채 문제다. 특히 중국은 2008년 금융위기 이후 국영기업 부채가 꾸준히 증가해왔다. 국제금융협회에 따르면 최근 몇 년간 급속히 증가한 중국의 부채는 2019년 1분기 총부채(기업, 가계, 정부)가 GDP의 303%(40조 달러)로 글로벌 부채의 15%를 차지한다.

여기에다 2020년 중국 지방정부가 막아야 할 만기 채무가 2,830억 달러에 달한다. 지난 2년간 중앙정부가 미국과의 무역전쟁으로부터 국영기업과 고용을 보호할 목적으로 지방정부에 채권을 발행하면서 부채가 급증했다. 이런 부담으로 2019년에는 25년 만에 처음으로 지방은행이 파산하는 사태가 벌어지기도 했다. 상당 규모의 채권을 단기간에 지방정부에 매각한 것은 중국 내 이자율 상승을 유발했고, 이는 다시 중국 중앙정부가 통화 공급을 늘리도록 압박했다.

결국 중국의 부채 문제는 위안화 환율과 국제화에도 부정적 영향을 미칠 전망이다. 2019년 중국 내 물가상승률은 최근 6년 중 가장 높은 수준인 3%대다. 이 경우 위안화 가치가 하락하므로 불안을 느끼는 무역 파트너나 투자자가 국제무역에서 위안화로 거래할 유인이 사라진다. 지난 10년 동안 세계 경제의 주요 소비처이자 투자처였던 중국 경제가 급격히 냉각하면서 그 여파가 전 세계로 퍼져가고 있다.

■ 흔들리는 유럽 단일 거버넌스 체계 ■

2019년 5월 유럽의회 선거는 영국을 포함한 EU 28개국의 정치 동향을 확인해볼 기회였다. 일반적으로 유럽의 투표율을 보면 자국 내 투표율은 높은 데 반해 유럽의회 투표율은 저조하다. 그런데 2019년 유럽의회 선거 투표율은 유럽인이 EU체계에 그 어느 때보다 관심과 불만이 많다는 것을 드러냈다. 1979년 이래 계속 하락하던 투표율이 반등해 1994년 이후 최고 투표율을 기록하면서 EU에 보이는 관심이 증가했음을 대변했던 것이다.

유럽 통합에 지지를 표명하는 자유주의정당연합 정치그룹 '리뉴 유럽Renew Europe'과 녹색당 정치그룹 '녹색·자유동맹Greens/EFA'이 각각 41석과 24석이 증가한 108석과 74석을 획득했다. 이와 함께 극단주의 정당의 약진도 두드러졌다. 유로존이 직면한 여러 위기 요인, 즉 재정, 이민자와 난민 위기 등에 불만이 고조되면서 극단주의 정당이 계속 부상해왔기 때문이다.

2019년 유럽은 각국의 주요 선거와 정부 교체 속에 응집력이 약화되는 조짐을 보이기 시작했다. 핀란드, 스페인, 덴마크, 포르투갈, 폴란드, 벨기에, 그리스, 오스트리아가 총선을 치른 결과 상당수 국가에서 반反EU와 반反이민을 주요 정책 입장으로 내세우며 기존 질서에 반발하는 심리에 편승한 유럽 각국의 극단주의 정당이 약진했다. 프랑스에서 2018년 11월 시작된 소위 '노란 조끼 운동Movement des Gilets jaunes' 역시 이러한 움직임을 보여주는 사례다. 이 때문에 많은 국가가 연립정부를 구성하고 있는데 정당 체제 파편화로 연립정부의 응집성이 약한 상황은 2020년에도 지속될 것으로 보인다.

EU 체제에 찬반이 극명하게 갈리는 현상과 함께 유럽 내 여러 국가가 분리 독립을 요구하는 움직임도 기존 EU 체제를 위협하는 요인이다. 가령 스페인 카탈루냐주는 스페인 중앙정부의 반대에도 불구하고 자체 독립을 선언하려는 움직임을 보이고 있다. 카탈루냐주 자치정부가 실시한 분리독립 주민투표에서 90%라는 압도적 찬성률이 나오기도 했다. 이후 스페인 중앙정부가 카탈루냐의 분리독립을 주장하는 정치 지도자들을 체포하면서 일단락되었지만 언제 이런 움직임이 다시 불거질지 모르는 상황이다.

스코틀랜드에서는 집권당인 스코틀랜드 국민당SNP을 중심으로 분리독립 움직임이 활발하다. 스코틀랜드는 2014년 분리독립을 안건으로 주민투표를 시행했는데 반대(55.3%)가 찬성(44.7%)보다 10%p 많아 부결되었다. 그러나 영국의 EU 탈퇴를 계기로 분리독립 움직임이 다시 고개를 들고 있다. 2016년 영국의 브렉시트 국민투표에서 스코틀랜드 주민은 62%가 EU 잔류에 표를 던졌지만 영국 국민은 EU 탈퇴를 택했다. 2019년 12월 스코틀랜드에서 실시한 총선 결과 제2분리독립 주민투표 시행을 공약으로 내건 스코틀랜드 국민당이 스코틀랜드 59개 선거구 중 48석을 차지하며 압승을 거뒀다.

벨기에는 부유한 북부 플랑드르계(네덜란드계)와 상대적으로 가난한 남부 왈로니아계(프랑스계)로 구성돼 서유럽에서 지역·민족 갈등이 가장 심한 국가로 꼽힌다. 플랑드르 지역 분리독립 추진 정당인 '새 플랑드르 연대NVA'가 지방선거에서 압승하면서 분리 움직임이 표면화되기도 했다.

현재 EU 내에서 분리독립을 원하는 지역은 겉으로 드러난 곳만 12곳에 달하며 이는 유로존 위기로 불거진 빈국과 부국 사이의 갈등에도 영향을 미칠 전망이다. 이와 함께 EU 체제를 고수하려는 세력이 등장하면서 유럽의회에서 각국 정부 집권정당의 총 의석수가 감소했다. 이에 따라 유럽의회가 회원국 행정부에서 임명한 집행위원들로 구성된 집행위원회를 강하게 견제할 가능성이 크다. 나아가 EU이사회의 정당 구성과 유럽의회의 정당 구성 간 상이성이 커지면서 두 기구 간 정책 갈등이 이전보다 늘어날 전망이다.

유럽의 단일 거버넌스 체계는 코로나19 사태를 겪으면서 더욱 흔들릴 것으로 전망한다. 위기의 순간을 극복하는 과정에서 각자도생이 더욱 심화될 것이다.

■ EU는 세금전쟁으로 탈출구를 찾는 중 ■

현재 유럽연합은 유럽 내 소외 지역과 계층을 지원할 세원을 확보하고자 미국을 비롯한 글로벌 IT기업들에게 추가 과세할 방법을 모색 중이다. 이를 위해 100년 만에 과세 기준까지 바꾸려 하고 있다.

　지금까지 외국 기업에 세금을 부과하려면 해당 회사의 고정사업장Permanent Establishment이 있어야만 했다. 고정사업장 기준은 경제활동을 대부분 오프라인에서 수행하던 100년 전 수립해 지금껏 유지해온 원칙이다. 그러나 경제활동의 상당 부분이 온라인상으로 옮겨간 지금은 특정 국가에 사업장이 없어도 해당 국가에서 막대한 수익을 거둘 수 있다. 실제로 많은 회사가 데이터나 플랫폼 같은 네트워크 환경 혹은 무형자산으로 높은 부가가치를 창출하고 있다. 이들 다국적기업에 이렇다 할 세금을 부과하지 못하던 국제사회는 이 문제에 주목하기 시작했다.

　예를 들어 BEPSBase Erosion and Profit Shifting 프로젝트를 공동 추진하는 OECD와 G20은 경제활동 디지털화에 따른 조세 문제 해결방안을 2020년 말까지 제시하기로 했다. 그런데 가시적인 결과물을 발표하기로 한 시점이 점차 다가오고 있지만 국제사회는 아직 별다른 합의를 도출하지 못하고 있다. 무엇보다 명확한 과세 기준을 바탕으로 한 합의가 이뤄지지 않고 있다.

현재까지의 논의 방향은 다국적기업의 경우 특정 이익률을 초과하는 잔여이익 residual profit 이 발생했을 때 사무소 소재와 무관하게 추가 과세하겠다는 것이다. 문제는 여기서 말하는 '특정 이익률' 기준에 있다. 현실적으로 잔여이익의 발생 여부를 판단하는 이익률 산정 기준을 무엇으로 할지, 어떤 근거로 설정할지 충분히 협의하지 못하고 있다. 이와 함께 적용 대상 기업군도 논쟁 대상이다. 현재까지의 논의 방향은 구글(검색엔진), 페이스북·인스타그램(플랫폼 서비스), 아마존(클라우드 서비스), 스타벅스(프랜차이즈) 등의 기업을 모두 포괄한다.

가장 큰 문제는 적용 대상 기업군에 한국 기업이 주력으로 활동하는 분야가 포함되어 있다는 점이다. 가령 휴대전화와 가전제품뿐 아니라 온라인 게임, 자동차 등의 분야에도 적용 여부를 논의 중이다. 이들 분야는 한국을 대표하는 기업들이 활동하고 있으며 한국 법인세수에서 차지하는 비중도 절대적이다.

최근 한국 정부는 저성장 기조에 대응하기 위해 적극적인 재정정책을 운용하고 있다. 더구나 중·장기적으로 고령화, 빈부격차 등의 문제로 복지 부문의 지출을 줄이기가 힘든 구조다. 이런 상황에서 그나마 세수 확보에 크게 기여해온 한국 기업들이 해외에서 추가로 과세를 당하면 이들 기업에 적용해온 세율과 세제를 고수하기 어려울 수 있다.

국제사회에서 새 과세 기준을 적용해 세금을 부과할 경우 기업은 해외에 세금을 납부하고 다시 국내에서도 세금을 부여받는 이중과세 문제가 불거질 수 있다. 앞서 말한 고정사업장 과세 기준은 100년 동안 이어져왔다. 만약 새로 과세 부과 기준을 도입한다면 역시 상당 기간 지속될 것이다. 그런 의미에서 향후 불거질 '국제 조세 기준 변경'은 한국에 커다란 재앙이 될 수 있다.

EU 내 일자리 확보를 위한 정책 대거 투입

EU는 조세 제도 개편으로 새로운 세원을 확보하고 자국 내에 더 많은 일자리를 창출하기 위해 노력하고 있다. EU를 비롯한 국제사회의 이런 움직임은 반기문 전 유엔사무총장의 연설에서도 쉽게 확인할 수 있다.

"전 세계에서 노동이 가능한 청년층의 절반이 실업자이거나 근로빈곤층 상태에 놓여 있다. 부국과 빈국 가릴 것 없이 청년 실업률은 전체 실업률의 수배에 달한다. 수많은 청년이 비공식적인 경제에서 아무런 보호도 받지 못한 채 저임금 노동의 덫에 걸려 있다. 수많은 청년이 학교에서 쌓은 지식이 오늘날 취업 시장에서 통하지 않는다는 사실을 깨닫고 있다."

이 연설처럼 국가 전반적으로 청년층 고용률이 감소하는 것도 문제지만 더 주목할 부분은 청년층 자체가 점차 줄어들고 있다는 점이다. 2013년 기준으로 OECD 전체 인구 중 청년층 인구가 차지하는 비중은 20% 수준이다. 2020년까지 청년층 인구 비중은 덴마크를 제외한 OECD 모든 국가에서 지속적으로 줄었다.

청년층 인구 비중 감소와 상대적인 고령층 인구 비중 증가는 청년층이 노동 시장에서 어떤 성과를 내는가에 따라 국가 재정의 지속가능성이 좌우되는 상황을 만들어냈다. 이처럼 노동 시장에서 청년층의 성과가 더 중요해지고 있음에도 불구하고 2007년 대비 2012년 청년층의 경제활동참가율은 거의 모든 OECD 국가에서 감소하고 있다.

OECD 고용전망 자료에 따르면 그나마 제공하는 청년 일자리조차 질적 측면에서 영속적·미래지향적인 일자리로 분류하기 어려운 것이 많다. 실제로 청년층 일자리는 파트타임 고용이 늘어나고 있고 임시고용이 다른 연령층에 비해 높다. 특히 저학력 청년층의 고용 상태가 더 불안정한데 이들은 비정규직 취업 수준에 머물거나 실직할 확률이 높은 것으로 나타났다. 코로나19로 기업 활동이 위축되고 특히 신규채용이 줄어들면서 청년 일자리 문제는 더욱 심화될 것이다.

주요 20개국 중 각 정책 영역에서 적어도 한 가지 정책을 추진하는 국가 비율

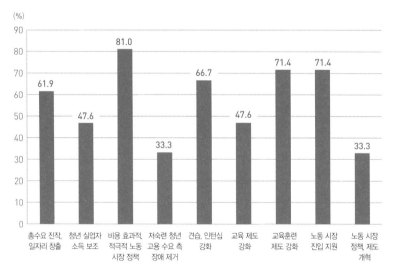

자료: OECD

유엔을 비롯한 국제기구가 이 현상에 주목해 '양질의 일자리 창출과 경제성장'을 여덟 번째 지속가능 발전 목표로 정하고 세부 목표를 수립했다는 사실은 각국 거버넌스 정책 기조의 현주소가 어디인지 보여준다. 그러나 어떤 국가도 일자리 창출에서 뚜렷한 성과를 거두지 못하고 있다. 세계 주요국이 일자리 창출을 위해 경쟁적으로 다양한 제도를 도입하고 그 추세와 내용을 더욱 강화한다는 사실이 이를 방증한다. 이는 통계로도 확인할 수 있다.

OECD 회원국을 보면 나라마다 교육이나 훈련도 받지 않고 구직활동을 전혀 하지 않는 니트족이 증가하고 있다. 2012년 기준 OECD 회원국 청년층 중 니트족은 총 3,849만 명으로 전체 청년 인구의 16%에 해당한다. 한데 최근 그 비중이 더욱 급속히 증가하고 있다. 니트족 청년층은 단기적으로 세수 감소와 복지지출 부담을 야기한다. 중·장기적으로는 교육 시스템을 떠난 기간이 늘어나면서 점차 인적자원 가치를 훼손해 미래 고용 기회를 박탈당하거나 저임금 근로자로 전락해 청년층 빈곤 문제가 불거진다.

OECD 주요국은 저출산·고령화로 사회 서비스 수요가 높아지고 있기 때문에 재정 건전성 유지를 위해 청년층의 노동 시장 성과가 무엇보다 중요하다. 이를 제고하려면 청년층 일자리를 창출하고 이를 바탕으로 지속가능한 국가경제 성장모델을 구축해야 하지만 아직 이렇다 할 성과를 내지 못하고 있다.

이런 상황에서 각국은 자생 가능한 경제 활로를 모색하는 동시에 무역분쟁이나 보호무역주의로 자국 시장과 일자리를 지키려는 방안을 적극 추진하고 있다.

■ 더욱 정교화하는 보호무역 수단 ■

사실 경제학자는 대부분 자유로운 교역으로 보다 높은 후생을 달성할 수 있다는 사실에는 동의하지만 그 구체적인 방법에 의견이 일치하는 것은 아니다. 1960년대 개발경제학 분야의 학자 라울 프레비시Raúl Prebisch와 한스 싱어Hans Singer는 개발도상국은 수출을 추구하는 대외지향적 발전전략보다 국내 수요를 우선 충족시키는 것이 중요하다고 주장했다.

이들은 개도국의 선결 과제는 수입품을 대체할 산업을 육성하는 것이라는 점을 거듭 강조했다. 이러한 주장에 주목한 중남미 일부 국가와 인도, 파키스탄은 수입대체 산업 육성전략을 선택했다. 하지만 그동안 이들이 거둔 성과가 미미하다는 사실은 국가 이름만으로도 쉽게 미루어 짐작할 수 있다.

아프리카 국가는 대부분 2차 세계대전 이후 독립한 신생독립국으로 비슷한 시기에 유사한 상황 아래 출범했다. 이 특수성 때문에 아프리카 국가들이 수행한 일련의 경제정책은 다른 국가가 해당 정책에 내포된 성과를 판단하는 시금석 역할을 할 때가 많다. 수출지향 정책과 수입대체 정책의 효과도 아프리카 국가들을 비교하면 쉽게 확인이 가능하다.

가나는 2차 세계대전 이후 독립할 당시만 해도 대표적인 코코아 수출국이었다. 가나의 전체 GDP 중 20%는 코코아 수출로 얻은 것이었다. 한데 가나는 경제구조 자립을 위한 산업 기반을 조성하고자 수입대체전략을 선택했다. 이후 코코아 생산에 투여할 자본을 다른 산업에 분산투자했고 코코아 수출은 급격히 감소했다. 그 결과 가나의 1인당 GDP는 1957년 1,500달러에서 1983년 310달러로 오히려 하락했다.

반면 가나와 비슷한 시기에 독립해 유사한 자원을 갖고 출범한 코트디부아르는 자국의 대표 수출품이던 커피, 코코아, 목재 수출을 더욱 촉진하는 정책을 추구했다. 그 결과 코트디부아르는 가나와 동일한 기간인 1957년부터 1983년까지 연평균 5~7%에 가까운 성장을 지속했고 1인당 GDP도 2배 이상 상승했다.

한국 역시 수출지향적 대외경제모델을 바탕으로 성장해온 대표적인 국가다. 한국은 경제개발 초기부터 내수 시장 규모가 크지 않아 협소한 국내 시장보다 방대한 세계 시장을 대상으로 제품을 판매하는 것이 더 유리했다. 더구나 해외 시장을 고려해 대규모로 생산할 경우 규모의 경제 효과도 거둘 수 있었다.

그러나 반세기 동안 입증된 자유무역의 편익을 뒤로하고 이제 미국과 중국을 비롯한 여러 국가에서 보호무역 기조를 강화하고 있는 추세다. 보호무역을 추구하는 방법도 더욱 교묘하게 진화하고 있다. 관세 이외에도 다양한 방식으로 무역장벽을 구축할 수 있기 때문이다.

인구가 1,000만도 되지 않는 이스라엘은 다른 나라에서 사용하지 않는 전기 플러그를 고집한다. 외국 기업이 자국 시장에 쉽게 뛰어들지 못하게 막기 위해서다. 이스라엘처럼 많은 국가가 자국 내에서 판매하는 다양한 제품에 남다른 표준을 강요해 자국 내 기업들을 보호한다.

제품 네이밍 차별화로 무역을 규제하는 것도 많은 국가에서 도입하는 전략 중 하나다. 역사에 가장 치졸한 무역규제 방식으로 남은 미국과 베트남의 메기분쟁이 대표적인 사례다. 미국 내에서 메기 수요가 계속 증가하자 메기 양식에 성공한 베트남의 대미 수출이 급증했다. 특히 양국 간의 무역협정 발표로 베트남의 대미 수출은 불과 5년 만에 9배 가까이 증가했다.

베트남산 메기 수입이 급격히 늘어나자 미국 메기생산협회는 미 정부를 압박해 메기catfish라는 생선 본연의 이름을 미국산 메기에만 붙이도록 하는 법안을 통과시키게 했다. 베트남산 메기는 동일한 어종인 catfish임에도 불구하고 메기의 베트남식 표현인 '바싸', '트라' 등으로 표기하도록 법규로 강제한 것이다. 미국 메기생산협회가 이 같은 방법을 사용한 이유는 이전에 다른 국가가 상품 이름으로 자국 상품과 해외 상품을 명확히 구분하는 전략을 쓴 적이 있기 때문이다.

독일은 자국의 대표 먹거리인 소시지 시장을 보호하고자 자국 내에서 생산하는 특정 성분이 들어가지 않은 소시지에는 소시지라는 명칭을 사용하지 못하도록 금지했다. 대신 비닐봉지에 담긴 돼지고기pork filled offal tube라는 상표명을 쓰게 했다. 이탈리아 역시 자국산 밀로 만든 파스타에만 파스타라는 명칭을 사용할 수 있도록 제한한 바 있다.

기업과 정부는 국제적으로 보호무역이 본격화할 경우 이처럼 다양한 암초를 만날 수 있음을 주지해야 한다.

■ 일자리 창출을 위해 주목하는 관광 산업 ■

관광 산업이란 국내외 여행객이 주로 소비하는 숙박, 음식, 쇼핑, 운송, 문화, 스포츠 같은 일련의 재화와 서비스를 생산하는 산업을 말한다. 지금은 코로나19로 전 세계의 관광이 중단되어 있지만 장기 관점에서 많은 OECD 국가들이 관광 산업에 주목하고 있다.

각국 거버넌스는 기존 주요 산업군이 저성장 기조에 들어선 데 반해 관광 산업은 앞으로도 계속 성장할 것으로 예상하고 있다. OECD는 해외 관광객이 급증하는 가장 큰 이유로 세계화와 기술 진보에 따른 저가 항공편 증가, IT 발달로 여행 계획 수립과 예약이 간편해진 점을 꼽고 있다. 특히 주목할 부분은 전 세계적인 경제위기나 테러 같은 지정학적 위험 요인, 자연재해 등 다양한 불확실성이 증대해도 해외 관광객 증가 추이가 상당한 복원력을 보이며 꾸준히 이어진다는 점이다.

이는 해외 관광객 수치만 봐도 쉽게 확인이 가능하다. 2017년 전 세계 해외 관광객 수는 전년 대비 4,600만 명 증가해 12억 명을 기록했다. 해외 관광객 수는 지난 8년간 계속 증가해왔는데 이 추세가 지속될 경우 2030년이면 18억 명이 매년 해외로 여행을 떠날 것으로 보인다. 금액 기준으로 2017년 전 세계 관광 총매출액은 1조 2,260억 달러로 집계됐다. 이 금액은 2000~2017년 여행 관련 지출액이 2배 가까이 증가한 결과다.

관광 산업은 고부가가치 산업으로 한국도 관광 산업을 고부가가치 산업으로 분류하고 있다. 2014년 한국문화관광연구원의 자료에 따르면 일반 제조업 전체 평균 영업이익률은 5.7% 수준이다. 반면 대표적인 관광 관련 산업을 보면 골프장 26.3%를 비롯해 테마파크 18.5%, 카지노 12.6%, 특급호텔 7.8%로 대부분 두 자릿수 영업이익률을 기록하고 있다.

관광 산업은 무엇보다 고도의 노동집약적 산업으로 일자리 창출에 현격히 기여한다. 지금은 전산화, 자동화, 지능화 도입으로 산업 전반에 탈고용 산업 생태계가 더욱 공고해지고 있다. 그렇지만 관광 산업은 여전히 고용 친화적 산업으로 분류하며 그 어떤 산업보다 높은 고용 유발 효과를 내고 있다. 실제로 취업유발계수가 21.7명(2013년 기준)으로 전 산업 평균 12.6명보다 월등히 높다. OECD 조사 결과에 따르면 1995~2015년 중간 수준의 기술을 요하는 직업군은 대부분 일자리가 크게 줄었지만 호텔과 레스토랑 등 관광 관련 분야는 오히려 고용증가율이 해당 기간 동안 45% 가까이 증가했다. OECD 국가가 대부분 신규 일자리 창출에 사활을 거는 상황에서 고용 유발 효과가 높은 관광 산업에 관심이 높아지는 것은 어찌 보면 자연스러운 현상이다.

일자리 창출로 지속가능한 성장을 구가하려 하는 세계 각국이 주목하는 또 다른 산업은 미식 산업gastronomy tourism이다. 미식 산업이란 좋은 먹거리를 많은 사람에게 제공하는 것뿐 아니라 해당 음식을 제조하는 과정을 살펴보거나 직접 만들어볼 기회를 제공하는 것을 말한다.

많은 국가가 미식 산업에 주목하는 이유는 이것이 내포하고 있는 높은 수익성 때문이다. OECD 자료에 따르면 해외 관광객이 여행 중에 먹거리에 소비하는 비중은 평균적으로 전체 소비지출 중 17%에 해당한다. 먹거리 문화가 특히 발달한 스페인, 이탈리아 같은 일부 국가는 관광지출 비중 중 먹거리 관련 지출이 30%를 넘는다. 이에 따라 많은 국가가 자국의 국제수지를 개선하고 추가 관광수입을 창출하기 위한 방편으로 미식 산업에 주목하고 있다.

많은 국가가 자국의 미식 문화와 산업을 활성화하려는 이유는 또 있다. 사람들은 특정 국가를 기억할 때 해당 국가의 건축물이나 국기로 떠올리기도 하지만 음식으로 떠올리는 경우도 많다. 예를 들어 김치 하면 한국, 스시 하면 일본, 중국요리 하면 중국, 피자 하면 이탈리아가 떠오르는 식이다. 따라서 미식 관광 활성화는 해당 국가의 전반적 인지도 제고에도 크게 기여할 수 있다.

나아가 미식 산업은 해당 국가의 도심지를 넘어 토착 식자재를 바탕으로 번성하는 경우도 많아 교외 지역이나 변두리 지역에서도 성행할 수 있다. 이러한 특성 때문에 미식 산업은 그 어느 산업보다 지역경제 활성화에 크게 기여할 산업으로 주목받고 있다. 여기에다 미식 산업은 노동집약적 산업으로 고용창출 효과까지 높아 지역경제 활성화에 크게 기여할 수 있다는 평가를 받는다. 이런 이유로 최근 미식 산업은 그 어느 때보다 주목을 받고 있다.

■ 지속가능한 성장의 롤모델, 한국 ■

각국 거버넌스의 주목할 만한 움직임 중 하나는 한국 정부를 벤치마킹하려는 시도다. 사실 한국은 세계 최빈국에 속하던 나라였다. 한국전쟁 직후 우리는 그나마 있던 생활터전마저 폐허가 되면서 빈곤의 나락으로 떨어지고 말았다. 당연히 국제사회의 원조 없이는 생존하기 어려운 상황이었는데 당시 한국을 원조해준 나라에는 미국, 영국, 프랑스 같은 선진국도 있었지만 리비아, 레바논, 파키스탄, 필리핀 등 지금은 우리보다 경제 상황이 열악한 국가도 대거 포함되어 있었다. 이 사실만 봐도 한국 경제 상황이 얼마나 황폐한 수준이었는지 짐작이 갈 것이다.

그러나 한국 경제는 지난 50년간 연평균 7% 수준의 높은 GDP 성장률을 기록하며 비약적으로 성장했다. 같은 기간 전 세계 성장률이 3.5% 수준이었으니 2배 이상의 성장률을 보인 셈이다. 이러한 한국 경제의 비약적인 성장을 가리켜 '한강의 기적'이라고 한다. 극찬에 가까운 기적이라는 평가는 한국의 자화자찬이 아니라 해외 경제 전문가들이 한국 경제의 성장을 칭송하기 위해 부여한 훈장이다. 노벨경제학상 수상자 로버트 루커스 교수는 1993년 발표한 논문 〈Making a Miracle〉에서 한국의 경제성장을 기적이라고 칭송했다. 객관성이 무엇보다 중요한 학술논문 제목에 '기적'이라는 감성적 표현까지 쓴 것은 그만큼 한국 경제 발전상이 전례를 찾기 어렵기 때문일 것이다.

2008년 발간한 세계은행 보고서도 한국 경제를 두고 비슷한 결론을 도출했다. 이 보고서는 2차 세계대전 이후 25년간 전 세계 국가 중 연평균 경제성장률이 7.5%가 넘는 국가를 조사했는데 13개 국가가 이처럼 고도성장을 달성했다고 밝혔다. 그중 아시아에서는 한국·중국·홍콩·대만·일본·싱가포르 등 9개국을 선정했고 유럽(몰타), 중동(오만),

아프리카(보츠와나), 남미(브라질)에서는 각각 1개국을 선정했다. 비교적 경제발전이 용이한 인구 1천만 명 이하 도시국가를 제외하면 한국이 여기에 속한 유일한 국가라고 한다. 덕분에 한국이 마침내 국민소득 3만 달러 시대에 들어선 것이다.

한국 경제의 비약적인 성장은 여타 개도국의 롤모델로 자리매김했다. 세계에서 네 번째로 인구가 많은 인도네시아는 한국의 경제발전 방식을 벤치마킹하며 2030년까지 세계 5위권 경제력을 목표로 하고 있다. 인도네시아 개발기획부BAPPENAS 차관 수마디라가 쿠르니아디는 "우리는 한국이 개발을 넘어 인적자원이나 사회문화 등을 새롭게 추구해가는 모습을 보았다"며 "항상 다음 단계를 고민하는 한국이야말로 우리의 롤모델"이라고 평가했다.

한국전쟁 당시 6천여 명의 병사를 파병한 에티오피아도 2011년 과학기술협력 관련 협정을 체결하고 한국의 과학기술 로드맵을 전수받고 있다. 아킨우미 아데시나 아프리카개발은행 총재는 "1960년대 한국은 아프리카의 여느 국가만큼이나 가난했지만 국민의 결연한 의지와 산업화를 향한 헌신적 노력을 발판으로 현재 세계 열한 번째 경제 규모의 나라로 성장했다"면서 "아프리카가 본받아야 할 사례"라고 연설했다.

신흥국만 한국 경제의 성장 방식을 벤치마킹하는 것은 아니다. 얼마 전 유럽연합 탈퇴를 결정한 영국도 앞으로 추구해야 할 롤모델로 한국을 주목해야 한다는 목소리가 높아지고 있다. 영국의 유력 일간지 〈가디언〉에 따르면 "한국은 천연자원이 희박하고 대형 무역공동체에도 가입해 있지 않지만 경제는 탄탄하다"고 소개하면서 "향후 영국이 추구해야 할 완벽한 롤모델"로 언급한 바 있다. 한때 재정위기를 겪으며 어려움에 처한 이탈리아도 한국 경제의 위기 극복 능력에 주목하고 있다. 이탈리아 최대 경제지 〈일 솔레 24 오레〉는 한국이 경제성장을 바라는 모든 국가의 롤모델로 떠올랐고 이제 과거 일본이 누려온 지위를 이어가고 있다고 평가했다.

이번 코로나19에 대응하고 이를 극복하는 과정 역시 한국이 전 세계의 롤모델이 되고 있다. 각국의 석학들과 지도자들이 한국을 벤치마킹할 것을 주문한다. 경제성장에 이어 사회시스템에 있어서도 국제사회의 주목을 받는 것은 국민의 한 사람으로서 매우 행복한 일이다.

그러나 한국이 당면한 경제 현안에는 여전히 난관이 많다. 더구나 OECD 국가 중 13년째 자살률 1위 국가에다 노인빈곤율 1위, 산업재해 사망률 1위라는 오명을 쓰고 있다. 또 세계가치관조사에서 '낯선 타인을 믿는다'는 한국인은 30% 수준으로 여타 선진국 50%에 비해 크게 낮다. 특히 UN이 발표한 〈세계행복보고서〉를 보면 한국인의 행복도는 10점 만점에 5.875점으로 조사 대상국 156개국 중 57위에 그쳤다. 물론 한국의 경제발전은 많은 국가의 롤모델로 칭송받고 있지만 지금 우리가 직면한 여러 성장통을 치유하면서 지속가능한 성장모델을 구축하지 않으면 역으로 많은 국가에 타산지석 대상으로 전락할지도 모른다.

최근 국제사회가 대안을 제시해야 할 또 다른 주제 중 하나가 양극화 문제라고 생각합
니다. 각국마다 양극화가 사회 문제로 부상하고 있는데 양극화 해소를 위해 각국 거버
넌스가 추진하는 대안이나 전략이 있다면 무엇인지요?

불편한 진실이지만 양극화 문제를 해소하기 위해 체계적이고 지속가
능한 대안을 제시한 국가나 사례는 아직 명확히 나오지 않았습니다.
오히려 최근에는 소득, 지역, 기업 양극화로 번져 양극화가 단순히 개
인 단위 문제가 아니라 지역사회와 산업 간 문제로까지 진화하는 추세
입니다.

2000년대 제조 부문에서 글로벌 선도기업은 노동생산성이 연평균
3.5% 증가했는데 여타 기업은 0.5% 증가했습니다. 서비스 분야도 격
차가 큰데 그중에서도 IT 서비스업은 더더욱 희비가 엇갈리고 있습니
다. 승자와 패자 기업이 거둬들이는 과실의 차이는 엄청나게 큽니다.
기업의 과실에 커다란 차이가 있으면 당연히 그 기업에 종사하는 근로
자의 급여체계에도 차이가 날 수밖에 없습니다.

이런 상황을 실감하고 싶다면 대졸자에게 취업하기 어려우니 눈높

이에 맞춰 중소기업을 선택하라고 얘기해보세요. 절대 통하지 않을 겁니다. 그 말을 평생 어느 계층 이하로 살라는 뜻으로 받아들이기 때문입니다. 지금 대기업과 중소기업의 임금격차가 과거보다 더 벌어진 탓이지요. 전 국민의 70%가 서비스업에 종사하는 구조다 보니 이것이 더 심해지고 있는 것입니다.

이러한 일이 발생하는 이유 중 하나는 투자입니다. 더 벌면 더 투자하고 덜 벌면 덜 투자하는 게 당연하지요. 또 선도기업에는 네트워크 효과나 플랫폼 소유 같은 지식재산권이 있지만 중소기업은 라이선스 비용을 지불하고 사용해야 합니다. 최근에는 지재권이 더 강화되고 반대로 자원재분배 기능은 약해졌습니다. 1990년대 후반부터 금융위기 이전까지 한국은 시장 원리를 중요시하면서 가능하면 세금이나 관세를 부과하지 않는 방향으로 나아갔습니다. 이럴 경우 선도기업에게 세금을 더 많이 거둬 중소기업을 지원해줄 수 없지요. 세금을 더 많이 걷는다고 하면 다른 나라로 가버리기 때문에 자원배분 기능이 약해집니다. 그래서 격차가 엄청 커지고 있습니다.

OECD 주요국은 불평등 완화를 주요 화두로 삼고 있습니다. 지난 30년 동안 기술정보 양극화, 일자리 양극화, 규제 제도 변화, 재분배정책 약화로 소득불평등이 심화됐습니다. 어느 정도냐면 상위 10%의 소득과 하위 30%의 소득 비율이 1980년대 중반 대비 10배 가까이 늘어났습니다. 기술이 숙련자 편향으로 진보하면서 이들을 중심으로 임금격차가 커졌기 때문입니다. 안타깝게도 양극화 속도는 갈수록 빠르게 확산되고 있습니다.

그다음으로 소득income은 상위 10%가 전체 소득의 25%를 점유하지만, 부wealth는 상위 10%가 전체의 50%를 차지합니다. 부가 부를 낳으면서 양극화가 더 심해지는 것이 전 세계 추세입니다. 이러한 불평등에 따라 취약 계층은 재교육을 덜 받고 자원을 확보한 사람은 자녀에게 더 많이 투자하면서 부를 대물림하고 있습니다.

이 현상을 완화하려 애쓰는 국제사회는 그 대안으로 다음 내용을 모색하고 있습니다.

먼저 교육으로 청년 실업 문제를 해소하려 하고 있습니다. 사회초년생 때 직장 경력을 쌓지 못하면 올라갈 수 없으므로 초기 진입을 하도록 만들어야 합니다. 또한 신규기업의 시장진입 절차를 줄이거나 면허제도를 완화하려 노력 중입니다. 이와 함께 각종 전문 서비스 직종의 진입장벽을 낮추고 있지요. 여기에다 기업 간 연구개발 협력을 강화해 선도기업 혹은 대기업의 기술력이 중소기업으로 이전될 기회를 적극 모색하고 있습니다. 이 밖에 양극화 해소를 위한 재원을 확보하고자 조세개편으로 추가 세원을 마련하려 하고 있죠.

한마디로 국제사회는 포용적이고 지속가능하면서 복원력이 강한 발전을 유도하고 있습니다. 양극화가 일정 수준 이상 벌어지면 사회적 비용이 많이 들어갑니다. 무엇보다 범죄와 사회 신뢰 부재에 따른 비용이 늘어납니다. 예를 들어 사장이 직원을 믿지 못하면 회사에 일일이 CCTV를 달아야 하는 것처럼 보이지 않는 비용이 듭니다.

최근 산업 부분에서 스마트팩토리, 스마트팜, 스마트양식 같은 스마트화 전략이 빠른 속도로 전개되고 있습니다. 혹시 정보통신기술을 활용한 스마트화가 산업 측면의 양극화 해소에 도움을 주지는 않을까요?

이 문제는 여러 가지 논란이 있는 주제입니다. 정보통신기술을 활용해 산업을 스마트화하는 순간 선도기업과 그렇지 않은 기업의 갭gap은 더 벌어집니다. 스마트화를 하는 과정에서 선도기업은 더 올라가고 그 아래 기업은 덜 떨어지겠지만 선도기업의 성장이 훨씬 더 커집니다. 사실 이것이 가장 큰 문제입니다.

최근 추세로 볼 때 스마트화는 하지 않을 수 없지만, 하면 할수록 그 격차가 더 벌어집니다. 왜냐하면 종속성이 커지기 때문입니다. 예를 들어 스마트팩토리를 적용하는 솔루션은 보통 선도기업이 만들어서 전수해줍니다. 그걸 계속 이어갈 경우 여기에서 다양한 현상이 벌어집니다.

세계적인 스마트팜 분야의 선도기업인 프리바Priva 같은 기업이 농장 500만 평을 운영하기 위해 여러 가지 설비를 개발했다고 해봅시다. 거기에 유압기가 필요해서 자체 생산한 유압기를 500만 평에 다 설치했다면 어떨까요? 당연히 다른 중소기업은 그런 유압기까지 자체 생산할 경우 경제성이 없지요. 어쩔 수 없이 프리바 제품을 갖다 써야 합니다. 여기에다 센싱이나 압력 같은 데이터 관리 시스템과 프로그램도 직접 개발하기보다 사서 쓰는 것이 훨씬 싸게 먹힙니다. 이런 식으로 격차가 계속 벌어지고 맙니다.

기하급수적 성장 패턴을 보이는 기업을 연구해서 쓴 책 《기하급수 시대가 온다 Exponential Organization》에서 저자들(살림 이스마일, 마이클 말론, 유리 반 헤이스트)은 지금의 스마트화는 데이터나 AI 같은 소프트웨어 기반이라 소프트웨어와 소프트한 리소스를 갖고 있는 기업이 다른 기업을 종속시킬 수밖에 없다고 합니다. 모든 기업에 일괄 적용되지는 않겠지만 스마트화가 진행될수록 글로벌 표준을 세워 데이터를 보유한 기업의 영향력이 점점 커질 거라는 얘기입니다. 이 경우 그 기업들을 중심으로 생태계 재구축이 일어납니다. 결국 양극화 해소와 스마트화는 차원이 좀 다릅니다.

물론 컴퓨터도 없이 일일이 손으로 작업하던 상황에서 지원을 통해 그나마 컴퓨터로 작업하는 환경으로 바뀐 사람들도 있습니다. 이걸 스마트라고 말하기는 민망하지만 열악한 환경에서 일하던 중소기업이 최소한 한 단계 정도는 위로 올라갔습니다. 이는 양극화 해소 측면에서 도움을 줬다고 할 수 있습니다.

주석

01 | 경제, 패닉에 빠진 2019년과 역동하는 2021년

1 BIS(2020. 4. 6.), The macroeconomic spillover effects of the pandemic on the global economy, BIS Bulletin No. 4.

04 | 산업, 제조업과 핀테크 그리고 5G

1 노르웨이와 네덜란드는 2025년 이후 화석연료 차량(휘발유, 경유, 천연가스) 운행을 멈추고 전기차만 운행하겠다는 계획을 발표했다.

2 푸드셰어링(Foodsharing. de)에서는 2만 2,000여 푸드세이버가 2018년 현재까지 음식 670만 킬로그램을 공유했다.

3 세계 경제성장률은 높아짐에도 불구하고 국가 간 교역량은 오히려 줄어드는 현상.

4 은산분리란, 산업자본의 은행 소유지분을 10%(의결권 4%) 이하로 제한하는 규제이다.

5 2016년 기준. 스타벅스는 2016년 이후 관련 자료를 공개하지 않고 있다.

6 영업비밀이라 밝히지 않았다. 2016년 감사보고서 추정치다.

05 | 기술, AI와 자율주행자동차 그리고 로봇

1 중국의 차세대 인공지능 발전규획(2017. 7.), 프랑스의 AI 권고안(2018. 3.), 영국의 AI Sector Deal(2018. 4.), 독일의 AI 육성전략(2018. 11.), 미국의 AI 이니셔티브 행정명령 (2019. 2.), 일본의 AI전략 2019(2019. 3.) 등.

2 Carnegie Mellon University 보도자료(2019. 7. 11.), "Carnegie Mellon and Facebook AI Beats Professionals in Six-Player Poker".

3 앵그리버드 게임에서는 여전히 인간이 승리했다. 2019년 앵그리버드 AI 대회에서 '인간 대 기계' 분야 우승은 앨버타대학교의 나단 스터트반트(Nathan Sturtevant) 교수가 차지했다.

자료: https://aibirds.org/man-vs-machine-challenge/results.

4 CB Insights(2020. 3.), 〈AI 100: The Artificial Intelligence Startups Redefining Industries〉.

5 OECD(2019. 5. 22.), 〈Recommendation of the Council on Artificial Intelligence〉.

6 이 내용은 이재호가 쓴 《스마트 모빌리티 사회》(2019)의 자율주행자동차 관련 부분을 대폭 보강해 작성했음을 밝힌다.

7 IHS Markit(2018. 1.), 〈Autonomous Vehicle Sales to Surpass 33 Million Annually in 2040〉.

8 이 내용은 저자의 허락 아래 하이투자증권(2019. 4.), 〈로봇, 공장을 넘어 사람 곁으로〉의 주요 부분을 참고해 작성했음을 밝힌다. 더 자세한 내용을 알고 싶으면 해당 보고서를 참조하기 바란다.

9 관계부처 합동(2019. 8.), 〈제3차 지능형 로봇 기본 계획〉.

10 Mordor Intelligence(2020), 〈Service Robotics Market-Growth, Trends, and Forecast(2020~2025)〉.

11 Clements, L. M. and Kockelman, K. M.(2017), "Economic Effects of Automated Vehicles", Transportation Research Record, 2606(1), pp. 106-114.

06 | 에너지, 석유 시대에서 그린 뉴딜 시대로

1 British Petroleum(2019), 〈BP Statistical Review of World Energy 2019〉, 석유 매장량이나 생산량 통계는 발표하는 기관에 따라 조금씩 차이가 있음에 유의하자.

2 British Petroleum(2019), 〈BP Statistical Review of World Energy 2019〉.

3 International Energy Agency(2019. 11. 13), 〈World Energy Outlook 2019〉, Stated Policies Scenario 기준.

4 이 내용은 이재호가 쓴 《스마트 모빌리티 사회》(2019)의 전기자동차 관련 부분을 대폭 보강해 작성했음을 밝힌다.

5 Bloomberg New Energy Finance(2019. 5.), 〈Electric Vehicle Outlook 2019〉.

6 관계부처 합동(2019. 10.), 〈미래 자동차 산업 발전전략〉.

7 신재생에너지는 분류 방식에 따라 수치가 조금씩 달라질 수 있다.

8 International Energy Agency(2019. 8.), 〈World Energy Balance 2019〉.

9 현 정책을 계속 유지할 때의 시나리오. 2030년 배출 온실가스 BAU는 8.5억 톤이고 우리

는 BAU 대비 37%인 3.2억 톤을 감축해야 한다. 그중 국외 감축을 제외한 국내 감축량이
2.8억 톤이다.

10 환경부 보도자료(2018.7.24.), "2030 온실가스 감축 로드맵 수정안 및 2018~2020년 배출
권 할당계획 확정".

11 산업통상자원부(2017.12.), 〈재생에너지 3020 이행계획(안)〉.

12 산업통상자원부(2019.6.), 〈제3차 에너지 기본 계획〉.

13 U.S. Bureau of Labor Statistics 웹사이트(https://www.bls.gov).

14 배지영(2019.3.7.), 〈한국형 그린 뉴딜 제안〉, 이슈브리핑, 민주연구원.

15 정민·한재진·이부형(2014.10.17.), 〈국제 유가 하락이 국내 경제에 미치는 영향〉, 경제주
평, 현대경제연구원.

16 International Energy Agency(2019.11.13.), 〈World Energy Outlook 2019〉; 에너지
경제연구원(2018.12.), 〈에너지통계월보 2018〉.

07 | 창업, 새로운 경제 활력의 징표

1 OECD, 〈Financing SMEs and Entrepreneurs 2018〉, 2018. 2. 21.

2 Eurofound(2011), 〈Young people and NEETs in Europe: First findings〉.

08 | 사회복지, 제3의 성과 자살방지 문제

1 간성은 이성애자Hetero, 동성애자Homo, 레즈비언, 게이인 여성 혹은 남성일 수 있다.

2 https://www.unfe.org/wp-content/uploads/2017/05/UNFE-Intersex.pdf.

3 United Nations Human Rights Office of the High Commissioner.

4 OECD compilation based on AsiaBarometer, European Values Survey, 5.
Latinobarometro and World Values Survey.

5 OECD compilation based on AsiaBarometer, European Values Survey,
Latinobarometro and World Values Survey.

6 OECD compilation based on AsiaBarometer, European Values Survey,
Latinobarometro and World Values Survey.

7 위키피디아의 '성소수자 권리 운동'에서 인용.

8 OECD compilation based on AsiaBarometer, European Values Survey,

Latinobarometro and World Values Survey.

9 OECD Health Statistics 2018, https://doi.org/10.1787/health-data-en.

10 경찰청이 국회 예결위 방용석 의원에게 제출한 자료에서 발췌('99. 8월 자료).

11 OECD Health Statistics 2018, https://doi.org/10.1787/health-data-en.

12 이후 핀란드 관련 내용은 다음 기사와 보고서를 발췌·인용·재편집하였음. 국제사회보장 리뷰, 핀란드 자살 예방 프로젝트의 평가와 함의, 2018. 봄호/《주간조선》, '자살공화국' 오 명 썼은 핀란드의 자살 예방 프로젝트, 2010.4.19./〈머니투데이〉, 세계가 주목하는 핀란드 의 자살 예방법, 2015.10.12.

13 자살 전 자살자의 행동, 주변 인물 심층 인터뷰 등으로 자살 원인을 밝히는 작업.

14 National Institute for Health and Welfare in Finalnd, 〈Suicide prevention in Finland〉, 2016.

15 티모 파르토넨, 〈국제사회보장리뷰〉, 2018. 봄호 Vol. 4, pp. 5-15.

16 인크루트, 2020년 4월 설문조사 결과

17 National Institute for Health and Welfare in Finalnd, 〈Suicide prevention in Finland〉, 2016.

18 경찰청 통계 자료, 2016.

19 https://store.kakaofriends.com/kr/info/charInfo#/ko.

09 | 교육, 모두를 위한 양질의 교육

1 그리스, 네덜란드, 노르웨이, 뉴질랜드, 대한민국, 덴마크, 독일, 라트비아, 룩셈부르크, 리 투아니라, 멕시코, 미국, 벨기에, 스웨덴, 스위스 스페인, 슬로바키아, 슬로베니아, 아이슬 란드, 아일랜드, 에스토니아, 영국, 오스트리아, 이스라엘, 이탈리아, 일본, 체코, 칠레, 캐나 다, 콜롬비아, 터키, 포르투갈, 폴란드, 프랑스, 핀란드, 헝가리, 호주.

2 베이징-상하이-장쑤성-저장성(중국), 대만, 도미니카공화국, 러시아, 레바논, 루마니아, 마 카오(중국), 말레이시아, 모로코, 몬테네그로, 몰도바, 몰타, 베트남, 벨라루스, 보스니아-헤 르체고비나, 북마케도니아, 불가리아, 브라질, 브루나이, 사우디아라비아, 세르비아, 싱가 포르, 아랍에미리트, 아르헨티나, 아제르바이젠, 알바니아, 요르단, 우루과이, 우크라이나, 인도네시아, 조지아, 카자흐스탄, 카타르, 코소보, 코스타리카, 크로아티아, 키프로스, 태 국, 파나마, 페루, 필리핀, 홍콩(중국)

3 김성순·모위홍, 〈교육투자가 중국 경제성장에 미친 영향에 관한 연구〉, 산업연구 40권

1호, 2016.

4 OECD, 〈PISA in Focus 39〉, 2014. 5.

10 | 식량자원, 농업과 수산업 그리고 물자원

1 OECD, 〈Agricultural Policy Monitoring and Evaluation 2015〉.

2 OECD가 사용하는 지원support 이라는 용어는 보조금subsidy과 달리 농업 보조를 포함해 관세 등을 이용한 국경 보호, 농업 관련 공공 서비스 지원을 포괄하는 폭넓은 개념이다.

3 OECD의 보고서 〈Strategies for Addressing Smallholder Agriculture and Facilitating Structural Transformation〉에서는 2헥타르 미만인 농가를 소농으로 구분한다.

4 〈OECD-FAO Agricultural Outlook 2016-2025〉.